기이한 실재론:
러브크래프트와 철학

Weird Realism: Lovecraft and Philosophy
by Graham Harman

Text Copyright © Graham Harman 2011
This edition first published in the UK and USA in 2012 by Zero Books, an
imprint of John Hunt Publishing Ltd., renamed in 2023 to Collective Ink Ltd.
www.collectiveinkbooks.com

그레이엄 하먼 지음　　　　　　이동신 옮김

Weird
Realism:

기
이
한
실
재
돈

Lovecraft
and
Philosophy

Graham Harman

P 필로소픽

차 례

2장:
러브크래프트 스타일의 현장 · 77

머리말

러브크래프트 작품들은 전부 H. P. 러브크래프트의 단편집《이야기들Tales》(New York: Library of America, 2005)을 인용하고 있다. 각각의 인용은 두 글자로 된 약자와 쪽수로 구성된다. 예를 들어 (CC 167)은 라이브러리 오브 아메리카 판본에서 〈크툴루의 부름〉 167쪽을 지칭한다. 개별 이야기의 약자는 다음과 같다.

CC 〈크툴루의 부름The Call of Cthulhu〉

CS 〈우주로부터의 색The Colour Out of Space〉

CW 〈찰스 덱스터 워드의 사건The Case of Charles Dexter Ward〉

DH 〈던위치 공포The Dunwich Horror〉

HD 〈어둠의 출몰자The Haunter of the Dark〉

MM 〈광기의 산에서At the Mountains of Madness〉

SI 〈인스머스 위의 그림자The Shadow Over Innsmouth〉

ST 〈시간 밖의 그림자The Shadow Out of Time〉

WD 〈어둠 속에서 속삭이는 자The Whisperer in Darkness〉

WH 〈마녀 집의 꿈The Dreams in the Witch House〉

이 모든 이야기는 특별한 정도로 서로를 인용하고 있기에, 거의 다르지 않은 성격을 가진 다양한 화자들의 이야기를 느슨하게 묶은 소설이라는 느낌을 준다. 그러나 간결함을 유지하기 위해, 2장은 가장 잘 알려진 "훌륭한 이야기들" 여덟 편에만 집중한다. 이 목록은 러브크래프트에 관한 뛰어난 책에서 미셸 우엘백이 선정한 것으로 신뢰가 간다.[1] 그러나 그의 목록은 내 자신의 취향과 부분적으로만 겹친다. 예를 들어 나는 〈시간 밖의 그림자〉가 러브크래프트의 성숙한 재능에 걸맞지 않는 작품이라고 생각하지만, 〈찰스 덱스터 워드의 사건〉은 여전히 좋아하는 편이다.

하이데거의 글을 통해 횔덜린의 시는 대륙 철학에서 주 분석 대상이 되었다. 이 책은 러브크래프트를 철학적 무대로 끌어올리기 위해 유사한 주장을 한다. 외계 괴물을 다루는 **모든** 글이 펄프*일 수밖에 없다는 전제 아래서만, 러브크래프트를 펄프 작가라고 무시할 수 있을 것이다. 그러나 이는 그저 사회적 판단으로, 자기 딸이 굴뚝 청소부와 결혼하기를 바라지 않는 것과 같다. 우리가 우수한 동시에 평범한 자연주의 소설을 발견하는 것과 마찬가지로, 좋으면서도 나쁜 "기이한" 글이 있다. 가끔은 러브크래프트의 작품 하나에 강하고 약한 요소가 공존하기도 한다. 그러니 그게 최상일 때, 그는 점차 관심받는 철학적 주제들을 다루는 주요 작가다.

많은 독자들이 러브크래프트를 청소년기에 발견한다. 나로서는 서른일곱 살까지 그의 이야기를 한 글자도 읽어 본 적이 없다. 이 사

---

* 펄프는 탐정, 공상과학, 공포 등의 대중문학 장르를 일컫는 것으로, 20세기 초 값싼 펄프 종이로 출간된 잡지를 통해 이 장르가 대중화되면서 통용된 용어다.

실이 내 해석을 완벽한 성숙함으로 물들이는지 혹은 무신경한 부르주아의 평범함으로 물들이는지는 각각의 독자가 직접 읽고 판단할 문제다.

1
장

러브크래프트와 철학

틈과 공포의 작가

철학자가 내릴 수 있는 가장 중요한 결단 중 하나는 우주에 **틈**을 만들거나 파괴하는 일이다. 즉 철학자는 하나처럼 보이는 것이 둘이라고, 혹은 둘처럼 보이는 것이 실제로는 하나라고 선언할 수 있다. 몇 가지 예를 든다면 이 주제가 좀 더 뚜렷해질 것이다. 상식적으로는 우리 주변에서 정상적인 일상의 개체들로 이루어진 세계만을 보는 것에 반해서, 플라톤은 완벽한 세계의 알아볼 수 있는 형상들과 혼란스러운 의견의 그림자들 사이에 틈을 만들었다. 중세 아랍 세계와 17세기 유럽의 우인론자occasionalists들은 두 개체가 서로에게 직접적인 영향을 행사할 수 없다고 하면서 개체들 사이에 틈을 만들었다. 이로써 우주의 인과관계에 있어서 신이 유일한 행위자가 되었다. 칸트 철학은 외양appearance과 물자체 사이에 틈을 세시하며 둘의 대칭이 전혀 가능하지 않다고, 즉 물자체를 생각할 수는 있지만 절대 알 수는 없다고 말한다.

하지만 반대로 결정되는 예도 많다. 우리는 말horse과 원자가 서로 다르다고 생각한다. 그러나 엄격한 물질론자들은 말이 물리적 원자로 완전히 환원될 수 있으며, 그 이상도 이하도 아니라고 주장한다. 이런 식으로 말과 원자 사이에 있다고 여겨지던 틈은 사라진다.

이 시각에 따르면 '말'이라는 것은 애초에 부재하고, 단지 특정한 패턴으로 배열된 원자들만 존재하기 때문이다. 원자 대신에 세계 전체가 물, 공기, 불, 혹은 불특정하고 거대한 덩어리로 구성된다고 주장할 수도 있다. 고대 그리스에서 소크라테스 이전의 다양한 철학자들은 그렇게 생각했다. 반대로, 한편으로는 개별 객체들이 있고 다른 한편에는 이 객체들의 다양한 특성이 있다고 할 수도 있다. 데이비드 흄은 이 틈을 무시하고, 하나로 통합된 것으로 여겨지는 객체를 특성들의 다발로 환원시켰다. 사과라는 것은 없으며, 그저 다양한 특성들이 우연히 그리고 매우 규칙적으로 모여 있어 습관적으로 그것을 '사과'라고 부르기 시작한 것이다. 칸트가 말한 보이는 것과 물자체 사이의 틈에 관해서, 독일 관념론자들은 그 틈이 부조리하다고 말하며 이를 없애고자 했다. 그들에 따르면 생각 외부의 물자체를 생각하는 것은 무의미하다. 우리가 물자체를 생각한다면 분명 그것은 생각의 한 요소이기 때문이다. 틈의 파괴와 생산은 한 명의 철학자 안에 쉽게 공존할 수 있다. 하나의 그림 안에 흑과 백이 공존하듯이 말이다. 예를 들어 객체가 특성들의 다발일 뿐이라고 주장하는 흄이 틈의 **파괴자**라면, 동시에 그는 객체들 사이의 인과론적 관계를 규명할 수 있다는 것을 부인한다는 점에서 틈의 **생산자**이다(이는 그가 존경했던 우인론자들의 유산이다). 그렇지만 어느 한쪽 기법을 선호하는 철학자 모두가 대체로 하나의 지배적 논조를 띤다. 하나의 원칙 속에서 틈을 폭발시켜 파괴하는 이들을 일반적으로 **환원주의자**라고 부르기에, 이전에는 틈이 없던 세계에서 새로운 틈을 찾는 철학자들을 **생산주의자**라는 말로 부르도록 하자.

만일 이 구분을 창의적인 작가들에게 적용한다면 H. P. 러브크래프트는 분명 생산주의자 작가다. 객체와 그것을 묘사하는 언어의 힘 사이의 틈으로 인해, 혹은 객체와 그것이 가지는 특성들 사이의 틈으로 인해, 그처럼 당혹스러워했던 작가는 없었다. 겉보기에는 철학에 관심이 많지 않은 듯해도, 러브크래프트는 관념론과 흄의 철학에 맹렬히 반대하는 암묵적 철학자다. 실제로, 러브크래프트는 가끔은 마치 흄을 패러디한다고 할 수 있을 정도로 입체파의 그림을 따라 한다. 흄은 객체가 단순히 익숙한 특성들을 모아 놓은 다발이라고 생각한다. 반면에 러브크래프트는 브라크, 피카소, 철학자 에드문트 후설 등을 따라 하면서 하나의 객체를 특성, 평면 혹은 표상의 방대한 단면들로 잘라 낸다. 이 단면들을 다 더한다고 해도, 그것들이 구성하는 객체의 실재를 다 소진할 수는 없다. 러브크래프트와 입체파, 그리고 후설에게 객체는 특성들의 다발이 **결코** 아니다. 이러한 경향과 나란히, 러브크래프트는 화자가 마주하는 심오한 공포를 묘사하지 못하는 언어의 미약한 능력을 애석해할 때마다 반反관념론자가 된다. 그렇기에 그는 종종 자신의 이야기에 나오는 공포를 추측하거나 암시하는 방식으로만 표현할 수 있을 뿐이다. 이 책은 러브크래프트의 글에 나오는 두 종류의 틈을 수많은 예를 통해 살펴볼 것이다. 그러나 러브크래프트는 틈의 작가이면서 동시에 공포 작가이기도 하다. 이 둘을 혼동해서는 안 된다. 러브크래프트의 대표 기법을 다른 목적으로 사용했던 전혀 다른 작가를 상상할 수도 있을 것이다. 예를 들어 낯설고 묘사할 수 없는 쾌락의 세계로 우리를 데려가는 감각적 환상주의자가 있을 수 있다. 이 사람은 양초와 정향과 코코넛 우유가 이 세상의 것이 아닌 듯 완벽해서, 언어가 그것들을 묘사할 능력이 거의 없다고 할 것이다. 문학적인 "기이한 포르노"도 상상해 볼 수 있다. 그 안에서 인물들의 나체는 인간의 모든 묘사 능력을 전복시킬 정도의 기이한 비정상성을 보여 주지만, 그렇다고 에로틱한 차원이 기괴한 공포가 되어 에로스를 망칠 정도로 비정상은 아니다. 스타일적으로 틈을 생산함으로써, 괴물스러운 공포를 묘사하는 러브크래프트의 능력은 증가하지만, 공포 자체는 문학적 암시가 아니라 내용의 층위에서 발생해야만 한다는 것을 우리는 확인할 것이다. 공포 작가로서 러브크래프트는 끔찍한 내용(인간보다 훨씬 강하면서 인간의 안녕에는 아무런 관심이 없는 괴물과 같은 생명체)의 글을 쓴다. 반면에 틈의 작가로서 그는 다양한 종류의 내용을 다루는 다른 장르들에서 성공할 수 있었을 작가이다.

러브크래프트를 객체와 특성 사이의 틈의 작가로 보았을 때, 나의 예전 책들을 읽은 독자들은 그가 왜 나의 객체지향존재론 OOO, Object-Oriented Ontology 모델에 중요한지 분명히 알 것이다.[2] 객체지향 철학의 주제는 세계에서 발생하는 이중적 대립이다. 하나는 실재와 감각 사이의 대립이고, 다른 하나는 객체와 특성 간의 대립이다. 이 둘은 뒤에서 훨씬 더 자세히 논의할 것이다. 하나는 하이데거에게서 찾을 수 있는 '수직적' 틈과 관련되어 있다. 하이데거에 따르면, 실재 객체는 접근 가능하고 감각적인 현전 presence 뒤로 영원히 물러난다. 다른 하나는 후설에게서 찾을 수 있는 좀 더 미묘한 '수평적' 틈이다. 의식 너머의 실재 세계를 인정하지 않음으로써, 후설은 우리가 인식하는 비교적 내구성이 있는 객체와 회전하는 만화경같이 변화무쌍한 이 객체의 속성들 사이에 여전히 강한 긴장의 여지를 남긴다. 실재적이고 감각적인 특성을 전부 가진 채 물러나 있는 실재 객체와 더불어, 마찬가지로 실재적이고 감각적인 특성들에 연결되어 있는 완전히 접근 가능한 감각적 객체가 전부 이 세계에 있다는 사실을 깨닫는 순간, 우리는 세계의 기본적 긴장 혹은 틈 네 가지를 마주한다. 이 틈들은 객체지향철학의 중요 주제다. 바로 이 틈들을 지속적으로 이용한다는 점에서, 하이데거의 휠덜린만큼이나 러브크래프트는 객체지향적 사상의 위대한 영웅이다.

2008년에 나는 러브크래프트와 후설에 관한 논문을 출간했고, 이 논문은 널리 읽혔다.[3] 최근에 이 논문을 다시 읽었는데, 여기서 발전시켰던 생각에 나는 대체로 만족한다. 그렇지만 유감스럽게도 이제는 편향적으로 보이는 두 가지 제안이 논문에 담겨 있다. 우선 논문은 러브크래프트에게 칸트적 혹은 "물자체적 noumenal" 측면이 없다고 주장한다. 그러면서 러브크래프트가 기이하고 새로운 틈들을 현상의 평면에 생산한다 하더라도, 그가 그 평면에 국한된 작가이기에 오직 후설하고만 연결되어야 한다고 주장한다. 두 번째로 논문은 러브크래프트는 공포 작가지만, 후설은 (비록 대부분 사람들이 아는 것보다 더 '기이'함에도) 공포의 철학자가 아니라는 사실의 중요성을 매우 축소한다. 많은 면에서, 이 두 가지 사실에 관한 새로운 의심이 바로 이 책의 원동력이다. 우선 러브크래프트는 후설적인 작기기 이니리 후설 칸트적(흑은 더 좋게는 후설-히이데거적)인 작가로 읽혀야 한다. 이렇게 하면 후설이나 하이데거를 따로 다룰 때보다, 러브크래프트가 내 입장에 더 가까워진다. 두 번째, **틈**의 작가로서 러브크래프트가 공포 외의 다른 수많은 장르에서 스타일적으로 구현될 수 있다고 해도, 그의 이야기에서 공포라는 특수한 내용은 반드시 설명되어야만 한다. 한마디로, 이제 스타일과 내용 사이의 긴장이 매우 중요하다. 그저 무서운 괴물의 초상화가로서 러브크래프트를 지나치게 축자적으로 읽지 않으려고 노력하면서도, 괴물들이 그의 거의 독창적인 소재라는 것 또한 인정해야 한다. 이는 후설이나 대부분의 소설 작가들에게서는 찾아볼 수 없는 것이다. 이 책의 앞부분에서 나는 왜 이것이 문제가 되는지 보여 줄 것이며, 책의 결론인 세 번째 장에서는 부분적인 해결책을 제시하고자 한다. 이는 러브크래프트가 하나가 아닌 두 개의 독립된 틈의 축을 따라 작업한다는 사실과 밀접히 연관된 해결책이다. 좀 더 긴 두 번째 장에서는 러브크래프트의 수많은 문장들을 세세하게 살펴보며, 결론의 주장을 준비할 것이다.

풀어쓰기의 문제

친구 한 명이 다른 친구를 험담할 때, 그 효과는 어색하고 고통스럽다. 그러나 두 친구 모두 존경받는 작가라면 상황이 다르다. 이 경우에는 종종 흥미로운 논쟁이 벌어진다. 내가 좋아하는 문학비평가 중 한 명은 에드먼드 윌슨이다. 하지만 윌슨은 H. P. 러브크래프트의 소설을 나처럼 애정하지 않는다. 그의 비판적 평가는 아래와 같이 시작한다.

> 유감스럽지만 이 책들을 살펴본 후에도 나는 이전보다 더 흥미를 느끼지 않는다. 러브크래프트 작품의 주요 특징은 정교하게 만들어진 신화고 ... [이 신화는] 낯선 신들의 종족과 기괴한 선사 종족들이 있다고 가정한다. 이들은 항상 시공간을 가지고 놀고, 현세계를, 보통 매사추세츠 어딘가를 침범한다.[4]

윌슨은 이어서, 마치 그다지 인기 없는 기숙사 친구들이 하는 던전 앤 드래곤 게임을 비웃는 대학의 멋진 쿼터백처럼 말한다.

> [〈광기의 산에서〉 속에서는] 거의 보이지 않는 촉수 괴물들이 날

카로운 휘파람 소리를 내고 엄청난 바람으로 적들을 공격했다. 이런 괴물들은 펄프 잡지의 표지에서라면 정말 보기 좋을 것이다. 하지만 성인이 읽을 것은 되지 못한다. 사실 이 이야기들은 《위어드 테일스Weird Tales》와 《어메이징 스토리즈Amazing Stories》와 같은 출판물에 기고된 잡문이다. 그리고 내 생각에는, 그곳에 남아 있어야만 할 이야기들이다.[5]

만일 오늘날 윌슨이 살아 있다면, 자신이 오랫동안 기획했던 《라이브러리 오브 아메리카Library of America》 시리즈가 러브크래프트와의 공존으로 훼손된 것을 보고 소스라쳤을 것이다.[6] 하지만 윌슨의 접근법에는 문제가 있다. 왜냐하면 세계문학 고전 중 그 어떤 작품이라도 축자적으로 읽으면 러브크래프트처럼 터무니없는 글로 환원될 수 있기 때문이다. 한 신랄한 비평가가 《모비 딕》을 이렇게 말한다고 생각해 보자.

책의 주인공은 조울증이 있는 외발의 선장으로, 여러 인종으로 구성된 작살꾼들과 함께 낸터킷에서 출발해 배로 세계를 돌아다닌다. 무섭고 사악한 흰 고래(그들의 사냥 목표)가 배 주위를 너무도 빠르게 돌기에 모두가, 즉 어떻게든 살아남아 이야기를 전달하는 화자만 제외한 모두가 소용돌이에 빨려 들어갈 때가 절정이다. 이러한 어리석음을 생각할 때, 나는 멜빌 애독자의 유치한 열정에 다시 한번 놀란다.

비슷한 방식으로 단테마저도 터무니없는 글로 바뀐다.

작품의 플롯은 눈에 띄게 허술하다. 서른다섯 살의 이탈리아 시인이 숲에서 길을 잃는다. 그는 슬프고 혼란스러우며, 배가 고픈 아프리카 동물들에게 쫓기는 상태다. 이 시점에서 그는 우연히 베르길리우스의 정령을 만나고, 그와 함께 지옥으로 가는 동굴로 들어간다. 그곳에서 그들은 악마 열두 명을 만나고, 역사적 악인 세 명의 머리를 침 흘리며 씹는 사탄을 본다. 다음으로 그들은 사탄의 몸을 타고 내려가, 태평양의 거대한 산을 오른다. 이곳에서 사람들은 사소한 죄에 대한 벌로 바위를 밀어야만 한다. 이어서 베르길리우스는 어린 시절 시인의 죽은 첫사랑으로 교체된다. 이 탈리아인과 그의 죽은 뮤즈는(그녀가 롤리팝을 들고 있는지 테디베어를 들고 있는지는 알려지지 않는다) 날아서 모든 행성을 마법처럼 지나, 마침내 예수와 하나님을 본다. 부언하자면, 이는 적절하다. 왜냐하면 만일 이것이 시의 미래라면, 오직 이 성스러운 이들만이 우리를 구할 수 있기 때문이다.

어떤 문학 작품도, 심지어 가장 위대한 작품이라도, 이런 식으로 쉽사리 폄하할 수 있다. 예술 작품이 이와 같이 축자적으로 읽힐 수 있다는 단순한 사실이 작품의 우수함을 부정하는 증거는 아니다. 러브크래프트의 경우에 윌슨이 그렇게 할 수 있었던 이유는, 그저 주류 자연주의 소설에 비해 공상과학과 공포가 늘 사회적으로 낮은 지위에 있기 때문이다. 반면 멜빌이나 단테를 그처럼 무례하게 다룰 비평가는 없을 것이다. 하지만 좋고 나쁜 예술 작품이 있을 뿐이지, 좋고 나쁜 예술 **장르**가 있는 것은 아니다. 클레먼트 그린버그가 말하듯이, "특정한 예술 **전체**를 정당하게 선호하거나 거부할 수 있는 사람은 없다. 단지 우수한 예술 작품을 선호하거나 열등한 예술 작품을 싫어할 뿐이다. 누구도 중국, 서구, 혹은 재현적 예술 전체를 선호할 수 없다. 다만 그중 좋은 것만을 선호할 뿐이다."[7] 같은 맥락에서 누구도 자연주의 소설, 공상과학소설, 공포, 웨스턴, 로맨스 소설, 혹은 심지어 코믹북 전체를 선호하거나 싫어할 수 없다. 각각의 장르 내에서 좋은 것과 나쁜 것을 구분하는 법을 배워야만 한다. 역사의 모든 순간에, 모든 장르가 동등하게 보물로 가득한 것은 아니라는 의미다. 러브크래프트, 챈들러, 해밋은 펄프라는 사회적 슬럼에서 등장했다. 자신들의 대도시가 덩굴로 덮인 폐허로 변한다면, 배트맨과 로빈조차도 24세기에는 자신들을 위한 톨스토이를 찾게 될지 모른다. 윌슨은 "휘파람을 부는 보이지 않는 문어"와 같은 조롱조의 문구로 러브크래프트의 가치를 부정할 수 없다.[8] 왜냐하면 본질적으로 그러한 생명체가 역사상 가장 위대한 이야기에 등장하지 못할 이유는 없기 때문이다. 앞서 언급했던, 중년의 이탈리아인이 지옥을 걸어 다니고 신을 만나기 위해 날아다니는 시가, 지금까지 쓰인 시 중에 아마도 가장 위대한 시인 것처럼 말이다.

이 책은 윌슨이 시도했던 종류의 축자화에 관해 할 말이 많다. 선언문, 예술작품, 혹은 그 어떤 것에 축자적 형식을 부여하려는 시도를 의미하는 기술적 용어로는 "풀어쓰기paraphrase"라는 말을 사용할 것이다. 문학비평가들은 풀어쓰기의 문제를 오랫동안 지적해 왔다. 일례로 20세기의 '신비평가' 클레안스 브룩스가 있다.[9] 그의 생각은 이 책의 끝부분에서 다룰 것이다. 윌슨이 놓친 것은, 작가로서 러브크래프트의 대표적 재능이 자신을 풀어쓰려는 모든 시도를 의도적으로 그리고 능숙하게 막는 능력이라는 점이다. 다른 어떤 작가도 그저 변칙만을 암시할 수 있을 정도로 묘사하기 어려운 괴물과 도시를 우리에게 제공하지 않는다. 심지어 에드거 앨런 포도 그처럼 망설이는 화자를 등장시키지는 않는다. 자신들이 마주하는 형언할 수 없는 실재를 제대로 말할 수 있을지에 관해 매우 불안해하며 몸을 떠는 화자 말이다. "러브크래프트는 좋은 작가가 아니었다"라는 윌슨의 직설적인 주장에 반대하며, 나는 그를 20세기의 가장 위대한 작가 중 하나라고 부를 것이다.[10] 심지어 러브크래프트의 위대함은 문학계를 넘어서도 유효하다. 왜냐하면 우리 시대의 가장 중요한 철학적 주제들을 스쳐 가기 때문이다.

모든 내용의 본질적 어리석음

《쉽게 풀어낸 셰익스피어》시리즈 편집자인 존 더밴드를 놀리면서, 슬라보예 지젝은 특유의 유머로 풀어쓰기의 문제를 논의한다. 지젝이 알려 주듯이, "더밴드는 은유적 언어로 표현된 셰익스피어의 생각을 (자신이 생각하는) 일상 언어를 사용해서 직접적으로 표현하고자 한다. 그래서 '사느냐 죽느냐 그것이 문제로다'는 '지금 나를 괴롭히는 문제는 이거다. 내가 내 자신을 죽여야 할까 말까?'가 된다."[11] 지젝은 우리에게, 하이데거에 의해 경건히 추앙받던 횔덜린의 시로 비슷한 작업을 해볼 것을 권유한다. 횔덜린의 신탁과 같은 시구인 *Wo aber Gefahr ist, wächst das Rettende auch* ("하지만 위험이 있는 곳에 구원의 힘 또한 자란다")는 기괴하고 우스꽝스러운 말로 이렇게 변한다. "당신이 심각한 어려움에 처했을 때, 너무 성급히 절망하지 마라. 주위를 조심스럽게 살펴보면 해결책이 아주 가까이 있을 수 있다."[12] 그리고서 지젝은 이 논의를 그만두고, 대신 저급한 농담을 길게 늘어놓는다. 하지만 앞선 장에서 윌슨에게 던졌던 것과 같은 비난을 이미 한 셈이다. 즉, 축자적인 풀어쓰기는 그 어떤 것도 평범하게 만들 수 있다는 것이다.

지젝은 관련된 주제를 다른 곳, 셸링의 《세계시기Ages of the world》

에 관한 논평에서 다룬다. 문제가 되는 구절은 "속담의 본질적 어리석음"을 다루고 있고, 전문을 인용해도 좋을 정도로 뛰어나다.

지상의 삶, 그 삶의 즐거움, 그 삶 너머 간의 관계에서 속담에 나올 만한 지혜를 구성하는 사고 실험을 해보자. 누군가가 "사후세계나 여기가 아닌 다른 곳은 잊고, 현재를 즐겨라, 지금 여기의 삶을 충실히 즐겨라, 그게 바로 우리가 가진 유일한 삶이다!"라고 말한다면, 그 말은 심오하게 들린다. 만일 정확히 정반대로 말한다면("지상의 삶의 허구적이고 헛된 쾌락에 붙잡히지 마라. 돈, 권력, 욕정은 모두 흔적도 없이 사라질 운명이다. 영원을 생각해라!"), 이 또한 심오하게 들린다. 만일 누군가 양측을 조합한다면("영원을 당신의 일상생활에 끌고 들어와라, 지상에서의 삶에 영원이 이미 스며든 것처럼 살아라!"), 우리는 또 다른 심오한 생각을 하게 된다. 말할 필요도 없이, 반대도 마찬가지다. "영원과 지상의 삶을 쓸데없이 하나로 엮지 마라, 네가 천국과 지상 사이에 영원히 나뉘어 있다는 사실을 겸허히 받아들여라!" 마지막으로 만일 누군가가 이 모든 뒤바꿈에 그저 당혹스러워 하며, "삶은 수수께끼다. 그 비밀을 파고들려 하지 말고, 알 수 없는 미스터리의 이름다움을 받아들여라!"라고 주장한다고 해도, 결과는 반대말에 비해 전혀 가볍지 않다. "결국에 삶은 매우 단순하다는 사실을 감추려고 하는 가짜 미스터리에 현혹되지 말라. 삶은 보이는 그대로이고, 아무런 이유 없이 그냥 지금 이 자리에 있다!"라고 덧붙일 필요도 없이, 미스터리와 단순함을 합치면 또 다른 지혜를 얻게 된다. "삶의 알 수 없는 궁극적 미스터리는 바로 그 단순함에 있다. 삶이 있다는 단순한 사실 말이다."[13]

재미를 넘어서, 이 구절은 아마도 지젝이 지금까지 쓴 것 중에서 가장 중요한 문장 중 하나일 것이다. 짜증날 정도로 뒤바뀔 수 있다는 속담의 특징은 그의 희극적인 분석에 있어서 쉬운 목표물이다. 하지만 문제는 속담에 국한되지 않고, 축자적 서술 전체로 확장된다. 실제로 우리는 모든 **내용**의 본질적 어리석음을 말할 수 있다. 이는 속담의 지혜에 국한된 공격보다 더 위협적인 결과다. 지젝은 이렇게 더 큰 문제를 간과하는데, 그의 논의가 '주인'이라는 라캉의 주제를 지나치게 따라가기 때문이다. 지젝이 말하듯이, "[속담의] 이러한 반복어법적 어리석음은 주인이 상징적 교환 경제에서 제외된다는 사실을 알려 준다.…주인에게 '주고받음'이란 없다.…우리는 주인에게 무언가를 주면서 무언가를 돌려받을 거라고 기대하지 않는다."[14] 좀 더 단순하게 서술하자면, 속담을 말하는 절대적 주인은 언뜻 보기에 반론을 허용하지 않는 위풍당당한 방식으로 말한다. 그러나 우리가 주인의 암묵적 지원 없이 언어적으로 속담의 실제 내용을 생각하는 순간, 모든 속담은 자의적이고 어리석게 들린다.

하나의 속담이 다른 속담보다 왜 더 정확한지 '이유'를 제시함으로써 문제를 하나하나 해결할 수 있을 거라고 생각할 수도 있다. 그러나 불행히도, 모든 이유가 처음의 그 속담과 같은 운명에 처해 있다. 구두쇠와 낭비벽이 있는 사람 사이의 논쟁을 상상해 보자. 구두쇠는 "푼돈이라도 아끼면 돈을 번 것이다"라는 속담을 인용하는 반면, 낭비벽이 있는 사람은 "푼돈을 지혜롭게 쓰려다가 큰돈을 어리석게 허비한다"라고 반박한다. 논쟁을 해결하기 위해서, 두 사람 모두 자신의 입장을 위한 이유를 제시한다. 구두쇠는 필요 없는 손실을 줄이면, 장기적으로 연 수입의 증가보다 더 많은 부를 실제로 축적할 거라고 참을성 있게 설명한다. 낭비벽이 있는 사람은 푼돈을 아끼며 비용을 절감하는 것보다, 공격적인 투자가 더 많은 이윤의 기회로 이어질 거라고 반박한다. 지식의 교착상태는 그대로이고, 두 사람 중 누구도 상대방에게 우위를 점하지 못한다. 논쟁의 다음 단계에서 두 화자는 통계적 증거를 제시하고, 자신의 시각을 지지하기 위해 여러 경제학자를 인용한다. 하지만 양측의 증거가 똑같이 좋아 보이고, 진전은 없다. 이어지는 단계에서 두 경쟁자는 많은 연구자들을 고용하여 엄청난 양의 자료로 자신의 입장을 뒷받침한다. 구두쇠와 낭비벽이 있는 사람은 이제 《쉽게 풀어낸 셰익스피어》와 같이 본질적으로 무한한 것에 갇혀 있다. 자신의 첫 속담을 훨씬 더 자세한 서술로 바꾸지만, 그 어느 것도 직접 그리고 즉각 상대를 설득시키지 못한다. 이제 그 누구도 더 이상 속담의 첫 단계에서처럼 주인이라고 주장하지 않는다. 두 사람 모두 자신의 주장에 증거를 제시할 필요가 있다는 것을 알지만, 그 주장을 결정적으로 정립시키지는 못하는 것이다. 문제는 구두쇠와 낭비벽이 있는 사람이 '똑같이 옳다'는 것이 아니다. 공공정책외 특수한 문제들에 있어서는, 한 명이 다른 이보다 훨씬 더 나을 수 있다. 진짜 문제는 그들의 주장을 **축자적으로** 풀어내는 것으로는 절대로 논쟁이 해결되지 않는다는 점이다. 왜냐하면 축자적이고 명백한 증거를 요구하는 한, 그들은 각자의의적인 주인으로 남기 때문이다. 논쟁이 제대로 구성되었다고 가정했을 때, 질문에 대해 숨겨져 있던 진정한 답이 있을 수도 있다. 그러나 답은 절대로 명백한 내용의 형식을 갖출 수 없다. 번개가 본

질적으로 밝은 것과 똑같은 방식으로 본질적으로 옳을 수 없는 것이다.[15]

이는 철학적 논제 간의 논쟁에서도 통하는 사실이다. 예를 들어 "근본적 실재는 움직임이다"와 "근본적 실재는 겉으로 보이는 움직임 아래의 정지 상태이다"를 각각 주장하는 경우에, 지젝이 얘기한 상반된 두 속담의 끝없는 대결로 빠지는 위험을 감수해야 한다. 역사적 시기에 따라, 이러한 철학적 대안들 중 하나는 일반적으로 최신인 반면에 다른 하나는 학문이 지니는 고루함의 예시가 된다. 환상적인 삼차원 그림이 르네상스 초반에는 신선했지만, 입체파 시대의 파리에서는 참담할 정도로 평범했던 것과 같다. 하나의 철학적 선언이 반대의 선언보다 본질적으로 실재와 더 가까운 관계를 가진다고 생각할 이유는 없다. 왜냐하면 **실재는 서술들로만 구성되지 않기 때문이다.** 아리스토텔레스가 본체는 때에 따라 상반된 특성들을 지지할 수 있다고 정의했던 것처럼, 실재가 때에 따라 다른 진실을 지지할 수 있다는 것도 가능하다. 다시 말해서, 실재의 절대주의는 진리의 상대주의와 짝을 이룰 수 있다. 횔덜린의 시를 지젝식의 희극적인 번역으로 바꾸는 일이 어리석은 이유는 원본이 어리석어서가 아니다. 번역이 횔덜린의 조언을 오독해서도 아니다. 그 이유는 모든 내용이 필연적으로 어리석기 때문이다. 그리고 내용이 어리석은 이유는, **실재 자체는 내용이 아니기 때문이다.** 하지만 이는 좀 더 설명이 필요하다.

존재의 배경

20세기 철학의 가장 중요한 순간은 1927년이다. 이때 하이데거는 존재의 의미를 묻는 질문을 던졌다. 이 질문이 너무도 거만하고 모호해서 실효가 없는 듯이 들리겠지만, 하이데거는 답변을 내놓으면서 진정한 진전을 이룬다. 우리가 그의 사상 전반에서 배운 점은 현전 혹은 눈앞에 있음Vorhandenheit의 불충분함이다. 스물아홉 살 이후에 하이데거는 스승인 후설의 현상학을 변형시켰다. 후설은 모든 이론이 정신에 직접 제시된 증거에 근거해야 한다고 주장하면서, 자연과학의 침투로부터 철학을 보존하고자 했다. 이에 하이데거는 우리가 상호작용 하는 사물의 대부분이 정신에 제시된 사물이 **아니라**, 암묵적으로 당연시하거나 믿고 사용하는 품목들이라고 반박한다. 의자, 바닥, 거리, 신체 장기와 같은 개체들, 그리고 모국어의 문법 규칙 등은 문제없이 기능하는 한 대체로 무시된다. 보통 그들이 오작동할 때만 우리의 관심을 끈다. 이것이 바로 하이데거의 유명한 도구분석의 주제로, 그의 1919년 프라이부르크 강연에서 다루어졌지만[16] 8년 후 《존재와 시간》으로 처음 발간되었다.[17] 나는 이 분석에 관해 자주 글을 썼다.[18] 사실 나의 지성사는 이 분석의 결과를 급진화시키는 시도일 뿐이다.

지성사에서 자주 그러하듯이, 도구분석은 하이데거가 평생 시도했던 것보다 더 진보할 수 있다. 하이데거의 독자 대부분은 그 분석이 의식적 이론에 대한 무의식적 실천의 우위를 확립했기에, 명백한 이론적인 인식은 일상의 암묵적인 '대처하기'가 벌어지는 은밀한 배경에서 나타나는 것이라고 주장한다. 이러한 읽기가 놓치는 점은 사물에 대처하는 일이 사물을 이론화하는 것만큼이나 사물을 왜곡한다는 점이다. 의자에 앉는 일이 의자를 눈으로 계속 관찰하는 일보다 실재를 더 소진시키는 것은 아니다. 인간의 이론과 인간의 실천은 모두 의자의 의자 존재로부터, 즉 인간의 모든 접근 너머의 어둠 속으로 물러서는 존재로부터 급작스럽게 분출하는 속성들에 놀란다. 한 발짝 더 나아간다면, 무생물 개체 사이에서도 같은 사실이 유효하다는 점이 분명하게 보인다. 왜냐하면 의자와 마룻바닥은 인간이 의자를 왜곡하는 것만큼이나 서로를 왜곡시키기 때문이다.

여기서 우리는 속담에 대한 지젝의 공격에서 드러났던, 모든 내용이 지닌 본질적 어리석음의 이유를 찾아볼 수 있다. 실재 자체와 동일한 축자적 서술은 없다. 실재의 풍부함 속에 있는 도구와 그 도구를 다루는 일이 같지 않은 것처럼 말이다. 혹은 앨프리드 노스 화이트헤드가 말하듯이, "언어 구문을 명제의 적절한 표현이라고 여기는 일은 어리석다."[19] 존재의 의미는 심지어 **번역불가성**으로 정의될 수도 있다. 언어는 (그리고 다른 모든 것도) 암시나 간접화법의 기술이 될 수밖에 없다. 도저히 현존시킬 수 없는 실재와의 은유적 결속인 것이다. 실재론은 우리가 실재 세계에 관해 올바른 명제를 서술할 수 있다는 의미가 아니다. 대신 실재가 너무도 실재적이라 어떤 문장, 인식, 실천적 행동 혹은 다른 어떤 것으로도 완전히 번역될

수 없다는 의미다. 명제의 내용을 숭배하면 **독단론자**가 된다. 독단
론자는 어떤 생각이나 서술에 동의하거나 동의하지 않고서는 그것
의 가치를 가늠할 수 없는 사람이다. 만일 "물질론materialism은 진리
다"라고 말하는 사람에게 동의한다면, 독단론자는 이 사람을 마음
에 맞는 사람이라고 칭송할 것이다. 그의 사고가 아무리 조잡하더라
도 말이다. 그리고 독단론자는 "물질론은 틀렸다"라고 말하는 사람
을, 그의 주장이 아무리 새롭고 통찰력 있는 근거를 가진다 해도, 비
난할 것이다. 독단론자는 진리를 세계의 표면에서 읽어 낼 수 있는
것이라고 본다. 따라서 옳거나 틀린 서술, 어쩌면 언젠가는 기계에
의해 형식화되고 결정될 수 있는 서술이 바로 진리를 알아내는 장이
라고 주장한다.

그러나 정확히 이것이 바로, 칸트가 표상과 물자체를 구분함으로
써 불가능하게 만든 것이다. 칸트가 보기에, 독단론적 철학의 문제
는 (칸트 자신이 그러하듯이) 물자체를 믿는 것이 아니다. 문제는 그
보다, 독단론자가 물자체를 담론적 서술로 접근 가능하게 만들고 싶
어 한다는 것이다. 이런 식으로 속담에 대한 지젝의 공격은 칸트의
유명한 모순 대립, 즉 다양한 형이상학적 문제들에 대한 분명한 명
제들을 나란히 두고, 이 모두가 자의적임을 보여 주는 모순 대립의
익살스러운 최신 버전이라고 봐야만 한다. 하지만 칸트가 범한 실수
는, 그리고 그의 독일 관념론자 계승자들이 저지른 더 큰 실수는, 물
자체와 표상의 관계가 이율배반적이라고 주장한 것이다. 이는 물자
체는 절대로 현존할 수 없기에 우리가 인간 경험의 조건을 논의하는
일에 국한되어 있다거나(칸트), 혹은 물자체라는 개념 자체가 정신
으로 접근 가능한 형상이라고 지적함으로써 물자체 개념 자체를 궤

멸시킨다(독일 관념론)는 주장이다. 거의 아무도 지적하지 않은 점은 양자의 태도가 **필로소피아**의 사명, 즉 언제나 진리를 가지면서 가지지 못하는 인간의 지혜를 사랑하라는 사명을 저버린다는 것이다. 물자체를 직접적으로 현전하게 하는 능력이 없다고 해서, 우리가 물자체에 **간접적**으로 접근하지 못하는 것은 아니다. 모든 내용의 본질적 어리석음이 모든 지식의 본질적 불가능성을 의미하지는 않는다. 왜냐하면 지식이 담론적이고 직접적일 필요는 없기 때문이다. 러브크래프트가 크툴루의 신체 형태를 묘사할 때 축자적 측면을 포기하면서도 그 형태를 암시할 수 있는 것처럼, 부재하는 물자체는 지식의 내적 내용에 중력과 같은 영향을 미칠 수 있다. 재현적 실재론 대신에, 러브크래프트는 이 책의 제목에 영감을 준 **기이한 실재론**이라는 어법으로 글을 쓴다.

이러한 접근법에 대한 지지를 고대와 동시대에서 좀 더 찾을 수 있다. 소크라테스와 플라톤은 수사학을 비난했지만, 아리스토텔레스는 학기 중 절반은 학생들에게 수사학을 가르치는 것이 적절하다고 보았다. 이는 동료들이 애석하게 타락한 것을 냉소적으로 인정해서가 아니라, 오히려 수사학이 모든 명백한 서술 뒤에 있는 필수불가결한 배경의 기술이라는 사실에서 기인한다. 수사학은 **생략 삼단논법**이라는, 이미 독자에게 잘 알려져 있기 때문에 설명할 필요가 없는 명제에 지배당한다. 만일 "오바마가 지금부터 2년 후에 백악관에 있을 것이다"라고 말한다면, 이 책의 동시대 독자에게는 이 말이 버락 오바마가 2012년에 미국 대통령으로 재선될 것이고, 워싱턴 시에 있는 대통령의 공식적인 거처가 백악관이라고 불린다는 것을 의미한다는 설명이 필요하지 않을 것이다. 이러한 추가적인 추측은 당연하게 여겨지고, 이는 하이데거가 우리 주변의 도구존재tool-beings 대부분이 당연하게 여겨진다고 보여 준 것과 같다. 수사학은 배경의 기술이고, 나는 철학이 배경의 과학이 아니라면 과연 무엇인지 모르겠다. 아리스토텔레스는《시학》에서 유사한 통찰력을 보여 준다. 아리스토텔레스가 단어 하나하나에 있어서 모든 비유적 의미들을 하나의 축자적 의미에 종속시키려 했다는 자크 데리다의 주장은 결코 맞지 않다.[20] 아리스토텔레스는 단어 하나에 단 하나의 축자적 의미가 있다고 주장하는 것이 아니다. 그가 주장하는 것은 하나의 사물에 단일한 일의적 **존재자**가 있다는, 다소 다른 개념이다. 아리스토텔레스는 결코 축자적 풀어쓰기의 수호자가 아니다. 시인에 대한 그의 애정 어린 찬사와, 은유가 최고의 인간 재능이라는 그의 시각에서 이 점을 확인할 수 있다.

　좀 더 최근에, 캐나다의 매체 이론가인 마셜 매클루언은 수사학과 수사학이 축자적 가시성에 숨기는 비밀에 관해 잘 알려지지 않은 대가다. 이는 항상 배경 매체를 통해서 발생한다. 매클루언이 보기에 텔레비전 프로그램의 내용이 좋은가 나쁜가 하는 논쟁은, 텔레비전이라는 매체가 그것이 보여 주는 내용과 상관없이, 우리의 행동과 생활양식을 변화시킨다는 사실을 간과하는 것이다. 이게 바로 "내용이 메시지다"가 일반적 전제인 반면에, 매클루언에게는 "매체가 메시지"인 이유다. 이 관점이 가장 극단적인 형태를 취하는 예는 "어떤 매체의 내용이나 메시지는 원자폭탄 위에 스텐실로 찍힌 그림 정도로 중요하다"라는 매클루언의 악명 높은 진술이다.[21] 아들인 에릭과 함께[22] 수행한 말년의 중요한 연구에서, 매클루언은 고전 삼학과Trivium*의 관점으로 이 생각의 틀을 갖추고, 표면에 명시된 내용을 다루는 변증법에 맞서서 수사학과 문법을 옹호한다. 이러한 고전적 의미에서, 독단론자는 변증법자다. 반면 예술가와 지혜를 사랑하는 이는 수사학자다. 이는 부주의한 이들을 유혹하려는 교활한 욕망이 아니라, 배경이 바로 행동이 일어나는 곳이라는 인식에 기인한 것이다.

우리는 이미 행동과 발화의 은밀한 배경을 인식하지 못하는 예를 몇 가지 다루었다. 인식과 행동으로는 우리가 관계하고 있는 사물의 더 깊은 실재를 소진시키지 못한다. 독일 관념론 철학은 이성에의 궁극적인 접근성 말고는 사물이나 생각에 아무것도 없다고 주장한다. 독단론적 주장에서는, (화이트헤드와 달리) 언어적 명제가 원칙적으로 그것이 묘사하는 것을 완전히 소진할 수 있다고 전제된다. 이러한 현상은 훌륭한 예술 비평가인 그린버그가 정의하고 비난한 **아카데미 예술**과 매우 유사하다. 자신의 시드니 강연 "모던과 포스트모던"에서 그린버그는 이렇게 말한다. "학술주의는 예술의 매체를 너무 당연히 여기는 경향이 있다."[23] 매클루언은 이 말을 좋아했을 것이다. 중요한 점은 (아카데미 예술처럼) 매체를 당연히 여기는 것도 아니고, (독단론적 철학처럼) 매체가 분명히 드러날 수 있다고 잘못 믿는 것도 아니다. 그보다는 오히려 배경 매체와 완곡하거나 혹은 암시적인 관계에 있으면서도 여전히 효과적인 내용을 생산하는 것이다.

그린버그는 아카데미 예술과 더불어 그 천박한 여동생인 **키치**, 즉 고급 예술이 어렵게 성취한 기법을 취향 없이 구사하는 저급한

---

* 중세의 교육과정에서 삼학과는 문법/논리학/수사학을 가리킨다.

모방에 관해 종종 이야기한다.[24] 문학에서 키치의 한 가지 명백한 형식은 **펄프**일 것이다. 여기서도 배경 매체는 대부분 당연하게 여겨진다. 만일 펄프 서부극 잡지에 글을 투고하고 싶다면, 단순히 열두 명의 카우보이와 몇 번의 총싸움, 로데오, 애정 관계, 소몰이, 마차, 전형적인 멕시코인과 인디언 몇 명, 그리고 장르의 다른 전형적 요소 등을 집어넣으면 된다. 펄프 탐정소설에는 하드보일드한 주인공과 수많은 범죄자 악당이 반드시 포함되고, 중간중간 살인 사건 몇 건이 흩뿌려져 있다. 펄프 호러와 공상과학소설은 제멋대로 상상한 새로운 괴물과 행성으로 구성된다. 이 괴물과 행성은 **내용**의 새로움으로 독자들을 충격에 빠지게 할 만한 놀라운 특징을 가지지만, 장르의 고정된 틀이 지닌 진부함을 그냥 수용할 뿐이다. 심지어 펄프 철학도 있다. 합리적인 물질론자 주인공(보통 일인칭 화자)이 비이성적인 연금술사, 점성술사, 주술사, 생기론자, 그리고 기독교인을 물리친다. 독단론자는 이러한 펄프 철학자에 해당한다. 내가 모르는 그린버그의 러브크래프트 비평이 있는지 모르겠지만, 불행히도 그가 에드먼드 윌슨과 거의 같은 방식으로 반응하는 모습을 쉽게 상상할 수 있다. "사실 이 이야기들은 《위어드 테일스》와 《어메이징 스토리즈》 같은 잡지에 투고된 잡문이고, 내 생각엔 그 집지에 남아 있었어야만 한다."[25] 하지만 펄프가 자신의 매체를 인식하지 못하는 소설이라고 정의한다면, 러브크래프트를 펄프 작가라고 무시하는 것은 문제가 된다. 왜냐하면 그의 주요한 이론적 작업이 명백히 보여 주듯이, 러브크래프트는 절대로 자신의 매체를 인식하지 못하는 작가가 아니기 때문이다.

가장 자주 인용되는 러브크래프트의 에세이는 아마도 〈문학에서의 초자연적 공포 Supernatural Horror in Literature〉일 것이다.[26] 이것은 공포 장르를 세세하게 조사한 글로, 에드먼드 윌슨에게서 "정말로 우수한 글"이라는 놀라운 찬사를 받았다.[27] 하지만 지금 우리에게 더 큰 관심을 끄는 글은 러브크래프트의 네 쪽짜리 신랄한 논쟁인 〈행성 간 소설에 관한 노트들 Some Notes on Interplanetary Fiction〉이다.[28] 이 에세이에서 러브크래프트는, 거의 윌슨과 같은 논조로 이 장르의 작품 대부분이 끔찍하게 질이 낮다고 말한다. "많은 작가들로 붐비는 이 장르를 불성실함, 인습적임, 진부함, 인공적임, 거짓된 강점, 유치한 과장 등이 당당하게 지배한다. 그래서 [H. G. 웰스의 소설을 포함함] 아주 소수의 작품을 제외하고는, 진정으로 성숙한 위치에 오른 작품이 없다."[29] 후자의 이야기 대부분은 "지루하고 대중적인 역학의 산물인 진부하고 인공적인 인물과 어리석고 구태의연한 사건들과 상황들"을 담아내고,[30] "상투적인 과학자들, 악의에 찬 조수들, 천하무적인 영웅들, 과학자의 딸인 사랑스러운 여주인공들 등과 같은 종류의 흔한 쓰레기"로 가득 차있다.[31] 그리고 장황하면서도 훌륭한 마지막 설명에서, 러브크래프트는 추가로 "여행자들을 신으로 숭배하기," "유사인간 왕국의 사안에 참여," "인간과 같은 아름다운 공주와의 결혼," "광선총과 우주선이 있는 전형적인 아마겟돈," "궁정의 간교와 질투심 많은 마술사," 그리고 무엇보다도 "북극의 털북숭이 유인원으로부터의 위험" 등과 같은 장르의 클리셰를 비난한다.[32] 이러한 예들로 확인할 수 있는 점은 펄프 문학에 대해 러브크래프트가 윌슨보다 훨씬 더 신랄한 비평가라는 사실, 그리고 작가로서 자신이 조심스럽게 피해야만 할 진부함의 지뢰밭을 그가 철저하게 인식하고 있다는 사실이다.

그러나 러브크래프트는 윌슨이 전혀 시도하지 않았지만, 그린버그는 분명히 승인했을 방향으로 선회한다. 그는 "본 평자는 우주여행과 다른 세계들에 관한 아이디어가 문학에 본질적으로 어울리지 않는다고는 믿지 않는다"고 말한다.[33] 왜냐하면 행성 간 소설 작가를 펄프의 진부함으로 이끄는 본질적 오류는 단 하나뿐이기 때문이다. "그 오류란 대중적 로맨스의 평범한 어조와 방식 그리고 객관적 행동과 인습적 감정으로 이루어진 평범한 서사를 통해 불가능하거나, 있을 것 같지 않거나, 상상할 수 없는 현상을 이야기할 수 있다는 생각이다."[34] 그가 두 문단 뒤에서 이야기하듯이, "다른 무엇보다, 자연 법칙을 벗어나기로 정해진 일의 냉혹하고 터무니없는 괴물스러움이 우선해야 한다."[35] 이어서 에세이에서 가장 중요한 문장이 나온다.

인물들은, 실제 인간들이 일상생활에서 갑자기 등장한 그것에 반응하는 것처럼 반응해야만 한다. 싸구려 대중적 관습에 따라 묘사하는 온순하고, 길들여지고, 스쳐 지나가는 감정이 아니라 누구라도 자연스럽게 보여 줄, 영혼을 깨버리는 정도의 놀라움을 보여 줘야 한다. 심지어 인물들이 놀라움에 익숙할 거라고 추측할 때도, 독자가 그런 것을 마주하며 느낄 경외, 경이, 낯섦의 감정이 반드시 작가에 의해 제시되어야만 한다.[36]

다시 말해서, 다른 세계들의 단순한 일탈적 **내용**으로는 충분히 신뢰를 줄 수 없다. 만일 반쪽짜리 외계인 영웅 자트란이 머나먼 얼음 행성 오르투막에서 아르곤으로 만든 뉴런 디제너레이터로 적을 죽인다면, 그리고서 삼중 방열 네오노이드 천을 입고서 화산 속에서 공주와 결혼한다면, 그런 뒤 이 모든 일이 진실이라는 듯이 얘기된다면, 우리는 "전례 없는 내용"이라는 싸구려 새로움을 읽을 뿐이다. 서로 경쟁하는 만 명의 펄프 작가들이 훨씬 더 전례 없는 종족과 무기와 화학 원료와 사건을 개발하려 할 것이다. 단순한 변형으로는 클리셰를 제거할 수 없다. 전형적인 미친 과학자를 제정신이면서 착한 개-인간 과학자로 대체하기, 그리고 젤리와 같은 포자로 자손을 만드는 영웅을 위해 결혼식을 전부 없애기 등으로는 더 깊은 곳에서 작동하는 클리셰를 건드릴 수가 없는 것이다. 행성 간 소설 대부분이 진정 진부한 이유는 내용의 단순한 새로움이 진정한 개혁을 만드는 데 충분하다는 생각 탓이다. 대신 러브크래프트가 주장하는 바는, 근대 예술을 바라보는 그린버그의 시각과 놀랍도록 유사하다. 예술 작품의 내용은 장르의 배경 조건과 교묘한 관계를 가져야만 한다. 뉴욕과 동경을 이질적으로 이름 지어진 초은하계 도시들로 교체한다고 공상과학소설이 개혁되는 것은 아니다. 이는 그저 익숙한 내용을 낯설지만 비교 가능한 것으로 교환하는 것이다(그린버그는 초현실주의를 유사하게 비판한다). 대신, 우리는 뉴욕과 동경의 일상적 진부함이 내부적으로 약해지는 모습을 보여 줘야 한다. 도시의 존재 자체로 추정되는 배경 조건을 전복시켜야 한다. 원칙 없이 정해진 개수의 촉수와 위험한 빨판-입, 그리고 텔레파시가 가능한 뇌를 가진 괴물을 창안하는 대신, 임의적이고 기이한 속성들이 아무리 많아도 소용이 없다는 점을 인식해야 한다. 그러한 정의를 전부 피해가는, 좀 더 심오하면서 좀 더 사악한 원칙이 우리의 괴물에는 분명히 작동하고 있을 것이다. 이것이 바로 러브크래프트가 모든 펄프, 모든 키치, 모든 아카데미 예술을 피하는 방법이다. 배경의 생략 삼단 논법이라는 더 위대한 영광을 위해, 체계적으로 내용을 약화시키는 것이다. 러브크래프트에게, 매체는 메시지다.

그것의 본질에 부정확한 것은 아니다

내가 아는 어느 독단론자가 한번은 "문어 머리를 한 용은 무섭지 않다"는 이유로 러브크래프트의 괴물 크툴루를 반박했다. 하지만 정확히 말해서 크툴루는 그렇게 묘사되지 않았다. 러브크래프트의 첫 크툴루 묘사는 다음과 같다. "나의 다소 과도한 상상력으로 문어, 용, 인간 캐리커처 그림이 동시에 떠올랐다고 한다면, **그것의 본질에 부정확한 것은 아니다**… 유연하고, 촉수가 달린 머리가 기괴하고 비늘이 덮인 몸 위에 얹어져 있었고, 덜 자란 날개가 달려 있었다. 하지만 그것이 너무도 충격적으로 소름 끼치는 이유는 전신의 **전반적인 윤곽** 때문이었다…"(CC 169; 강조 수정). 세상의 티셔츠나 판타지 그림에 크툴루가 문어 머리를 한 용으로 그려진다는 사실이 러브크래프트의 잘못은 아니다. 만일 그가 "나는 그 우상idol을 보았고, 일부는 용이고 일부는 문어고 일부는 인간의 캐리커처인 끔찍한 괴물을 발견했다"고 썼다면, 우리는 그저 펄프의 영역에 있을 것이다. 그러나 그림이나 영화와는 다른 문학의 간접적인 특징을 이용하여, 러브크래프트는 문어 같은 용을 **암시**하면서 동시에 세 가지 다른 방식으로 축자적 묘사를 정지시킨다. (1) 그는 이를 단순히 자신의 "과대한 상상"이 빚어낸 결과라고 치부하며 무시한다. (2) 그는 자신의 묘사가 아주 정확히 맞기보다는, "그것의 본질에 부정확한 것은 아니"라고 얼버무리듯 말한다. (3) 그는 우리에게 용과 문어와 인간이 섞인 표면적 속성을 무시하고, 그 대신에 무서운 "전신의 전반적인 윤곽"에 집중하라고 요구하면서 이 윤곽이 세 요소들의 축자적 조합 이상의 무언가라고 제시한다. 러브크래프트를 잘 아는 독자는 그의 이야기에서 이런 종류의 탈-축자적인 제스처가 단 한 번의 사건이 아니라, 작가로서 그의 주요한 스타일적 특징일 수 있음을 안다. 이는 내가 러브크래프트 스타일의 '수직적' 혹은 암시적 측면이라고 부르는 것이다. 즉 이것은, 이해할 수 없는 사물과 그것에 대해 화자가 시도한, 애매하면서도 적절한 묘사 사이에 그가 만드는 틈이다.

〈던위치 공포〉에서는 다른 종류의 예를 찾을 수 있다. 세 명의 교수가 미스캐토닉 도서관 바닥에서 부패하는 윌버 와틀리의 시체를 본다. "인간의 펜이 이를 묘사할 수 없다고 하는 것은 진부하면서 완전히 정확하지도 않다. 하지만 분명히 말할 수 있는 것은, 양상과 윤곽에 대한 아이디어가 이 행성의 일반적인 생명체와 잘 알려진 삼차원에 너무나 단단히 묶여 있는 사람은 그것을 생생하게 시각화할 수 없다는 점이다."(DH 389) 지금까지 우리가 얘기한 것이 크툴루 우상의 묘사에서 발견된 것과 유사한 "수직적" 틈이었다면, 이제 이 문장은 내가 러브크래프트 스타일의 "본체적 noumenal" 요소라고 기꺼이 인정하는 사례이다. 방금 인용한 문장은 러브크래프트가 두 가지 극단적인 대안을 사용했다면 망쳐졌을 것이다. 만일 단순하게 "어떤 인간의 펜도 그것을 묘사할 수 없다"라고 했다면, 우리는 질 나쁜 펄프 글쓰기의 가장 싸구려 기술과 얕은 생각을 마주했을 것이다. 만일 반대로 엄청나게 세세한 묘사만으로 충격을 주려고 했다면, 우리는 마찬가지로 펄프로 방향을 돌렸을 것이다. 대신, 우리가 마주하는 것은 일종의 포기다. 그는 "진부하면서 완전히 정확하지도 않다"라는 말로 첫 클리셰를 무력화시키면서도, 어쨌거나 축자적 용어로는 거의 시각화할 수 없는 묘사를 하려는 노력에 곧바로 매진한다. "허리 위쪽은 반半-인간적이었다. 하지만 가슴은… 크로커다일이나 앨리게이터의 그물 모양 가죽과 같은 피부였다. 등에는 노란색과 검은색의 얼룩무늬가 있었고, 특정한 뱀들의 비늘 덮인 껍데기를 어렴풋이 연상시켰다. 하지만 최악은 허리 아래였다. 왜냐하면 여기서 인간과의 유사성은 모두 사라졌고, 완전한 환상이 시작되었기 때문이다…."(DH 389) 여기서 우리는 무언가 다른 것을 마주한다. 이것은 적절한 용어가 없기 때문에, 내가 암시적이라는 용어 대신에 '입체파적'이라고 부르는 '수평적' 기이함이다. 언어의 힘은 불가능할 정도로 심오하고 먼 현실로 인해 더 이상 미약해지지 않는다. 대신, 이 사물의 탐욕스러울 정도로 과도한 표면과 양상으로 인해 언어에 과부하가 걸린다. 다시 한번 우리는 러브크래프트의 기법에 놀라게 된다. 명백하게 묘사된 이미지는 시각화하기가 상당히 어렵다. 그러나 이것이 훨씬 더 어려워지는 이유는 이 규정하기 힘든 묘사가 뱀과 "비늘 덮인" 껍데기를 "어렴풋이 연상"시킨다고 한번 더 제한되기 때문이다. "비늘 덮인squamous"은 많이 배운 독자들조차도 사전에서 찾아봐야 할 단어다. 이후에 최고의 전환이 다가온다. 이 모든 것은 충분히 이해할 수 있는 반면, 앞으로 다가올 것은 완전한 환상의 영역에 들어갈 것이라고 말하기 때문이다.

동물학에서 건축학으로 전환하여, '수평적'인 종류의 다른 예를 살펴보자. 건축은 러브크래프트의 제한적 묘사가 탁월하게 발휘되는 또 다른 영역이다. 〈광기의 산에서〉에서 다이어 교수와 그의 동료는 비행기를 타고 레이크 교수의 캠프장을 향해 가는데, 남극 위로 가자마자 그곳이 완전히 사라진 것을 발견한다. 비행 도중에 그들은 다이어가 "남극 신기루"라고 부른 것을 목격하는데, 나중에 이것이 실제로 존재하는 숨겨진 도시의 충격적인 투영임이 밝혀진다. 다이어는 다음과 같이 묘사한다. "인류나 인간의 상상에 알려지지 않은 건축물이 세워진 키클롭스식 도시의 효과였다. 기하학 법칙의 끔찍한 왜곡을 체현하고 사악한 기이함의 가장 기괴한 극단을 성취한 칠흑 같은 대리석의 방대한 총합이다."(MM 508) 에드먼드 윌슨은 이러한 묘사가 문학적으로 질이 낮다고 무시할 것이다. 하지만 여기서 우리는 반드시 의견을 달리해야만 한다. 이 문장이 매우 효과적이라는 단순한 이유에서다. "칠흑 같은 대리석의 방대한 총합"은 비록 정확히 그 모습을 상상하기 힘들다고 해도, 완벽히 암시적이고 소름 끼치는 구절이다. "기존 기하학 법칙의 끔찍한 왜곡"은 영화나 그림으로 표현하기가 불가능할 것이다. 하지만 이 구절은 독자에게 강력한 영향을 끼쳐, 그러한 왜곡이 존재할 수 있는 장소의 형이상학적 이듬을 감지할 수 있게 할 것이다. 마지막 요소인 "사악한 기이함의 가장 기괴한 극단"은 그 자체로는 모호할 수도 있다. 하지만 실제 문학적 작업이 이미 문장의 처음 두 요소로 완성된 후이기 때문에, 이 요소가 지닌 유일한 임무는 다이어의 개인적 고뇌를 요약하는 것이다. "사악한 기이함"은 일종의 수사적 장식으로, 칠흑 같은 대리석과 기존 기하학 법칙의 왜곡이라는 노동으로 구매한 아이스크림 선데 위의 체리와 같다.

이것이 바로 H. P. 러브크래프트의 스타일적인 세계이다. 이 세계에서 (1) 실재 객체들은 언어의 제한된 묘사력과 빠져나올 수 없는 긴장 관계에 묶여 있다. (2) 보이는 객체는 그것의 속성들과 견디기 힘든 엄청나게 비틀린 관계에 있다. 윌슨과 같은 지적은 이야기의 **내용**에 관한 축자적인 조롱으로 곧장 나아가기에, 러브크래프트가 작가로서 갖는 최고의 특징을 간과한다. 이는 바로 러브크래프트가 에드거 앨런 포와 공유하는 재능이다(하지만 윌슨은 이 점을 놓친다). 평상시에 우리는 세계와 그 세계에 대한 우리의 묘사 사이의 틈을 느끼지 못한다. 하지만 러브크래프트는 그러한 틈의 지배를 받는 세계를 풀어놓는다. 그렇기에 그는 **반**反**-펄프** 작가다. 러브크래프트가 '물자체적' 공포를 다루는 칸트적인 작가라는 설명은 어느 정도 맞는 말이다. 물론 이러한 설명 때문에 우리가 러브크래프트의 물질론적이고 매우 반-물자체적인 측면을 간과할 위험이 있는 것도 사실이다. 우엘벡이 말하듯이 "위대한 크툴루는 무엇인가? 우리와 같이 전자_{electron}의 배열이다."[37] 그러나 만일 우엘벡의 말이, 러브크래프트의 괴물들이 정신이나 영혼은 아니라는 부정적 의미에서 맞다고 해도, 그것들이 그저 전자인 것은 아니다. 칸트의 물자체가 전자로만 만들어진 것이 아니듯이.

현상학적 틈

러브크래프트는 다른 세계 생명체들의 놀라운 속성에 관한 단순한 선언을 믿으라고 강요하는 펄프 작가가 아니다. 대신 그는 모든 발언의 확정성을 벗어나는 배경에 거의 위험하다 싶을 정도로 기민하다. 자신의 서술을 약화시키는 데 많은 에너지를 소비할 정도다. 이런 방식으로 러브크래프트의 문장은 실재와 그 실재에 대한 접근성 사이에 틈을 발생시킨다. 이게 바로 그의 글쓰기가 지닌 '칸트적' 측면이다. 그럼에도 불구하고, 2008년 논문에서 내가 설명했듯이, 러브크래프트의 작품에는 드러남 내부의 새로운 틈과 관련된 다른 무언가가 있다. 이를 이해하기 위해, 우리는 현상학의 창시자인 에드문트 후설의 잘못 이해된 위대함을 잠시 살펴봐야만 한다.[38]

앞서 우리는 현상학을 급진화시키려는 하이데거의 시도를 논의했었다. 후설이 사물이 의식에 어떻게 드러나는지에 관한 논의를 철학의 토대로 삼으려고 했다면, 하이데거는 사물이 드러나지 **않는 한**에서만 우리가 그것을 다룬다고 지적했다. 본질적으로 하이데거는 후설의 관념론을 비난하는 것이고, 과학철학은 종종 같은 비난을 훨씬 더 신랄하게 한다. 그러한 비난에 근거가 없는 것은 아니다. 비록 의식의 지향성이 의미하는 바는 우리가 이미 항상 우리 자신의 밖에서 세계의 객체를 지향하는 것이라고 후설이 끝없이 얘기하지만, 이 객체는 의식에 상관되지 않는다면 아무런 실재를 가지지 않는다. 의식이 있는 잠재적 관찰자가 없는 상태에서 개체들이 상호 작용한다고 말한다면, 후설은 이를 터무니없다고 할 것이다. 현상학은 분명히 일종의 관념론이지만, 후설이 지닌 위대함의 씨앗은 바로 이 관념론에 담겨 있다. 왜냐하면 브렌타노 학파의 초기 회원들이 의식 외부의 객체와 의식 내부의 내용을 구분하려고 했던 반면, 후설은 자신의 관념론으로 인해 객체와 내용을 **모두** 의식이 인식하는 영역 속으로 함몰시킬 수밖에 없었기 때문이다. 그리고 좀처럼 혹은 전혀 인정받지는 못하지만, 이런 행보는 그에게 생애 최고의 혜안을 부여했다.

후설의 스승인 브렌타노가 깊이 영향을 받은 경험론 전통은 객체를 속성들의 임의적인 다발로 취급한다. 바나나를 관찰하는 일은 실제로 '노란색', '긴', '부드러운', '달콤한'과 같은 속성들을 관찰하는 것이다. 우리가 이 모든 속성들을 직면하기에, 숨어 있는 '바나나'라는 객체를 얘기할 이유가 없다. 바나나라는 말은 그저 직면한 속성들의 집합적 모음을 지칭하는 별명에 불과하다. 이제, 사물에 대한 이러한 경험론적 관점은 분명히 의식에 직접 접근 가능한 것만을 다루기에, 후설의 눈에는 현상학적 엄밀함의 최고조인 것처럼 보였을지 모른다. 하지만 이는 사실이 아니다. 《논리 연구》에서 후설은 절제된 급진주의로 브렌타노와 결별하면서, 경험은 "경험된 내용"에 관한 것이 아니라고 말한다. 내용 대신에, 우리가 주로 경험하는 것은 **객체**다. 그리고 인식의 내용은 언제나 객체에 종속되어 있다. 내가 우디라는 개를 관찰한다면, 그 개는 항상 특정한 각도와 거리에서, 짖거나 조용한 채로 보이는 것이다. 하지만 내가 보는 것은 개 우디이지, 특수하고 고도로 결정된 방식으로 보이는 우디가 아니다. 만일 우디가 달리거나 짖기 시작한다고 해도, 그것이 이전의 우디와 단순한 "가족 유사성"을 가진 채 밀접하게 연결된 객체라는 말은 아니다. 대신에 내가 말하는 것은 개 우디가 여전히 우디로 남아 있으면서도, 자신의 일부 특징들을 변화시킨다는 뜻이다.

후설은 이를 "객체-부여 giving 행위"라고 부른다. 이는 우리가 의식하는 삶의 많은 일에서 그저 가끔 발생하는 사건이 아니다. 그는 경험이 특수하고 확정적인 내용보다는, 객체-부여 행위로 구성된다고 확실히 주장한다. 이런 주장은 보통 아리스토텔레스와 같이 개별적 실체를 중시하는 철학자가 할 만하지만, 여기에는 한 가지 중요한 차이가 있다. 아리스토텔레스는 개별 사물에 관해 말할 때 그 사물과 인간의 접촉을 고려하지 않는다. 반면에 후설이 생각하는 바는 경험적 영역 **내의** 균열, 즉 나와 대면한다는 것 외에는 아무런 실재가 없는 상상의 개체에게도 유효한 균열이다. 유니콘을 상상하는 것은, 비록 외부 세계에 진짜 유니콘이 없더라도, 객체-부여 행위이다. 마약중독자가 환상 속에서 마주친 유니콘은 항상 어느 정도의 호전성을 띠며 특정한 속도로 달리는 것 같아 보이지만, 이러한 특성들은 유니콘이 다른 사물이 되지 않고도 순간적으로 변할 수 있다. 이제, 한 유니콘이 같은 유니콘으로, 혹은 우디가 같은 우디로 등장한다는 것을 증명할 방법이 있는지 질문할 수 있다. 여기에 대한 답은 우리가 무언가 실재적이거나 숨어 있거나 물러서 있는 객체가 아니라 즉각적 경험의 객체만을 다루고 있기에, 우리 자신이 결정자라는 것이다.

후설에게, 우리가 마주하는 것은 지향적 객체로, 다양한 윤곽Ab-schattungen에 따라 순간마다 다른 특정한 방식으로 보이는 것이다. 객체는 매 순간 변화한다. 이는 숨겨진 실재 객체와 그들의 접근 가능한 외부 특징 사이의 하이데거적 긴장에 더불어, 완전히 드러난 지향적 객체와 그것의 소용돌이치는 무지개 같은 특성의 표면 사이에 또 다른 후설적 긴장이 있다는 의미다. 후설의 지향적 객체들이 하이데거의 도구존재처럼 윤곽 뒤로 물러선다고 종종 주장하지만, 이는 틀린 말이다. 실제로 하이데거적 물러섬은 후설의 철학에서 완전히 불가능하다. 로드아일랜드 주 깃발을 지향한다는 말은, 내가 이미 경험의 객체로서 그 깃발과 직접 접촉하고 있다는 뜻이다. 따라서 경험의 영역에서 그것의 실재를 인정하는 것이다. 어떤 순간에 직면한 깃발의 특정한 특성들은 하나의 통합된 객체로서의 깃발을 숨기는 것이 아니다. 그 특성들은 객체의 표면에 둘러져 있는 무언가로 존재한다.

'지향적'이라는 용어가 아무런 풍미를 내지 않고, 또한 의식의 영역 '외부를 지칭하는 것'을 의미한다고 널리 오해받기 때문에,[39] 지향적 공간을 '감각적' 영역이라고 바꿔 부르는 것이 더 낫다. 우리가 하이데거에게서 발견했던 것은 **실재** 객체와 **감각적** 속성 사이의 긴장이다. 우리가 경험하는 망치-속성들의 이면 어딘가에 숨어 있는 실재 망치의 드러남인 것이다. 후설이 말하는 윤곽의 경우에, 우리가 방금 확인한 것은 **감각적** 객체와 **감각적** 속성 사이의 또 다른 긴장이다. 로드아일랜드 주 깃발이 프로비던스 해변의 바람으로 펄럭이며 보이는 다양한 모습에도, 그것은 여전히 같은 깃발로 남아 있다. 이제 우리는 러브크래프트의 문학적 스타일의 두 축을 마주한다. 하나는 알 수 없는 객체와 그것의 감지할 수 있는 속성들 사이의 '수직적' 틈이고, 다른 하나는 접근 가능한 객체와 그것의 감지할 수 있는 수많은 표면들이 추가로 축적된 것 사이의 '수평적' 혹은 '입체 파적' 틈이다.

그러나 후설은 **감각적** 객체와 그것의 **실재** 속성 사이에 존재하는 낯선 추가적 긴장도 인식한다. 이는 '형상적 변경 eidetic variation'으로 작동하는 현상학적 방법론을 통해 자명해진다.* 예를 들어, 만일 우리가 경험한 깃발을 수건이 아니라 깃발로 만드는 진정한 본질적 특성을 발견하고 싶다면, 그리고 아이오와 주나 메릴랜드 주보다는 로드아일랜드 주의 깃발로 만드는 특성을 발견하고 싶다면, 우리는 장시간에 걸친 깃발의 변화를 관찰하여 어떤 특징들이 진정으로 중요하고 지속적인지 결정할 수 있다. 아니면 (좀 더 가능한 방법인) 상상력을 통해 그 특징들을 우리 머릿속에서 변경할 수 있다. 이 과정에서 결국 우리에게 남는 것은 감각적 객체의 단순히 우연적인 속성들로 만들어진 윤곽이 아니다. 대신에 우리에게 남는 것은 사물의 진정한 중심 속성들이다. 하지만 이러한 속성들은 그 자체로 감각적이지 않다. 왜냐하면 특정한 순간에 깃발의 특정한 모습이 그러한 속성들에 완벽히 맞을 수는 없기 때문이다. 후설은 그러한 속성들을 감각적 형식이 아닌 오직 지적으로만 알 수 있다고 말한다. 그리고 후설이 그것들을 "본질 직관 essential intuition"으로 직접 알 수 있다고 생각한 반면, 21세기의 우리는 그의 반항적인 제자인 하이데

---

* 후설이 "형상"과 "본질"의 밀접한 관계를 전제한다는 점에서, "eidetic"은 보통 '본질'로 번역되고 있다. 하지만 하먼은 "형상"으로는 "본질"에 도달할 수 없다는 입장이기에, 이 책에서는 형상과 본질을 구분한다.

거와 오랫동안 같은 생각을 했다. 비감각적인 것은 항상 존재의 그림자 속으로 물러나, 인간이 접근할 수 있는 어떤 방식으로도 번역되지 못한다는 점을 알고 있는 것이다.

요약하자면, 하이데거는 우리에게 실재 객체와 감각적 속성 사이의 긴장을 알려 준다. 후설은 감각적 객체와 감각적 속성 사이의 긴장이라는 일상적 사례를 제시할 뿐만 아니라, 감각적 실체의 실재적 특성을 발견하려는 이론적 처신comportment의 사례도 제시한다. 이제 반드시 해야 할 질문은 실재 객체와 그것의 실재 속성 사이에도 유사한 긴장이 있는가이다. 그리고 답은 '그렇다'이다. 하지만 그러한 긴장은 완전히 물러남의 단계에서 발생하기에, 암시가 아니고서는 그 어떤 방식으로도 우리에게 접근 불가능한 상태로 남는다. 라이프니츠는 단자들이 반드시 통합되어야 하지만, 동시에 하나의 단자가 많은 특징을 가져야 한다는 점도 인식한다. 그렇지 않으면 소위 속성 없는 개별자bare particulars라는 특징 없는 정체성으로 인해 다른 단자들과 서로 교체가 가능해지기 때문이다.[40] 사비에르 수비리 또한 하나의 단위로서 실재 사물과, 다중적 특징들의 체계로서 같은 사물 사이에 존재하는 긴장을 논의한다.[41]

이제 우리의 세계 지도에는 네 개의 기본적 긴장이 있다. 만일 우리가 객체/속성의 쌍으로 국한하지 않는다면 이는 열 개의 긴장으로 확장될 것이다. 《쿼드러플 오브젝트》에서 나는 "존재지학ontography"이라고 부르는 틀로 이 긴장들을 다루었다.[42] 그 책에서 보여 주고자 했던 것은, 하이데거의 긴장인 RO Real Object, 실재 객체-SQ Sensual Qualities, 감각 성질가 "공간"으로 명명될 수 있고, 후설의 SO Sensual Object, 감각 객체-SQ를 "시간"이라 부를 수 있다는 점이었다. 후설의

SO-RQ Real Qualities, 실재 성질는 "형상 eidos"으로, 그리고 라이프니츠와 수비리의 RO-RQ는 "본질"로 부를 수 있다. 그러나 이 책은 형이상학보다는 문학에 좀 더 주목하고 있기에, 이 용어들을 특별히 기억할 필요는 없다. 다만 우리는 러브크래프트가 존재지학의 기본이 되는 네 개의 긴장에 이상하게 맞춰져 있다는 점을 주목할 필요가 있다. 그리고 이것만으로도 그는 객체지향철학의 계관시인이 될 만하다.

러브크래프트적 존재지학

이미 언급했듯이, 독일 시인 횔덜린은 최근 대륙 철학에서 대표적인 문학 영웅이었다. 이는 대체로 하이데거 덕분이다. 왜냐하면 그가 횔덜린의 송가를 주제로 연이어 강연하였고, 횔덜린을 철학에 엄청난 중요성을 가진 인물로 다루었기 때문이다. 하이데거의 시각에서, 횔덜린의 어떤 점이 그를 이토록 중요하게 만든 것일까? 철학자는 이 질문을 〈횔덜린과 시의 본질〉이라는 글의 서두에서 정면으로 다룬다.

우리의 목표가 시의 본질을 보여 주는 것이라면, 왜 **횔덜린**의 작품을 선택하는가? 호메로스나 소포클레스, 베르길리우스나 단테, 셰익스피어나 괴테는 왜 안 되는가? 분명히 시의 본질은 이 시인들의 작품에서도 풍부하게 표현되었다. 실제로, 너무 이르고 갑작스럽게 끝난 횔덜린의 창작에서보다 더 잘 표현되었다. 맞는 말이다. 그럼에도 나는 횔덜린, 오직 그만을 선택한다…. 왜냐하면 횔덜린의 시는 그의 시적 사명으로 지속되기 때문이다. 이는 오로지 시의 본질에 관한 시만을 짓고자 하는 사명이다. 우리에게 횔덜린은 탁월한 의미에서 **시인의 시인**이다. 그리고 바로 그

이유로 그는 우리에게 선택을 요구한다.[43]

러브크래프트와 관련해서도 비슷한 질문을 던질 수 있다. 소설 작가에게서 철학적 깊이를 찾는 거라면, 세르반테스나 톨스토이, 조이스나 멜빌, 메리 셸리나 도스토옙스키는 왜 안 되는가? 러브크래프트의 문학적 조상으로 이미 정전화된 에드거 앨런 포는? 우리의 대답은 횔덜린을 향한 질문에 하이데거가 내놓은 답과 비슷하면서도, 다음과 같은 차이가 있다. 나는 러브크래프트가 글쓰기의 본질에 관한 이야기를 쓴다는 하이데거적 주장을 하는 것이 아니다. 하지만 러브크래프트가 **철학**의 본질에 관한 이야기를 쓴다는 훨씬 더 극단적인 주장을 하고자 한다. 러브크래프트는 실재 객체와 감각적 객체의 중심에서 다중 분열을 수행하는 존재지학의 대표 작가다. 이런 이유로 나는 2008년에 쓴 글에서 이렇게 얘기했다. "상징적 측면에서, 위대한 크툴루는 미네르바 대신 철학자의 수호 정령이 되어야 한다. 그리고 우리는 반드시 미스캐토닉 강을 라인 강과 이스터 강보다 먼저 선택해야만 한다. 횔덜린에 대한 하이데거의 논의가 대체로 경건하면서 지루한 읽기로 귀결됐기에, 철학은 새로운 문학 영웅이 필요하다."[44]

우리는 이미 러브크래프트가 자신의 축자적 묘사를 약화시키는 경향에 관해 논의했다. 이는 배경 조건을 의식하지 않는 펄프 문학에 빠지지 않기 위해 그가 주로 사용한 방법이다. 우리는 또한, 그가 이를 한 가지 이상의 방식으로 하는 것을 보았다. 러브크래프트는 가끔 사물을 감지할 수 있는 특성들과 구분되는, 어둡고 우울한 단위로 쪼갬으로써 이를 성취한다. 예를 들어, 선원 파커가 기이하

게 "석벽의 각도에 빠졌다…. 예각임에도 마치 둔각인 것처럼 행동
하는 각도였다"(CC 194)라고 할 때 이런 일이 발생한다. 일반적으
로 우리는, 러브크래프트의 작품에서 이 문장처럼 축자적으로 시각
화할 수 없는 문장을 마주할 때마다, 하이데거의 도구분석을 강렬히
떠올리게 하는, 실재 객체와 감각적 특성들 사이 첫 번째 종류의 긴
장을 다루게 된다. 다른 경우에는 불안할 정도로 과하게 쌓이는 감
각적 특성들, 그리고 감각적 객체 혹은 숨어 있지 않은 객체들 사이
의 '입체파적' 긴장이 발생한다. 〈인스머스 위의 그림자〉에서 좋은
예를 찾을 수 있다. 여기서 화자는 꺼림칙한 동네 버스 기사를 처음
만난다. 기사는 인스머스의 물고기-개구리-인간 하이브리드일 가
능성이 매우 높다. "이것은, 내 생각에, 버스표 판매원이 언급했던
조 사전트가 틀림없었다. 그리고 **세세한 무언가를 감지하기도 전에
자연스러운 혐오감**이 나를 뒤덮었고, **이 감정은 막을 수도 없고 설명
할 수도 없었다.**"(SI 597, 필자 강조) 처음에는 이것이 모든 언어 아
래 깊숙이 위치한 실재의 심연에 관한 수직적 암시처럼 보인다. 그
러나 곧바로 사전트의 신체적 외양에 드러난 다양하고 문제적인 특
징의 세세한 목록이 이어진다. 여기서 전부 인용하기에는 너무 긴
목록이지만, 이 문장이 찌르레기의 다채로운 표면을, 모든 경험에서
물러난 것이 **아니라** 수많은 감각적 평면들로 뒤덮인 새로서 분석하
는 후설 혹은 피카소의 작업과 유사하다고 말하는 것으로 충분하다.
 다른 좋은 예는 러브크래프트가 브라운 젠킨이라고 알려진 마녀
조력자를 묘사할 때 등장한다. "목격자들은 그것이 긴 머리카락이
달린 쥐의 형상을 했지만, 날카로운 이빨과 수염 난 얼굴은 사악하
게 인간적이었고, 반면에 앞발은 인간의 작은 손과 같았다고 말했

다... 목소리는 역겹게 킬킬대는 소리에 가까웠으며, 그것은 모든 언어를 말할 수 있었다."(WH 658) 브라운 젠킨은 예각-둔각처럼 시각화될 수 없는 것은 아니다. 하지만 이 작은 괴물이 통합하는 특징들이 불안할 정도로 많기 때문에, 그것을 경험론적 "특성들의 다발"이라고 하기도 매우 어렵다. 실제로 브라운 젠킨을 흄의 경험론에 대한 패러디라고 읽을 수도 있다. 그것의 특성들 덩어리 너머에, 이 모든 끔찍한 특징들을 하나로 모으는 사악한 단위가 분명히 숨어 있다고 느끼게 된다. 또 다른 사례는 〈광기의 산에서〉에 나오며, 이 이야기는 남극의 신기루로 인해 뒤틀어진 머나먼 도시에 관한 것이다.

> 잘린 원뿔들은 가끔 계단식이거나 세로로 홈이 새겨져 있었다. 그 위에는 여기저기 볼록하게 부풀어 있거나, 종종 얇은 부채꼴 모양의 원반층으로 덮인 큰 원통형 막대기가 올려져 있었다. 낯선 모습의 돌출된 탁자와 같은 구성물은 수많은 직사각형 석판, 원형판 혹은 오각형 모양의 별 더미가 서로 그 아래 것과 겹쳐 있음을 암시했다. 원뿔과 피라미드 조합 중에 어떤 것은 그것만 있었고, 다른 것은 그 위에 원통이나 정육면체 혹은 더 납작하게 끝이 잘린 원뿔과 피라미드가 있었다. 그리고 기끔은 신기한 다섯 개 다발로 된 바늘과 같은 뾰족탑이 있었다.(MM 508-9)

세계문학에서 이렇게 갑자기 쏟아내는 말들을 이처럼 효과적으로 작동하게 하는 사람은 없다. 입체파 그림과 마찬가지로, 이 구절에서 사물이 외부 세계에 보여 주는 다양한 측면들은 다양한 괴물스러운 특징들을 하나로 모을 수 있는 그 어떤 구성 원칙과 깔끔하게 분리되어 있다.

후설의 두 번째 사례도 있다. 여기서는 감각적 객체가 **실재적** 특성과 긴장 관계에 있다. 후설에서보다는 훨씬 더 드물지만, 러브크래프트의 이야기에서도 이러한 긴장이 발생한다. 이는 과학자들이 이야기에 등장해서 객체의 특징을 분석하려고 노력함에도, 이를 분류하는 데 어려움을 겪을 때마다 발생하는 긴장이다. 〈마녀 집의 꿈〉으로 돌아가 보면, 여기서는 길먼이 꿈이라고 추정하는 곳에서 가져온 객체가 과학자를 난처하게 만든다.

> 방사형으로 뻗은 작은 돌기 중 하나가 부러져 분석에 부쳐졌고, 그 결과는 지금도 대학가에서 회자되고 있다. 엘러리 교수는 그 낯선 합금에서 백금, 텔루르, 철을 발견했다. 그러나 이것들에는 높은 원자량을 가진 명백한 원소들이 적어도 세 개가 섞여 있었고, 화학적으로 이것들을 전혀 분류할 수 없었다. 그것들은 알려진 그 어떤 원소에도 상응하지 않았을 뿐만 아니라, 새로 생길 수 있는 원소를 위해 주기율표에 남겨 두었던 빈자리에도 맞지 않았다.(WH 677)

단순히 뒤로 물러난 미스터리한 객체가 아니라 완전히 접근 가능하지만 그 **특성들**이 정밀한 조사로부터 물러난 객체를 다룬다는 사실은, 이 객체가 아캄의 **공공박물관에 전시**되었음을 알리는 러브크래프트의 재치 있는 말로 강조된다. 유사한 일이 〈우주로부터의 색〉에서 이미 일어났다. 이 이야기에서도 최신식 유리 비커, 실리콘, 붕사구 실험, 모루, 산수소 취관 등을 사용해서 운석 조각을 검사하

지만, 과학은 막다른 길을 마주하고야 만다.(CS 344)

이로써 우리에게 남은 것은 실재 객체와 실재 특성 사이의 네 번째 긴장이다. 러브크래프트 소설에서 가장 명백하게 이 긴장이 드러나는 경우는 우주의 가장 바깥쪽을 이야기할 때다. 이곳은 신들이나 물리력이 지배한다. 이것들은 너무도 기이해서, 감지할 수 있는 특성이 전혀 없는 무언가를 지칭하기 위해 사용되는 의미 없는 고유명사로만 지칭할 수 있다. 예를 들어, 다시 〈마녀 집의 꿈〉으로 돌아가보자. 여기서 길먼은 "반드시 그들 모두와 함께 궁극적 혼란의 중심에 있는 아자토스의 왕좌로… 가느다란 플루트가 정신없이 노래하는 카오스의 왕좌로… 가야만 한다. [그는] 《네크로노미콘》에서 '아자토스'라는 이름을 보았고, 그것이 묘사할 수 없을 정도로 끔찍한 원초적 악을 상징한다는 것을 알았다."(WH 664) 여기서 우리는 마지막 문구 덕분에 실재 혹은 묘사할 수 없는 객체가 다루어진다는 사실을 깨닫게 된다. 반면에 정신없는 가느다란 플루트는 너무도 상상하기 어렵기에, 우리는 이를 카오스의 왕좌가 지닌 실재 속성들을 암울하게 암시하는 것이라고 해석한다. 그곳에서 직접 경험할 수 있는 것의 축자적 묘사가 아닌 것이다.

망침에 관해

한번은 대학 시절 친구 한 명이 재치 넘치는 교수에게 리처드 로티의 철학을 설명해 달라고 부탁했다. 대답은 이랬다. "기본적으로, 모든 것을 부정하라, 그러면 남는 것은 실용주의와 미국의 민주주의다." 여기서 우리는 축자화를 통한 또 다른 형태의 비평을 마주한다. 물론 제시된 요약이 로티의 지성사에 정당한지 논쟁할 여지가 있다고 해도, 그 요약은 너무도 파괴적이기에 솔직히 로티의 역량은 그의 작업이 이를 얼마나 피할 수 있는지에 따라 측정해야만할 것이다.

우리는 또한 **농담**이, 거의 항상 그것을 망치는 축자화에 매우 취약하다는 사실을 안다. 이런 단순한 농담을 따져 보자. 벨기에 사람들이 몇 년 전 조사에서 가장 좋아한다고 했던 농담이다(다른 나라들의 최애 농담은 훨씬 더 좋지 않았다). "세상에는 세 종류의 사람이 있다. 수를 셀 수 있는 사람과 그러지 못하는 사람이다." 이 밋밋하게 웃기는 말은 적어도 두 가지 방식으로 망쳐질 수 있다. 하나는 모든 역설이 사라진 축자적 문장으로 농담을 바꾸는 것이다. "세상에는 **두 종류**의 사람이 있다. 수를 셀 수 있는 사람들과 그러지 못하는 사람들이다." 이제 우리는 농담이 아닌, 진부한 분류를 마주한다. 농담을 망치는 다른 방식은 그것을 매우 자세하게 설명하는 것이다. "세상에는 세 종류의 사람이 있다. 수를 셀 수 있는 사람과 그러지 못하는 사람이다. 웃기는 점은 이 농담을 말하는 사람도 수를 제대로 셀 수 없다는 사실이다. 그가 세 종류의 사람이 있다고 말했지만 두 가지 선택지만 준 것을 눈치챘는가? 농담은 그를 놀리고 있다!" 농담은 마술과 이 특징을 공유한다. 국제 마술사 협회에는 마술의 비밀을 절대로 외부인들과 공유해서는 안 된다는 신조가 있다. 비슷하게, 옷을 거의 입지 않은 몸은 보통 완전히 벗은 몸보다 좀 더 매혹적이다. 성에 대해 노골적으로 얘기하는 나체주의자 집단이, 옷을 입은 채 암시하는 일상 세계보다 결코 더 자극적일 수는 없다.

축자화 외에도 서술, 농담, 마술 속임수, 에로스, 혹은 그 외 다른 것들을 망칠 수 있는 방법은 여럿 있다. 철학사에서 가장 문학적인 스타일리스트라고 할 수 있는 니체(그의 주요 경쟁자는 분명 플라톤일 것이다)의 대표적으로 잘 쓰인 문장을 생각해 보자. 《이 사람을 보라》에서 셰익스피어에 관해 쓰면서, 니체는 "어떤 고통을 겪어야 인간은 광대가 되려는 욕구를 가지게 될까?"라고 묻는다.[45] 니체식 문장의 좋은 예시로, 깔끔하고, 간략하고, 유쾌하게 역설적인 문장이다. 하지만 니체가 언제 멈춰야 할지 모르는 지겨운 축자주의자라고 상상해 보자. 이 경우 그는 이렇게 썼을 것이다. "어떤 고통을 겪어야 인간은 광대가 되려는 욕구를 가지게 될까? 우리가 셰익스피어가 쓴 글의 내용이 그의 개성을 그대로 반영할 것이라고 기대해도, 근대 심리학은 **정반대**의 교훈을 가르친다. 사실 사람들의 글은 종종 그들이 내면에서 느끼는 것과 정반대이기 때문이다. 셰익스피어의 경우에, 그의 희극에 등장하는 광대 짓은 실제로 고통스러운 개인적 경험을 겉으로는 명랑한 기분으로 보여줌으로써 균형을 잡으려는 노력일 수 있다." 이 사람이 어린이들에게 모든 걸 풀어서 설명하려는 교사가 아니라면, 그는 사교적 대화 상대로는 최악이다. 이미 모두에게 분명한 점을 지겹게 풀어내고 있기 때문이다. 지적이 지적한, "해결책은 아주 가까이 있을 겁니다"라는 말로 횔덜린을 지겹게 환원하는 사람과 같다.

하지만 암시적인 것이 작가의 유일한 목표는 아니다. 그리고 암시를 축자적 서술로 바꾸는 일이 뛰어난 문장을 망치는 유일한 방법은 아니다. 방금 언급한 지겨운 사람 말고도, 니체의 이야기를 망칠 수 있는 다른 사람들이 있다.

얼간이: "광대를 그처럼 자주 연기하면서 셰익스피어는 얼마나 행복했을까!"(여기서는 작가의 삶과 작품을 손쉽게 일치시키면서 역설의 전환이 파괴된다.)

비판적이고 화가 많은 사람: "어떤 고통을 겪어야 인간은 광대가 되려는 욕구를 가지게 될까? 그리고 나는 셰익스피어가 그처럼 애정에 굶주려서, 우리가 그를 좋아하게 만들려고 항상 광대 짓을 하는 게 다소 애처롭다고 생각한다."(인간의 페이소스에 대한 니체의 차가운 거리감과 판단을 내리지 않는 감상은 사적인 고통의 썩은 웅덩이 속에서 사그라든다.)

시답지 않은 사람: "인간이 광대가 되려는 욕구를 가지려면 많은 고통을 겪어야지! 적어도 나는 그것을 거의 확신한다. 다른 가능성은 그가 실제로 행복했다는 것이다. 둘 중 어느 쪽으로 해석해도 괜찮을 테다."(여기서 우리는 니체의 용기 있는 단호함을 잃어

버린다.)

자기만족에 빠진 사람: "인간이 광대가 되려는 욕구를 가지려면 많은 고통을 겪어야지! 그러나 나는 전혀 그렇지 않다. 개인적으로 나는 삶에 있어서 균형 잡힌 자세를 가지며, 과잉 보상하려는 욕구를 느끼지 않는다."(외부 세계에 관한 니체의 활기찬 관심이 중산층의 전형적인 사소한 자기애가 된다.)

소박하고 진부한 사람: "그가 희극적 장면들을 내놓을 때마다, 나는 속지 않는다. 나는 무언가가 빌리 영감*의 마음에 들지 않는다는 것을 알지!"(여기서 우리는 니체 특유의 귀족적인 우아함을 완전히 상실한다.)

수다쟁이: "셰익스피어, 몰리에르, 아리스토파네스, 플라우투스, 메난드로스, 유베날리스, 라블레, 브레히트 같은 이들은 무슨 고통을 겪었기에 그처럼 광대가 되려는 욕구를 가진 걸까?"(셰익스피어는 더 이상 유일한 인물이 아니다. 대신에 우리는 희극 작가의 긴 목록에 관한 혼란스러운 일반 명제를 갖는다.)

원칙주의자: "셰익스피어의 희곡은 우스꽝스러운 감정의 예를 전시한다. 말하자면, 그의 '진정한' 정신 상태의 전도를 보여 주는 것이다. 이 영역에 관한 연구가 많았다. 하지만 제대로 살펴보는 일은 이 에세이 범위를 벗어난다. 존슨의 1994년 글과 마이너 & 샬트그로버 등의 1997년 글을 참조할 것."(이 인물은 시답지 않은 사람과 원래부터 축자하는 지겨운 사람의 특징을 조합한다.)

---

* 빌리는 셰익스피어의 이름인 윌리엄의 애칭으로, '빌리 영감'은 그를 친근하게 부르는 표현이다.

카를 포퍼의 유명한 원칙에 따르면, 이론은 조작될 수 있는 경우에만 과학적이다. 나는 한 걸음 더 나아가, 서술은 망쳐질 수 있을 때만 효과적일 뿐만 아니라, 망칠 수 있는 방식이 더 많을수록 더 고품질이라고 말할 것이다. 어쨌거나 서술이 망쳐질 수 있다는 사실은, 그 일이 아직 일어나지 않았음을 의미한다. 이는 또한 가능한 망침들이, 그리고 가끔은 가능한 **개선**들이, 문학적 서술의 효과를 분석하는 방법으로 사용될 수 있다는 의미다. 이 책의 둘째 장에서는 종종 이 방법을 활용할 것이다.

신기하고 외딴 시골

러브크래프트가 의도적으로 자신의 언어 능력을 마비시키는 경우에서처럼 객체와 특성들 사이의 균열이 명징하게 드러난 적은 없다. 실제로 러브크래프트만큼은 아니더라도, 단순한 은유적 효과만으로도 균열을 만들 수 있다. 내가 《게릴라 형이상학》[46]에서 호세 오르테가 이 가세트José Ortega y Gasset와 맥스 블랙의 밀접하게 연결된 이론들을 논의하면서 주장했듯이, 은유는 감각적 특성을 감각적 객체에서 실재 객체로 옮김으로써 성공한다. 블랙의 다소 밋밋한 예시인 "인간은 늑대다"에서, 늑대-특성은 감각적 늑대와 맺은 통상적 동맹에서 떨어져, 모호하고 뒤로 물러선 인간-객체의 지배 아래 놓인다. 러브크래프트의 소설에서 특별히 은유적인 문장을 선택하자면, 크툴루가 배와 부딪친 후에 순간적으로 폭발하는 사례가 있다. "공기주머니가 터지는 듯한 파열음이 났고, 개복치가 갈라질 때처럼 곤죽이 된 불쾌한 것이 나왔고, 천 개의 무덤이 열린 듯한 악취가 풍겼고, 역사가들이 책에 옮기지 않을 소리가 났다." (CC 195) 마지막 문장은 최고의 공포를 자아낸다. 이 문장은 애초에 소리를 종이에 옮기는 것이 도움이 될 터이고, 원한다면 기록자에게 소리를 설명하는 불가능한 능력을 줄 수 있다는 잘못된 암시를 한다. 객체와 특성 사이의 이중적 인력과 척력은 카타크레시스catachresis라고 알려진 비유에서도 발생한다. 러브크래프트의 문장인 "거대한 크툴루가 기름처럼 미끄러지듯 바닷속으로 들어가서"(CC 195)를 고려해 보자. 처음에는 어떻게 바다로 미끄러지는 움직임이 "기름진" 농도를 가지는지 분명하지 않다. 하지만 바다와 기름의 그럴듯한 액체적 유사성으로 인해 그 조합은 꺼림칙할 정도로 가능해진다. 세련된 젊은 건축가의 재킷과 넥타이에서 보이는 두 종류의 미세하게 다른 갈색들처럼 말이다.

그러나 우리는 실제로 은유적이지 않은 좋은 글의 경우도 고려해야만 한다. 20세기의 가장 뛰어난 산문 스타일리스트 중 한 명인 클레먼트 그린버그를 이미 언급했으니, 파울 클레에 관한 그의 1941년 추모 에세이를 살펴보도록 하자. "클레 자신의 열망에도 불구하고, [그의 예술은] 거창한 스타일로 성명을 내놓지 않는다. 그의 예술은 비교적 작은 영역에 집중하고, 그 영역을 정제하고 정교하게 만든다. 이는 친구나 지인들 사이라는 친밀한 환경 속에서 움직인다. 그의 예술은 베른, 바젤, 취리히, 고풍스러운 뮌헨, 밝고 활발한 작은 도시 지역에 속한다…"[47] 여기에는 묘사할 수 없는 물러난 개체를 마주하며 생기는 러브크래프트적 자기 삭제가 없다. 통제할 수 없는 수많은 특성들을 만지작거리며 개별 도시들에서 불완전하게 현현되는 스위스의 "전반적인 윤곽" 혹은 깜박거리는 본질을 창조하는 일도 없다. 대신에 그린버그의 글이 좋은 이유는, 그가 클레의 환경에 관해 적절하고 신선한 무언가를 언급하고, (피카소의 정신없는 코스모폴리탄 집단과 대비된) 우정 어린 소집단의 따스함을 환기하고, 논의되는 본질이 체현된 잘 알려진 도시 네 곳을 언급함으로써 머릿속에서 지도의 한 지역, 즉 작지만 밝고 활발한 도시들을 가리키기 때문이다. 객체의 중심에 명백한 균열을 만들지 않고, 그린버그는 무관심의 그림자 속에 있던 적절한 객체들을 되찾아 온다. 그리고 그럴듯한 방식을 통해 이 객체들을 인식의 대상으로 만든다.

이 점은 강조할 만한데, 왜냐하면 러브크래프트도 그러한 글쓰기가 전적으로 가능하기 때문이다. 내가 아는 한, 〈던위치 공포〉의 첫 두 쪽보다 더 나은 영어 산문 문장은 매우 드물다. 문장은 이렇게 시작한다. "매사추세츠 중부 북쪽의 여행자가 딘스 코너스 바로 너머에 있는 에일즈베리 산봉우리 교차로에서 길을 잘못 들어서면, 그는 신기하고 외딴 시골을 마주한다."(DH 370) 스타일적으로 이 문장은 **상투적인** 러브크래프트 문장이 전혀 아니다. 왜냐하면 묘사할 수 없는 기층이나 모순된 특성들의 광대한 집합체가 없고, '끔찍한' '흉측한' '괴물스러운' 등과 같이 그가 좋아하는 형용사도 없기 때문이다(윌슨은 이런 단어들을 지체 없이 비난한다). 대신에 러브크래프트는 미세하게 위협적인 어조로 시작해서, 독자가 신중하면서 다소 걱정스러운 감정을 갖도록 하는 데 성공한다. 여행자는 길을 잘못 들어섰다. 신기하면서 외딴 지형이다. 딘스 코너스와 에일즈베리는 둘 다 러브크래프트 자신이 창조한 가상의 장소인 듯하지만, 지리적으로 확인된 곳처럼 언급된다. 문장은 계속해서 같은 류의 것들을 제공한다. "땅바닥은 점차 높아지고, 들장미로 둘러싸인 돌담이 흙먼지 나는 굽은 길의 바퀴 자국에 점점 더 가까이 다가온다. 빈번한 식림 지대의 나무들은 너무 커 보인다…."(DH 370)

모든 예술이 러브크래프트가 자주 하는 방식으로 객체의 중심에 확연하게 틈을 만드는 것은 아니다. 하지만 예술은 **진정성**이나 **몰입**

같은 것을 만들어 내야 한다. 앞에 놓인 것이 무엇이든지, 우리가 그 것에 진정으로 매혹당해야 한다. 객체와 특성 사이에 있는 러브크래 프트의 흉측한 크레바스는 그렇게 할 수 있다. 하지만 농담이나 잘 전달된 단순한 이야기, 우리의 고민과 관련된 객체를 우리 앞에 끌 어오는 문장의 조용한 리듬도 그럴 수 있다. '진정성'이라는 말은 예 술 작품이 고상한 척하거나 도덕적으로 당당해야 한다는 의미가 아 니다. 그저 반드시 우리의 마음을 사로잡아야 한다는 뜻이다. 포크 너의 《소리와 분노》에 등장하는 형제 중 한 명인 제이슨은 세계 문 학에서 가장 혐오스럽고 냉소적인 사람 중 하나다. 하지만 바로 그 이유로 매혹적이다. 《소돔의 120일》에 등장하는 사드의 난봉꾼 범 죄자 친구들과 《구토》에 등장하는 사르트르의 음산한 로캉탱도 마 찬가지다. 진정성은 인물이나 객체가 자기 존재에 진정으로 집중하 는 것을 의미한다. 바로 그 이유로 우리의 관심을 끄는 것이다. 만일 일상사에서 우리가 사물을 우리 의지에 따라 평범한 도구로 모호하 게 사용한다면, 어떤 사물의 진정성이 뚜렷해지는 때는 그것이 진정 한 내부 세계를 드러내는 것처럼 보이는 순간이다. 하지만 이런 방 식에서도, 사물과 그것의 접근성 사이에 여전히 틈이 발생한다. 따 라서 묘사할 수 없는 객체에 대한 러브크래프트의 불안감은 가장 명 료한 형식으로 미학적 균열을 보여 준다.

희극적이고 비극적인 지향성

중세 용어인 '지향성 intentionality'은 프란츠 브렌타노가 1874년에 철학의 고전《경험적 관점에서의 심리학》에서 부활시켰다.**48** 이 용어는 곧바로 그 제자들의 글에서 주축이 되었는데, 후설도 그들 중 하나였다. 철학자가 아닌 독자들은 이 단어가 곧, 누군가가 자신의 행위로 무언가를 이루려고 한다는 의미를 가진 '의도 intention'와 관련이 있다고 생각해서는 안 된다. 그보다, 철학적 의미에서 지향성은 (브렌타노에 따르면 육체적 행위와는 다른) 정신적 행위가 항상 특정한 객체를 향해 있다는 의미다. 원한다는 것은 무언가를 원한다는 것이다. 사랑하고 증오한다는 것은 누군가 혹은 무언가를 사랑하고 증오한다는 것이다. 판단을 내린다는 것은 특정한 무언가를 판단한다는 것이다. 브렌타노와 후설을 인용하는 많은 이들의 잘못된 시각과 달리, 이러한 지향적 객체들은 정신의 **외부**에 있는 무언가를 가리키는 것이 아니다. 이는 경험에 순수하게 내재된 특징들로서 정신 **내부**에 존재하는 것이다. 예를 들어, 우리는 상상의 객체를 증오하거나 의심할 수 있다. 하지만 의식의 지향성이 관념론을 피하기에 충분하지 않다고 해도,**49** 지향적 객체가 없는 경험은 없다.

이런 방식으로 지향성은 '접착적' 용어로 기능한다. 즉, 주체와 객체를 영원히 연관된 것으로 붙이는 것이다. 하지만 접착적 기능에 더해, 지향성은 또한 '선별적' 기능을 갖는다. 왜냐하면 나의 지향은 내가 몸 없이 자유롭게 떠다니는 의식이 아니라 세계에 결속되어 있음을 보여줄 뿐만 아니라, 또한 나의 삶에서 어떤 것이 다른 것들과 달리 '문제가 있는지' 보여 주기도 하기 때문이다. 어떤 면에서, 우리는 우리가 지향하는 것이고, 작가에게도 이 점은 마찬가지다. 헤밍웨이의 세계에서 우리는 투우, 군사 행위, 사냥, 간호사의 유혹 등이 가능하며 종종 일어나는 일이라는 것을 안다. 물론 러브크래프트의 작품에서는 그와 같은 사건들을 생각조차 할 수 없다. 러브크래프트의 작품을 읽을 때, 우리는 종종 분명히 인간의 것인 목소리에 웅웅거리거나 진동하거나 찰랑거리는 소음의 불길한 함의가 겹쳐 있는 것을 경험한다. 반면 이런 일은 제인 오스틴의 작품에서는 절대 일어날 수 없다. 오스틴의 작품에 등장하는 영국 시골에서의 구애와 유산 분쟁은 카프카의 문학 세계에서는 부재한다. 한편 카프카 세계의 머무적거리는 모호한 법적 절차는 사드의 소설에서는 생각할 수가 없다. 비슷한 방식으로, 철학서에 나올 만한 놀라운 일들을 우리가 어느 정도 유연히 받아들일 수 있다고 해도, 형이상학 논문에 경마 보고서나 포르노그래피 센터폴드가 있다면 정말 놀랄 것이다. 이런 의미에서, 지향성을 모든 의식적 경험의 보편적 특징으로 이야기하는 것과 더불어, 우리는 또한 **특정한** 지향성이 개인 혹은 개별 문학작품의 세계를 정의한다고 이야기할 수 있다.

엄격히 말해서, 지향성은 두 종류다. 하나는 우리가 모든 순간에 가지는 직접적인 종류다. 다른 하나는 우리가 다른 사람이나 동물, 혹은 무생물 객체에게서 관찰하는 간접적인 지향성이다(베르그손은

웃음에 관한 논문에서 후자가 가능하다는 것을 보여 주었다[50]). 혹은 세상에 두각을 드러내려는 인물이나 의식적 행위자로서 우리의 지위를 생각할 때 우리 안에서 목격되는 지향성이기도 하다. 예를 들어, 러브크래프트의 이야기들은 종종 우리에게 묘사할 수 있는 영역 내에 간신히 걸쳐 있는 음산한 경관, 반쯤 감지할 수 있는 형태로 드러난 끔찍한 생명체, 훌륭하고 다양한 대학들과 교수진, 그 외 다른 것들을 고려하라고 요구한다. 하지만 우리는 또한 이야기의 화자가 이런 것들에 반응하는 모습도 접하는데, 그의 훌륭한 이야기 속에서 묘사되는 일들에 있어서 화자는 보통 일인칭 참가자이기 때문이다.[51] 이 점을 강조하는 이유는 윌슨과 같은 위대한 비평가가 아래와 같이 러브크래프트의 스타일적인 재능을 폄하하면서 두 층위를 혼동하기 때문이다.

> 러브크래프트의 최악의 오점 중 하나는 '소름 끼치는', '두려운', '무서운', '경이로운', '음산한', '기이한', '금지된', '불경한', '성스럽지 못한', '신성모독적인', '지옥 같은', '연옥의' 등과 같은 형용사를 이야기에 뿌려댐으로써, 끝없이 독자의 기대감을 높이려는 노력이다. 무서운 이야기를 효과적으로 쓰기 위해 우선해야 할 규칙은 이런 단어들을 절대로 쓰지 않는 것이다···[52]

물론, 우리가 할 일을 형용사에게 맡기는 일이 일반적으로 글쓰기와 사고의 좋은 규칙이 아니라는 점은 맞다. 하지만 이 경우에는 윌슨이 틀렸다. 그가 제시하는 것처럼, 러브크래프트의 소설에서 이러한 형용사가 독자를 윽박질러 공포에 떨게 하는 미약한 주요 도구로 쓰이는 경우는 드물다. 대신에 러브크래프트는 이미 마무리한 묘사 위에 이 형용사들을 뿌려 댄다. 우리 자신이 그 장면을 직접 이해하게끔 하기보다는 화자의 정신적 혼돈을 보여 주기 위한 향신료인 것이다. 루이지애나에서 발견된 크툴루 우상의 기단에 기이하게 쓰인 글자의 묘사를 살펴보자. "주제와 소재나 다름없이, 그 글자들도 우리가 알고 있는 인류에서 끔찍하게 떨어진 다른 무언가에 속했다. 그 무언가는 우리의 세계와 우리의 생각들과는 아무런 연관이 없는 오래되고 불경한 생명의 순환을 암시했다."(CC 176) 윌슨의 의견과 달리, '끔찍하게', '두렵게', '불경한' 등이 있다고 해도 이 문장이 나쁜 것은 아니다. 왜냐하면 힘든 일을 해내는 것은 이런 형용사가 아니라, 그보다 앞서 나온 우상에 대한 묘사와 르그래스 경관에게 거의 도움이 되지 않는 고고학자들의 괴로운 난감함이기 때문이다. 윌슨이 비난하는 형용사들은 러브크래프트의 숙련된 솜씨에 의해 우리가 이미 믿게 된 것들을 그저 승인하고 증폭시킬 뿐이다.

이것이 지향성의 첫 번째 구분이다. 이는 즉, 지금 이 순간 경험하는 것에 갖는 우리의 우선적 관심과, 다른 지향적 행위자에게서 우리가 관찰하는 이차적 관심 사이의 구분이다. 하지만 우리는 '희극적' 지향성과 '비극적' 지향성 사이의 두 번째 구분도 인식해야만 한다. 여기에 대해 아리스토텔레스는 아주 신중하게 받아들여야 할 용어로 이렇게 정의한다. "희극은 인간을 더 나쁘게 재현하려고 하고, 비극은 인간을 실제 삶보다 더 낮게 재현하려고 한다."[53] 이 상황에서 "더 낮게"와 "더 나쁘게"가 어떤 의미인지 확실하다면, 이 정의를 이견 없이 받아들일 수 있다. 사회적 지위, 재산, 지능, 윤리적 정직함, 운동 기술, 아름다움 등의 여러 측면에서 다른 사람들은 우리보다 더 낫거나 더 나쁠 수 있다. 하지만 이런 영역에서 높은 지위를 갖는다고 하더라도, 가끔 희극적이게 되는 것을 막을 수는 없다. 마찬가지로 지위가 낮다고 해서 비극이 일어나지 않는 것도 아니다. 우리는 종종 케네디 가족이나 미스 유니버스의 과오를 비웃는다. 재산이나 공적 지위나 신체적 매력에 있어서 그들이 아무리 우리보다 우월하다고 해도 말이다. 반대로 우리는 비극적 문학작품에서 노예와 바보와 가난한 이들이 독재자나 백만장자를 울릴 정도로 가장 위대한 주인공의 대열에 설 수 있다는 사실을 안다. 궁극적으로, "더 나은" 사람과 "더 나쁜" 사람이라는 말의 유일한 의미는, 그 사람이 온 힘을 다해 신중히 다루는 일들이 더 나은가 혹은 더 나쁜가에 달려 있다. 비극적 인물은 우리가 존경하거나 관심 갖는 객체와 사건 들에 연루되어 있고, 희극적 인물은 우리가 우습다고 여기는 것들을, 즉 빨간색 고무로 된 광대의 코와 사회적 거만함과 터무니없는 중독과 충동 등을 중시한다.

여기서 우리는 희극과 비극에 관한 또 다른 유명한 옛 글귀를 떠올린다. 플라톤의 《향연》 마지막에서 소크라테스는 이 두 장르에 관해 이렇게 얘기한다. "소크라테스는 작가라면 희극과 비극을 둘 다 쓸 수 있어야 한다는 점을 [아가톤과 아리스토파네스에게] 입증하려고 한다. 숙련된 비극 작가는 희극 시인이어야만 한다."[54] 셰익스피어처럼 분명 두 장르 모두를 정복한 사람들이 증명한 것을 빼고 봐도, 희극과 비극은 매우 근접해서 쉽사리 한쪽에서 다른 쪽으로 넘어갈 수 있음을 확인할 수 있다. 만일 광대 봄보가 백화점에서 아이들을 위해 동물 풍선을 만들다가 심장마비로 죽는다면, 우리는 희극이 비극이 되는 급작스러운 전환을 경험할 것이다. 마찬가지로 만일 배우자의 외도 피해자가 그저 **코메디아 델라르트***의 할리퀸이라면, 혹은 도쿄를 파괴한 것이 진짜 핵폭탄이 아니라 믿기 힘든 파충류 괴물이라면, 외도와 대학살마저도 완전한 웃음거리가 될 수 있다.

그러나 이러한 예들보다 더 흥미로운 것은 희극과 비극의 의도적이고 절제된 조합일 것이다. 러브크래프트는 바로 이 부분에 능숙하다. 비극적 요소는 보통 그가 그리는 공포에서 직접 발견된다. 반면 희극적인 면의 경우, 우리는 러브크래프트의 작품 속 주인공이 의심하는 것보다 사건이 더 나쁘다는 사실을 알고 있지만, 주인공이 그 사건에 우스꽝스러울 정도로 고상하거나 얌전히 반응할 때 생긴다. 예를 들어 화자가 인스머스의 항구에서 술에 취한 자독과의 대화를 마무리할 때, 우리는 이런 문장을 마주한다. "**이야! 이야! 크툴루 프타근! 픈글루이 음그루나프 크툴루 알리에 으가−나글 프타근−올드** 자독이 갑자기 심하게 소리를 지르기 시작했다."(SI 622) 하지만 이는 그저 술에 취해 소리 지르는 것이 아니다. 그리고 우리 독자들은 이 점을 너무도 잘 알고 있고, 따라서 화자는 자신이 인식하지 못하는 목전의 위협에도 불구하고 희극적 인물이 된다. 몇 쪽 뒤 자독의 끔찍한 이야기가 끝나자, 화자는 두려워하면서도 이렇게 말한다. "나중에 이 이야기를 추려서 역사적 알레고리의 핵심을 추출해야 할지 모르겠다."(SI 625) 이는 독자들이 그 순간 일어난다고 알고 있는 우주적 공포에 대한 우스꽝스러울 정도로 무기력하고 현학

---

* 코메디아 델라르트는 16세기에서 18세기까지 유행했던 이탈리아의 희극 형식으로, 할리퀸은 이 형식에 등장하는 시종 중에 가장 인기 있는 인물이다.

적인 반응이다. 그리고 그것은 동시에 희극적이면서 비극적인 효과
를 자아낸다. 이는 작가 러브크래프트의 대표적 특징으로서, 앞으로
도 반드시 잊지 말아야 한다.

스타일과 내용

중요한 작가나 예술가라면 누구나 특정한 **스타일**을 가진다. 그가 실제로 집필한 작품을 모두 정리하는 '경험론적' 방식으로는 그의 스타일을 완벽히 설명할 수 없다. 대신에 우리는 작품들의 유한한 목록으로는 절대로 완벽히 체현될 수 없는 무언가로서, **실재론적** 스타일 개념을 고수해야만 한다. 만일 피카소가 생트 빅투아르 산을 주제로 연작을 그렸다면, 그것은 아마도 피카소의 작품으로 인식될 것이다. 세잔이 기타 연작을 그린다면 그것이 피카소가 아니라 세잔의 작품이 되는 것처럼 말이다. 친구의 어떤 행동을 "성격에 맞지 않는다"고 묘사할 때, 우리는 그 행동이 친구가 실제 과거에 했던 행동과 일관되지 않는다는 것만을 의미하지 않는다. 그보다는 그 행동이 친구의 **스타일**에 맞지 않는다는 뜻이다. 어떤 행동들은 보스턴에서 사회적으로 **훌륭한 것**이면서도 로스앤젤레스에서는 그렇지 않을 것이고, 반대의 경우도 마찬가지다. 객체들 자체도 스타일을 갖는다고 할 수 있다. 오렌지나 말굽은 한순간에 보이는 특정한 외형을 넘어서는 것이기 때문이다.

그러나 이 책에서 앞서 제기했듯이, 스타일이 모든 지적 깊이의 원천이라고, 그리고 내용은 단순한 피상성과 평범함의 층위에 있다고 한다면 지나치게 단순한 말이다. 러브크래프트의 세계는 그가 객체들을 멀리 물러서 있게 하거나 혹은 열 개 이상의 들끓는 평면으로 나누는 방식으로만 형성된 것이 아니다. 러브크래프트의 또 다른 특징은 화자가 무뚝뚝한 학자인 경우가 많다는 것이다. 이 학자들은 헤밍웨이의 화자처럼 투우를 참관하고 전투에서 부상을 당하는 행동가들이 아니다. 그들은 눈앞에 벌어지는 공포를 수동적으로 관찰할 뿐이다. 마찬가지로, 사랑할 수는 있지만 절대로 획득할 수 없는 지혜를 위해서 독단에 저항하는 것만이 철학은 아니다. 대신에 철학은 결국 어떤 진정성에 다다르게 되고, 그것 또한 일종의 독단이라고 할 수 있다. 어쨌거나 우리가 라이프니츠를 잘 아는 이유는 지혜에 대한 그의 비非독단적 사랑에서 오는 머뭇거리는 불확실함 때문이 아니라, 그의 이름과 연관된 특정한 학설 때문이다.

어떤 의미에서, 이 책의 주제는 스타일과 내용의 상관관계다. 《기이한 실재론》이라는 제목은 러브크래프트를 통해 평소보다 더 깊은 개념의 실재론에 도달하려는 계획을 암시한다. 대부분의 철학적 실재론은 성격상 '재현적'이다. 그러한 이론들은 인간의 모든 접촉 너머에 실재 세계가 있을 뿐만 아니라, 이 실재가 자연과학이나 지식의 다른 방식을 통한 발견으로 적절하게 비춰질 수 있다는 생각을 견지한다. 풀어쓰기와 모든 내용의 어리석음에 대한 이 책의 비판은 이것이 불가능하다고 강력히 주장한다. 실재는 어떤 종류의 재현으로도 곧바로 번역될 수 없다. 실재는 기이하다. 왜냐하면 실재는 그 자체를 재현하거나 측정하려는 그 어떤 시도와도 아주 다르기 때문이다. 러브크래프트는 가혹할 정도로 이 어려움을 인식한다. 그의 도움으로 어쩌면 우리는 무언가를 말하지 않고서도 말하는 방법을 배울 수 있을지 모른다. 혹은 철학적 측면에서, 지혜가 없음에도 지혜를 사랑하는 방법을 배울지 모른다. 실재를 이해하는 일에 있어서, 우리가 할 수 있는 최선은 환상과 암시뿐이다.

2장에서 우리는 이렇게 일반적인 철학적 고찰을 잠시 멈추고, 러브크래프트의 작품 속 수많은 구절들의 스타일을 상세하게 살펴볼 것이다. 100이 엄청난 노력을 의미하는 적절한 어림수이기에, 나는 러브크래프트의 흥미로운 구절 100개를 선정했다. 가장 사랑받는 이야기 여덟 편에서 각각 열두어 개의 구절을 골랐다. 이 이야기들을 연대기적으로 다루겠지만, 플롯 요약에 신경을 쓰지는 않을 것이다. 대신 각각의 구절을 살펴보고, 그들을 효과적으로 만드는 것이 무엇인지 찾는 방식을 택할 것이다. 이를 결정하는 방법 중 하나는 **망침**이다. 주어진 문장이 어떻게 하면 **더 나빠질** 수 있는지를 알아봄으로써, 우리는 간접적으로 문장의 가치를 감상할 수 있게 된다. 몇몇 경우에는 러브크래프트처럼 능숙한 작가에게도 **개선 방안**을 제시할 수 있을지 모른다. 예를 들어, 나는 어정쩡하게 **거두절미하는 수법**을 쓰는 〈어둠 속에서 속삭이는 자〉의 첫 문단을 지워버리고 싶다. 대신에 사실적인 두 번째 문단으로 시작했으면 한다. "내게는 이 모든 일이 1927년 11월 3일에 일어난 전례 없는 역사적인 버몬트 홍수로 시작했다."(WD 415) 이런 식으로 길게 살펴본 후에, 우리는 좀 더 단단한 입장으로 러브크래프트의 소설 전반에서 발견되는 실재론과, 실재에 접근하는 비스듬한 방식에 관해 좀 더 일반적인 생각을 제안할 수 있을 것이다.

2
장

러브크래프트 스타일의 현장

크툴루의 부름

이 이야기는 1926년 프로비던스에서 쓰였고, 러브크래프트의 고향 도시에서 가져온 수많은 장소와 시설로 가득하다. 브라운 대학, 윌리엄스 가, 세이어 가, 다채로운 플뢰르 드 리스 건물, 근처의 프로비던스 아트 클럽. 이야기는 세계 여러 지역에서 각각 발견된 날개 달린 문어 모양 생명체의 우상들에 관한 것이다. 끔찍한 루이지애나 부두교 의식에서, 퇴화한 19세기 에스키모 부족에게서, 프로비던스의 데카당스 조각가의 최근 작품에서. 널리 퍼진 컬트는 분명 크툴루, 즉 이야기의 제목에 나오는 소름 끼치는 생명체를 숭배한다. 이야기에서는, 이 컬트를 보호하려는 시도와 그에 맞서 이를 제압하려는 경찰 및 학자들의 시도로 수많은 죽음이 발생한다.

그렇지만, 줄거리 요약은 문학으로서 이 작품에 관해 얘기하는 바가 별로 없다. 에드먼드 윌슨의 지적은 차치하고라도, 지적인 유행에 따라 특정한 줄거리가 인정받거나 비웃음을 사게 될 수 있다. 하지만 잠자는 거대한 괴물 이야기가 문학의 명작이 될 수 있다는 가능성을 선험적으로 제외시킬 수는 없다. 〈크툴루의 부름〉을 가장 잘 음미하는 방법은 플롯을 요약하는 대신에, 작품에서 열두어 개의 문장을 직접 살펴보는 것이다. 이때 펄프의 축자적 용어로 러브크래프트의 단어를 풀어쓰지 않아야 한다. 그리고 이를 넘어서, 작가로서 러브크래프트의 특별한 재능은 실재가 모든 축자적 언어를 벗어나 있기 때문에 자신의 독창적 단어들조차도 이미 축자적으로 쓴 것임을 예리하게 인식한다는 점이다.

1. 지루한 낙관주의로 감춰진

"신지학자들은 우주 순환의 엄청난 위엄을 추측해 왔고, 그 순환 속에서 우리의 세계와 인류는 일시적인 사건일 뿐이다. 그들은 지루한 낙관주의로 감춰지지 않았다면 피를 얼어붙게 할 용어들로, 기이한 생존자들을 암시했다."(CC 167)

느슨하게 서로 연결된 러브크래프트의 '훌륭한 이야기들' 시리즈는 〈크툴루의 부름〉의 첫 문단과 그 문단의 어두운 우주론적 암시로 시작한다. 위의 구절은 첫 문단에 나온 짧은 예다. 이 구절을 망치기 위해서는 축자적 형식으로 서술하기만 하면 된다. "어떤 사람들은 기이한 외계종이 훨씬 더 지배적인 거대한 역사 속에서 인류가 그저 아주 작은 일부일 뿐이라고 생각한다. 그들은 긍정적으로 들리게끔 말하려 하지만, 생각해 보면 이는 실제로 꽤 무서운 일이다." 이 우스운 축자적 버전에서, 우리는 청소년과 괴짜, 즉 러브크래프트가 종종 기고했던 펄프 잡지 《위어드 테일스》의 독자층이라고 윌슨이 정확히 지적한 이들이 이따금 하는 상상을 마주한다. 하지만 러브크래프트의 원문이 지루하기보다는 섬뜩하게 느껴진다는 사실은, 그의 숙련된 문학적 기술을 보여 준다. 우리는 문장을 그저

럼 효과적으로 만드는 세 가지 지점인 "신지학자들", "일시적인 사건", "지루한 낙관주의로 감춰지지 않았다면"에 주목하게 된다. 우선 두 번째부터 살펴보자.

인간의 일생은 서로 맞물린 전통들에 뿌리박고 있다. 어린아이일 때 우리는 나이 든 가족 구성원을 만나고, 그들보다도 더 나이 든 세대의 일화를 엿듣는다. 일화는 태초의 국가와 인종의 역사를 향해 시간을 거슬러 올라가고, 이를 통해 궁극적으로 사소한 우리의 현 상태에 대한 좀 더 심오한 배경이 형성된다. 나는 종종, 게르마니아와 보헤미아의 숲을 돌아다니면서 보다 문명화된 카이사르의 초소들을 습격하던 먼 조상들을 궁금해했다. 시간을 좀 더 거슬러 올라가면, 다양한 공동의 조상들이 설형문자와 바퀴를 발명했다. 더욱더 멀리 가면, 여러 인간들이 모두 아프리카 동쪽의 온화한 초원 지대에 모여 있었다. 진화는 훨씬 더 먼 조상에 관해 알려 주고, 그보다 더 머나먼 지점에는 식물과 곰팡이들까지 우리의 직계 가족이 된다. 이러한 생각들은 인간의 문학적, 문화적, 정치적 역사의 뒤틀린 복잡함이, 우리를 에워싼 이 기나긴 시간의 어둠이라는 배경에 비해 잔인할 정도로 뒤처진다는 것을 보여 준다. 여기서 어렴풋이 우리가 깨닫게 되는 점은 머나먼 후손들의 시대에 우리 자신도 어둠 속으로 사라질 순서가 되리라는 것이다. 우리는 그 후손들을 완전히 기괴하다고 느낄 것이다. 심지어는, 만일 우리가 그들을 제거할 힘이 있다면, 인종 청소를 당해야 마땅할 존재로 여길 것이다. 그러나 러브크래프트는 이보다 더 나아간다. 우리가 단지 긴 인류 종의 역사와 지구의 지질학적이고 대기적인 생성에 견주어서 일시적인 것만은 아니다. 더 나쁜 것은 우리의 고대 식물 사촌을 어제 뉴스처럼 보이게 만드는 '우주적 순환의 경이로운 장대함'에 견주어서 그렇다는 것이다. 인간과 행성의 역사를 사소하게 만드는 일은 러브크래프트의 특징 중 하나이며, 칸트의 형이상학보다 더 두려운 우주론적 유한성을 제시한다. 러브크래프트에게, 이해를 벗어나는 것은 파악할 수 없는 물자체가 아니라, 다른 시공간으로부터 와서 우리의 시공간에 개입할 수 있는 끔찍한 생명체들이다.

"신지학"은 종종 마담 블라바츠키의 산업화 시대 신비주의를 지칭하고, 세앙스와 위자 보드의 이미지를 떠올리게 한다. 그러나 이 전통에는 지적으로 인정받을 만한 뿌리가 있다. 코르넬리우스 아그리파, 파라켈수스, 야코프 뵈메로부터 종국에는 고대 플라톤과 인도의 학파까지 쭉 이어지는 뿌리다. 러브크래프트는 종종 실존했던 인물의 목록을 확장시켜, 자신이나 자신의 집단이 만든 가공의 사상가들의 이름을 포함시킨다. F. W. 폰 윤츠와 미친 아랍인 압둘 알하즈레드와 같은 이름이다. 외계 괴물이라는 설정으로 인해 많은 비평가들이 자동적으로 십 대의 작품을 연상하기에, 러브크래프트는 자신의 소설에 반드시 몇 세기 동안 축적된 고전적 지혜를 섞는다. 종종 자신이 구상한 현인들을 실존했던 르네상스 연금술사들, 그리고 중세 아랍 및 유대 사상가들과 함께 섞는 것이다. 이런 방식으로 그의 글쓰기는 역사적인 무게감을 성취한다. 마치 러브크래프트 본인이 아니라 인류의 전반적 역사가 매사추세츠, 버몬트, 남극 등에 출몰한, 숨어 있던 존재들과의 투쟁에 은밀히 개입했다는 듯이. 최근 신지학자들의 "지루한 낙관주의"를 비난하면서, 러브크래프트는 그들이 가지고 있다고 알려진 다른 세계로의 접근성을 자신의 것으로 사용하는 동시에, 그들의 자신감에 찬 안일한 인본주의와는 거리를 둔다. 이제 여기서 우리는 러브크래프트 글의 두 번째 주요 특징을 발견한다. 인류 역사가 소수의 학자와 신비주의자와 혼혈 선원들만이 알고 있는 악몽과 같은 진리를 감추는 유쾌한 포장으로 그려진다는 것이다.

이 구절의 효과가 객체와 특성의 결속이 확연히 깨지는 것과 아무런 관련이 없다는 점은 분명하다. 문장은 단지 인간의 정치적, 지적, 기술적 성취의 총량을 우습게 만들고, 인류의 긴 역사를 눈 깜짝할 순간으로 축소시키는 상황에 인간을 위치시킨다. 하지만 이것이 정말로 이 책의 철학적 핵심인 객체/특성의 긴장과 관련이 없는지는 3장에서 다룰 것이다.

2. 전신의 전반적인 윤곽

"나의 다소 과도한 상상력으로 문어, 용, 인간 캐리커처 그림이 동시에 떠올랐다고 한다면, 그것의 본질에 부정확한 것은 아니다. 유연하고 촉수가 달린 머리가 기괴하고 비늘이 덮인 몸 위에 얹어져 있었고, 덜 자란 날개가 달려 있었다. 하지만 그것이 너무도 충격적으로 소름 끼치는 이유는 *전신의 전반적인 윤곽* 때문이었다."(CC 169)

축자주의자는 이 문장을 대충 훑어보고 다음과 같이 망칠 수 있다 (그리고 종종 그렇게 한다). "그것은 문어, 용, 인간이 모두 하나로 섞인 것처럼 보인다." 하지만 이 버전은 그저 펄프 픽션일 뿐이다.

데이비드 흄만큼이나 러브크래프트적이지 않은 철학자는 없다. 흄은 자극을 주는 사상가이자 탁월한 스타일리스트이지만, 그의 철학적 평판은 다소 지나치게 높다. 그는 무언가가 철학적으로 틀렸음을 지적하는 사람들의 수호성자이다. 비록 틀린 것을 지적하는 일이 쓸모가 있기는 하지만, 쓰레기 청소는 주에 한 번만 하는 게 가장 좋은 허드렛일이다. 흄은 1748년 《인간의 이해력에 관한 탐구》에서 유명한 말을 한다. "금으로 된 산을 생각할 때, 우리는 두 개의 일관된 아이디어를 조합할 뿐이다. 이미 우리에게 익숙한 금과 산이다. 우리는 도덕적인 말馬을 상상할 수 있다. 왜냐하면 우리가 우리 자신의 감정으로부터 덕德을 상상할 수 있기 때문이다. 그리고 이것을 우리에게 익숙한 동물인 말의 형상과 모양에 합치할 수 있다."[55] 20세기의 에드먼드 후설처럼, 러브크래프트는 사물이 어떻게 특성과 관계를 맺는지를 바라보는 관점에 있어서, 급진적인 반-흄 주의자다. 위 구절을 흄처럼 읽으면 얼마나 터무니없는지 보자. "크툴루를 생각할 때, 우리는 단지 이미 익숙한 세 개의 일관적 아이디어인 **문어, 용, 인간**을 연결시킨다." 흄의 문장을 러브크래프트적으로 다시 쓴다면, 똑같이 터무니없을 것이다. "나의 다소 과도한 상상력으로 황금산 그림이 떠올랐다고 해도, 그것의 본질에 부정확한 것은 아니다. … 하지만 그것이 너무도 충격적으로 소름 끼치는 이유는 **전신의 전반적인** 윤곽 때문이었다."

흄의 입장에서, 정신에 가장 접근 가능한 것은 특성이다. 그리고 우리가 "사물"이나 "객체"에 관해 가지는 개념은 그것을 알리는 특성의 다발로 대체될 수 있다. "러브크래프트의 물질론"에 관한 논의에 어느 정도 진리가 있다고 해도, 이는 미스터리를 해체하려는 자신감에 찬 과학적 물질론이 아니다. 대신에 그것은 혼란스러웠던 연금술사와 신비주의자들의 긴 역사에 근대 과학을 연결시키는 물질론이다. 후설과 매우 유사하게, 러브크래프트는 객체 전체가 기본이라고 본다. 감지할 수 있는 특성들이 이 기본적인 전체에 완전히 의존한다고 보는 것이다. 그러나 후설이 찌르레기나 우편함 같이 일련의 특성들로도 소진되지 않는 일상의 예시에 주목한다면, 러브크래프트는 인간의 생명을 위협하는 객체를 사용하기에 그와 다르게 **느껴진다.** 크툴루를 포함한 모든 객체에는 문어와 용과 인간의 우스운 다발로 환원할 수 없는 "사물의 본질"과 "전신의 전반적인 윤곽"이 있다. 그러한 다발이 무섭지 않다고 하는 사람들은 옳다. 그들이 틀린 것은 단지 크툴루가 그런 다발로 구성되어 있다는 생각이다.

3. 히스테리컬한 레반트 사람들에게 습격당했다

"… 인도에서 온 서신들은 3월 말에 벌어질 원주민들의 심각한 폭동에 대해 조심스럽게 말한다. 아이티에서 부두교의 난교 의식이 늘어나고, 아프리카 전초기지에서는 불안한 소문을 보고한다. 필리핀의 미군 장교들은 이 시기에 특정 부족들이 문제를 일으킨다고 말하고, 뉴욕의 경찰들은 3월 22일에서 23일 사이에 히스테리컬한 레반트 사람들에게 습격당했다."(CC 174)

인종주의는 철학자를 더 나쁘게 만들 뿐이다(하이데거의 1919년 도구분석은 훌륭하지만, 그가 잘난 척하면서 "세네갈의 흑인"을 언급한 것이 바로 그런 경우다[56]). 그러나 드물게 수구적인 관점이 상상력 강한 작가의 능력을 향상시킬 때가 있다. 우엘벡은 러브크래프트의 인종주의가 그러한 경우일 수 있다고 앞서 지적했다. "이것은 와스프WASP의 점잖은 인종주의가 아니라, 이질적이고 무서운 생명체들과 한 우리에서 갇혀 지내야만 하는 동물의 잔혹한 증오다."[57] 우엘벡이 지적하는 것은 뉴욕의 로어이스트 사이드에 사는 주민들에 관해 러브크래프트가 프랭크 벨냅 롱에게 보낸 편지에 담긴, 믿기 힘든 격분이다.

이 생명체들, 즉 이탈리아인-유대인-몽골인은 끔찍한 썩은 웅덩이에 살고 있으며, 아무리 상상해 봐도 인간이라고 할 수 없었습니다. 그들은 피테칸트로푸스와 아메바의 괴물스럽고 모호한 윤곽을 띠고 있었죠. 그들은 지구가 부패하면서 생긴 냄새나는 끈적끈적한 점액으로 대충 만들어졌습니다. 들끓는 벌레나 심해의 이름 없는 것들만을 떠올리는 방식으로 그들이 더러운 거리 위아래에서 그리고 창문 안팎에서 기어다니고 흘러나왔습니다.[58]

만일 하이데거의 편지에서 발견되었다면, 그의 명성을 결정적으로 무너뜨리는 사건이 되었을 말이다. 히틀러의 《나의 투쟁》에서 발견되었다면, 대표적 전시물로 언급되었을 것이다. 그러나 위의 구절에서 러브크래프트의 인간성이 안 좋게 드러나긴 해도, 우리는 문장의 문학적인 측면에 주로 반응한다. 붙임표로 터무니없이 연결된 형식인 "이탈리아인-유대인-몽골인"이 우리를 어느 특정한 외래 인종 밖으로 한참 밀어낸다는 점에 주목해 보자. 우엘벡이 정확히 묻는다. "과연 어떤 인종이 이러한 격분을 유발할 수 있었을까? … 실제 민족의 현실은 오래전에 사라져 버렸다. … 크툴루 이야기에 가득한 악몽과 같은 개체들의 묘사는 바로 이 환영적인 비전에서 나온다."[59]

윤리적이고 정치적인 측면에서 끔찍하지만, 러브크래프트의 인종주의는 문학적 측면으로 보면 부인할 수 없을 정도로 효과적이다. 우리는 이미 그가 신지학적 전통에 따라 모호하게 추측되었던 광대한 시간과 진화의 순환에 인간과 행성의 역사를 비교하면서, 그 역사를 한 줌의 먼지로 축소시키는 것을 보았다. 하지만 파라켈수스, 뵈머, 그리고 폰 윤츠라는 허구의 인물의 작업에서 러브크래프트가 발견한 진리의 불빛과 함께, 광대한 우주적 순환은 백인이 아닌 인종들이 가진 특별히 예민한 감각으로 인지되는 듯하다. 러브크래프트 시대의 제국주의적 백인 국가들은 괴물 같은 고대의 존재들과 지구상에 있는 그들의 사절단 사이의 비밀스러운 공모에 완전히 압도당한 것처럼 보인다. 인도에서 폭동이 일어난다는 모호한 암시가 있고, 그것은 분명히 너무도 꺼림칙하기에 "조심스러운" 방식으로만 보고된다. 서구의 "전초기지"가 감지한 아프리카의 "음산한 속삭임"이 있다. 필리핀에서 문제가 생긴다. 그리고 공포가 매우 근접해진 결정적인 사건이 생긴다. 뉴욕에서조차, 경찰이 "히스테리컬한 레반트 사람들"에게 공격당한 것이다. 여기서 "레반트 사람들"이라는 애매한 집단적 개념은 통합된 원인 행위자로 다루어진다. 만일 레반트 주민들이 그 문장으로 모욕감을 느끼지만 않는다면, 매우 우스웠을 방식으로 "히스테리컬"하다는 일관된 특성도 갖는다. 고인이 된 에드워드 사이드가 이 문장을 신랄하게 비판할 거라고 쉽사리 상상되지만, 어떤 의미에서 그의 비판은 핵심에서 벗어난다. 오리엔탈리즘의 예로서 아무리 비난받을지라도, 러브크래프트가 히스테리컬한 레반트 군중을 언급한 부분은 진정 소름 끼친다. 아마도 오늘날의 레바논과 시리아 독자들도 그렇게 느낄 것이다. 러브크래프트 이야기의 백인들이 오래된 종족들과의 접촉에서 완전히 안전한 것도 아니다. 데카당스 조각가 윌콕스의 악몽이 그 예다.

사실, 서두의 구절을 **망치는** 최상의 방법은 마음에 들지 않는 오리엔탈리즘적인 내용을 모두 지워 버리는 것이다. "프로비던스가 당시에 기이한 일들이 발생하는 유일한 장소는 아니었다. 인도, 아이티, 아프리카, 필리핀과 같은 다양한 문화적 환경에서도 문제가 발생했다." 이 문장을 쓴 관대하고 교양 있는 작가는 분명 러브크래프트보다 나은 21세기 세계 시민일 것이다. 그러나 공포를 자아내는 데는, 결코 더 효과적이지 않다.

4. 가장 비밀스러운 아프리카 부두 모임

"경찰은 본인들에게 전혀 알려지지 않은 비밀 종교 집단을 우연히 발견했다고 생각할 수밖에 없었는데, 이는 가장 비밀스러운 아프리카 부두 모임보다 무한히 더 사악한 집단이었다."(CC 175)

여기서 우리는 러브크래프트가 아프리카에 가지는 혐오의 흔적을 더 찾을 수 있다. 이는 그의 이야기에 등장하는 다양한 사악한 선원들과 컬트 교도들 중에 검은 피부를 가진 사람들이 많다는 점에서도 발견된다. 한편으로 흥미로운 점은, 이야기에서 일반적으로 **여성들**은 엘더 레이스Elder Races*와 함께하지 않는다는 것이다. 눈에 띄는 한 가지 예외는 〈던위치 공포〉의 라비니아 와틀리이다. 그녀는 유전적으로 퇴화하고 볼품없는 백피증 여성으로, 고대 생명체에 의해 수태됐다. 그 외에 러브크래프트의 이야기에서 여성을 심히 부정적으로 언급한 부분은 민속학적 혹은 인종적 공포의 중요한 요소로 설명될 수 있다. 상을 당한 어머니가 "아나스타시아 울레코라는 이름의 흙덩어리 같은 세탁부"(WH 680)라고 무시당한다. 반면 인스머스의 흉측한 물고기-개구리 종업원은 무지한 화자에 의해 "믿을 수 없을 정도로 두껍고 서툰 손을 가진, 납작코를 한 처자"(SI 627)라고 묘사된다. 하지만 라비니아 와틀리를 제외하고, 러브크래프트의 우주적 공포에서 중심 역할을 한 유일한 여성은 아마도 백인 마녀 케지아 메이슨일 것이다. 하지만 여기에서조차 케지아가 쥐와 같은 조력자인 브라운 젠킨으로 일부 현현한다는 사실은 인종주의적 울림을 자아낸다. 러브크래프트가 사적으로 여성과 불편한 관계였다는 점을 고려한다면, 인종주의보다는 여성 혐오적 편견이 있는 또 다른 러브크래프트를 상상하기란, 그리고 고대 종족들과 자발적으로 육체 관계를 맺는 사악한 여성들로 가득한 이야기를 상상하기란 쉽다. 그러나 라비니아의 기이한 임신을 제외하고는, 러브크래프트의 훌륭한 이야기들에서 유일하게 성적인 사건은 〈인스머스 위의 그림자〉에서 올드 지독이 암시하듯이 인간이 물고기-개구리들과의 종간 교배를 강요당한 것뿐이다. 러브크래프트가 덜 고상한 척했거나 더 여성 혐오적이었다면, 이 주제를 훨씬 더 길게 다루었을 것이다.

---

* 러브크래프트 신화에 등장하는 고대의 외계인 중에 가장 먼저 지구에 온 종족으로 "올드 원스The Old Ones" 혹은 "엘더 씽스The Elder Things" 등으로도 불린다.

서두의 구절로 다시 돌아가서, 나는 그것이 이렇게 망쳐질 수 있다고 생각한다. "만일 아프리카 부두 모임이 나쁘다고 생각한다면, 이렇게 생각해 봐라. 경찰이 늪지대에서 발견한 컬트는 무한대로 더 나쁘다." 이 망침이 왜 실패하는지 생각해 보면 흥미롭다. 우선 시작이 잘못되었다. 우리 대부분은 아프리카 부두 모임을 두려워하며 살지 않는다. 혹은 인류학적인 측면을 제외하고는 생각조차 하지 않는다. 우리를 조금이라도 불편하게 만든 적이 전혀 없는 무언가를 두려워하라고 요구하면서 시작하고, 훨씬 더 나쁜 무언가를 찾았다는 주장으로 그 공포를 능가하려는 시도는 독자를 움직일 수 없는 수사적 오발탄이다.

러브크래프트가 하는 일은 좀 더 섬세하고 좀 더 효과적이다. "경찰은 본인들에게 전혀 알려지지 않은 비밀 종교 집단을 우연히 발견했다고 생각할 수밖에 없었다." 이는 벌써 괜찮은 시작이다. 비밀스럽고 완전히 알려지지 않은 컬트가 발견된 것이다. 하지만 더 좋은 점은 **경찰에 의해** 발견되었다는 것이다. 이는 해당 컬트가 위험하면서도 불법적인 행위를 하고 있고, 우리가 여기에 확실히 관심을 가질 거라는 뜻이다. 하지만 이 문장의 핵심은 쉼표 이후에 나오는 "가장 비밀스러운 아프리카 부두 모임보다 무한히 더 사악한"이다. 여기서 러브크래프트는 아프리카 부두에 대한 기존의 공포를 소급하지 않는다. 이미 언급했듯이 우리 대부분은 그런 것을 전혀 두려워하지 않기 때문이다. 러브크래프트의 기법은 이보다 훨씬 더 영민하다. 컬트를 부두라는 끔찍한 경계 너머의 무언가로 쉽게 제안하는 대신에, 그는 삼각관계를 만든다. 즉 러브크래프트는 정확히 정의되지 않은 신비로운 컬트에서 공포를 가져와, 이를 부두에 나눠주고,

그리고는 다시 이를 되찾아와 제대로 정의되지 않은 컬트의 힘을 증가시킨다. 다른 예를 떠올려 볼 수도 있다. 만일 누군가가 "젊은 잉그리드 버그먼은 스웨덴 관객에게 아니아 쇠데르블롬보다 훨씬 더 우아한 듯이 보였다"라고 말한다면, 이 비교는 당신이 쇠데르블롬이란 이름을 전혀 들어보지 못했더라도 인상적일 것이다. 사실 쇠데르블롬은 존재하지 않는다. 문장의 형식은 우리를 속여서 쇠데르블롬이 실제로 매우 우아했을 거라고, 그리고 버그만이 그보다 훨씬 더 우아하다고 믿게 만든다. 똑같은 일이 러브크래프트의 문장에서 일어난다. 만일 그가 단순히 "아프리카 부두 모임이 공포스럽고 위험하다"라고 말했다면 우리는 믿기 힘들 것이다. 하지만 이 모임을 극단적 비교의 대상으로 쓰면서, 우리는 그 컬트가 아프리카의 부두보다 더 나쁘기에 분명 진정으로 나쁠 것이라고 믿는다. **뿐만 아니라** 다른 무언가가 훨씬 더 좋지 않다고 묘사하기 위한 발판으로 쓰였다면, 아프리카 부두는 분명히 정말 좋지 않은 것이라고 믿게 된다. 만일 누군가가 "조지 W. 부시는 밀러드 필모어 이후에 최악의 미국 대통령이다"라고 말한다면, 당신은 부시에 대한 부정적인 의견을 분명히 감지할 뿐만 아니라 은연중에 필모어에 대한 부정적 판단에 **동의한다고** 느낄 것이다. 비록 그에 대해 아는 것이 전혀 없다고 해도 말이다. 혹은 다음 예를 생각해 보자. "원주민들이 우리에게 제공한 음식은 끔찍한 페이스트나 기름이었고, 가장 기름지고 가장 자극적인 농도의 땅콩버터보다 무한히 더 안 좋았다." 이 문장으로 땅콩버터를 좋아하는 사람들조차 무언가 끔찍한 생각을 한다. 어쩌면 유명한 '허수아비 논증'의 비유를 따라, 우리는 이러한 비유를 허수아비 악마라고 부를 수 있을지 모른다. 서두의 구절에서, 러브크래프트는 우리가 조금도 두려워하지 않으면서 이미 알고 있는 무언가보다 이름 없는 무언가가 훨씬 더 좋지 않다고 알림으로써, 그것을 끔찍하게 만드는 일에 매우 능숙하다.

5. 라피트 사람들의 후손들

"대부분 라피트 사람들의 후손인, 미개하지만 온순한 그곳의 무단 거주자들은 밤에 갑자기 들이닥친 알 수 없는 것 때문에 완전히 공포에 휩싸였다."(CC 178)

해적 장 라피트는 1800년대 초반에 뉴올리언스 주변에서 활동했고, 가끔은 영국에 대항하여 미국의 이익을 위해 일했으며, 다른 때는 스페인을 위하거나 스페인에 맞서는 활동을 했다. 습지에 주둔한 크툴루 컬트 이야기의 뿌리를 라피트 선원의 후손이라는 실제 혹은 조작된 역사에 근거지움으로써, 러브크래프트는 자신의 기이한 이야기에 가능성과 규모를 부여하는 익숙한 방식을 따른다. 이 구절이 지닌 이러한 측면을 망칠 수 있는 두 가지 방법이 있다. 첫 번째는 "늪에 살았던 사람은 해적 선조들이었다"고 하는 것이다. 이는 애매하고 아마도 관련이 없는 주장처럼 들린다. 하지만 그렇게 하기보다는 이들을 라피트의 후손으로 특정함으로써, 이 주장에 세부적인 색을 입히는 동시에 이야기에 역사적 신뢰성을 부여한다. 왜냐하면 라피트와 루이지애나의 연관성은 미국 역사를 대충 아는 사람들에게도 대체로 알려져 있기 때문이다. 두 번째 망침은 과하게 세세한 묘사로 일어날 수 있다. "무단 거주자들은 대부분 장 라피트의 선원의 후손들이었다. 그는 대략 1776년에서 1823년까지 살았던 유명한 해적이자 사나포선의 선장이었다."어조는 이제 박물관이나 공공도서관에서 보는 것과 흡사하고, 현재 상황에서 좋은 문학적 효과를 내기에는 너무 많은 일반적 정보를 준다. 이러한 잘못된 행보 대신에, 러브크래프트의 화자는 단순히 라피트가 독자들에게 잘 알려진 인물이기에 더 설명할 필요가 없다고 전제함으로써 어느 정도 그를 인정한다. 결과적으로 화자의 말은 다소 희극적인 효과를 낸다. 아리스토텔레스의 용어로, 그는 잠시 우리보다 "더 나쁘다." 왜냐하면 그가 중요한 역사적 인물이기는 해도, 실제로 일반 미국 시민은 10년에 한 번쯤 떠올릴 정도로 사소한 인물에 매혹당한 것이기 때문이다. 아주 잠시, 러브크래프트의 화자는 장 라피트의 역사적 영향력을 인정하는 일에 매몰되어 있고, 우리는 다소 이를 우스워한다.

이 구절에 관해 두 가지 더 얘기할 것이 있다. 우선, 무단 거주자들이 "대부분" 라피트 사람들의 후손이라고 말함으로써 우리로 하여금 화자의 신중한 조심스러움을 존중하게 하는 것이다. 그는 성급하게 "모두"가 선원들의 후손이라고 일반화하지 않는다. 그럼으로써 일부 무단 거주지들이 라피트의 선원과 아무런 유전적 관련이 없다는 점을 암묵적으로 인정하는, 비교적 저렴한 방식으로 신뢰를 얻는다. 그러나 이는 역설적으로, 무단 거주자들 대부분이 지닌 "라피트성性"을 구체화시키는 일 이상을 한다. 왜냐하면 만일 그들 모두가 그렇게 묘사될 수 있었다면, 라피트에 관한 사실은 인간 집합과 관련해서만 의미가 있었을 것이기 때문이다. 그러나 그러한 조상이 없는 다른 이들과 섞여서, 라피트계 무단 거주자들은 그 어떤 인간 집단 이상의 특별한 힘을 체현하는 듯이 보인다. 이는 비유로 더 잘 설명할 수 있을 것 같다. "모든 도마뱀이 무해하다"고 말하는 것은 분명히 과장이다. 하지만 "대부분의 도마뱀은 무해하다"고 말하는 것은 무해한 도마뱀성을 엄청난 수의 개별 도마뱀들, 그중 일부는 아주 위험할 수 있는 도마뱀들에서 희미하게 분리시킨다. 이러한 제스처로 도마뱀성은 모든 개별 도마뱀들과 다른 무언가임이 분명한, 매우 효과적인 원인 행위자로 전환된다.

두 번째로, "미개하지만 온순한"은 미개함이 흔히 호전성이나 악의를 포함한다고 암시하는 우스운 구문이다. 간단히 말해서, "무단 거주자들은 미개하다. 하지만 놀랍게도 그들은 성격이 나쁘지 않다"는 말이다. "미국적이지만 섬세하고 통찰력이 있는", "독일적이지만 잘난 체하거나 권위적이지 않은", "프랑스적이지만 비도덕적이거나 허영에 차지 않은" 등과 같이 분명히 모욕적이면서도 우스울 수 있는 종류의 감춰진 추측이다.

6. 가장 사소한 주변부

"이제 경찰이 들어간 곳은 전통적으로 사악하다는 평판이 있었고… 실제로 지금의 부두 축제는 이 기피되는 장소의 가장 사소한 주변부에서 일어났지만, 그 위치만으로도 충분히 좋지 않았다."(CC 179)

이 구절은 축자주의자에 의해 이런 식으로 쉽게 망쳐질 수 있다. "지역 전체가 나쁜 평판을 받았는데, 그들이 지금 있는 위치는 가장 나쁘지는 않은 곳 중 하나였다." 반대로, 러브크래프트의 이 구절을 좀 더 효과적으로 만드는 세 가지 특징이 있다.

첫 번째는 이 지역을 "전통적으로 사악하다는 평판"을 가진 곳으로 부른다는 점이다. 이로써 드물게 한 번 일어날 만한 것으로 간주할 사건을 음울한 사건들의 길고 불투명한 역사 속으로 끼워 넣는다. 이제 루이지애나의 무단 거주자 민담은 파라켈수스, 뵈머, 압둘 알하즈레드의 작업과 연대하여 사악한 힘들이 세상에 존재한다고 증언한다. 구절에서 이 부분을 너무 세세하게 설명하면, 예를 들어 "이제 경찰이 들어간 지역은 전통적으로 사악한 평판을 가진 곳이었다. 154번의 납치, 73건의 살인, 그리고 수천 번의 강도 사건 등이 몇십 년 동안 일어났기 때문이다"라고 한다면 그것은 망쳐질 수 있다. 이런 문장은 기껏해야 과도함으로 인해 우스운 효과를 낼 뿐이다.

두 번째는 "지금의 부두 축제"라는 문구로, 너무도 온건한 톤으로 인해 다소 희극적이다. "지금의 토론 주제"나 "지금의 책" 등이 떠오르기 때문이다. 이는 암묵적으로 이 끔찍스러운 사건을, 되풀이되는 부두교의 축제에서 등장하는 통제 가능한 새로운 예시처럼 다룬다. 이 뛰어난 희극적 효과를 망치기 위해시는 그저 "부두 축제"라고 말하면 된다.

위 구절에서 결정적인 부분은 축제가 "이 기피되는 장소의 가장 사소한 주변부"에서 일어난다는 사실이다. 비록 사전에 "가장 사소한"이란 단어가 "더 사소한"과는 다르다고 나와 있지만, 일상 대화에서는 매우 드물게 쓰이는 말이다. 실제로 너무도 드물기에, 아마도 포의 〈검은 고양이〉에서 따온 것이 아닐까 싶다. "그 동물이 내게 일으킨 공포와 두려움은, 그것이 만들어 낼 수 있는 가장 사소한 키메라*로 인해 한층 고조되었다."[60] 살인적인 부두 축제를 늪지대의 오래된 사악한 평판과 연결시키고, 현재 진행 중인 축제가 이 저주받은 지역의 "가장 사소한 주변부"에서 일어난다고 말함으로써, 확실히 러브크래프트는 지역의 더 깊은 곳에 있는 무언가에 대한 우리의 공포를 고조시키기 위해 부단히 노력한다. 이야기에서 훨씬 더 사악한 일들, 즉 하얀 촉수 같은 형태, 그리고 축제의 성가聖歌에 대한 화답 등이 숲 안쪽에서 일어난다고 추가적으로 암시한다는 점을 생각한다면 더욱 그러하다.

7. 쉽게 흥분하는 스페인계 남자

"아마도 그저 상상이었고, 아마도 그저 소리 탓이었을 거다. 어쨌든 그들 중 쉽게 흥분하는 스페인계 남자는 고대의 전설과 공포로 가득한 숲 안쪽 멀리 빛이 닿지 않는 곳으로부터 제식에 응대하는 소리를 들었다고 상상했다."(CC 180)

이 구절은 축자주의자에 의해 이렇게 망쳐질 수 있다. "모닥불 위에서 끔찍한 성가가 불렸을 뿐만 아니라, 그중 한 남자는 숲속에서 무언가가 그 성가에 화답하는 것을 들었다고 주장했다. 하지만 그 남자는 스페인계였다. 그리고 모두가 알듯이 스페인 사람들은 종종 많은 일에 과하게 흥분하고 감정적으로 반응한다."

---

* "키메라"란 불가능한 상상 혹은 망상을 의미한다.

우선, 러브크래프트의 위 구절은 평판이 좋지 않은 지역의 "가장 사소한 주변부"에서 벌어진 부두 축제에 관해 이전에 했던 말을 증폭시킨다. 러브크래프트가 묘사했듯이, 사형대에 거꾸로 매달린 시체들을 둘러싼 화염 속에서 기이한 춤을 추는 제식은 이미 지옥의 중심 그 자체처럼 들린다. 이러한 광기를 더 깊은 위협의 "주변부"라고 평가절하하기에, 우리는 비유적으로 알려진 공포를 통해 알려지지 않은 더 심오한 공포로 이끌린다. 이미 묘사된 야만스러운 부두교 살인자들보다 한참 더 숨겨져야만 하는 것은 얼마나 끔찍한 힘일까? 무엇이 됐든 간에 그것은 교도들의 비명과 의례용 성가에 응대하는 듯이 보인다.

여기서 우리는 "쉽게 흥분하는 스페인계 남자"에 주목한다. 이는 문학적 효과를 위해 러브크래프트가 인종적 고정관념(아마도 이 경우에는 꾸며낸 것일 수 있다)을 사용하는 또 다른 예다. 그리고 똑같은 상황에서 내가 "시끄럽고 탐욕스러운 미국인"이라는 구절에 웃는 만큼, 스페인 독자들도 웃기를 바란다. 다시 한번 우리는 포에게서 이 기법의 기원을 찾아야 한다. (매우 평가절하 당하는 포의 소설인)《아서 고든 핌》의 서문에서 우리는 단 한 명의 목격자만이 핌의 이야기를 확인해 줄 수 있다고 듣는다. "그리고 그는 혼혈 인도인이다."[61] 〈아몬티야도의 술통〉에서 저주받은 포르투나토도 국가적 고정관념의 완벽한 예다. "진정한 대가의 정신을 가진 이탈리아인은 드물다. 대부분 그들의 열정은 시간과 기회에 맞게 채택된 것이며, 영국과 오스트리아 백만장자들을 속이기 위한 것이다. 그림과 보석에 있어서 포르투나토는 자국민처럼 사기꾼이었다. 그러나 오래된 와인에 있어서 그는 진심이었다."[62]

하지만 러브크래프트는 고정관념을 활용하면서 포가 시도하지 않은 새로운 효과를 성취한다. 우선 그는 가시적인 축제의 이미 참혹하기만 한 성가에 응하는, 깊은 숲속의 사악한 힘의 악령을 도입한다. 다음으로 러브크래프트는 자신이 방금 소개했던 개념을 무시하라고 한다. 어쨌거나 그 소리는 그저 메아리거나 누군가의 상상력이 만들어 낸 산물일 수 있었다. 게다가, 그것은 쉽게 흥분하는 스페인 남자가 말한 것이고, 우리 모두 스페인 사람들이 어떤지 알고 있다. 하지만 고정관념까지 **포함해서** 이러한 판단은 분명 너무도 신뢰하기 힘들기에, 우리는 그 스페인인이 맞다고 결론을 낼 수밖에 없다. 다시 말해서 러브크래프트는 우리를 조정해서, 자신이 방금 선천적인 인종적 약점 탓에 목격자가 될 수 없다고 비웃었던 인물과 한편이 되도록 만든다. 화자는 의도적으로 자신을 독자보다 열등한 위치에 놓는다. 왜냐하면 자신이 암시한 진정으로 생생한 숨겨진 공포보다, 스페인 사람에 대한 진부한 인종적 편견을 믿을 정도로 순진하기 때문이다. 우엘벡은 여기에 관해 이렇게 지적한다. "[러브크래프트의] 이야기들을 읽을 때, 우리는 종종 주인공들이 그들을 위협하는 공포의 성격을 이해하는 데 왜 그렇게 오랜 시간을 허비하는지 의아해한다. 솔직히 그들은 둔해 보인다."[63] 반박할 수 없을 정도로 옳은 말이다. 러브크래프트 화자들의 주요한 특징 중 하나는 자신들이 마주친 가장 기이한 사건들조차도 완벽히 설명하려 한다는 것이다. 하지만 이런 설명은 인물들을 설득시키기는 어려워 보일지라도, 독자들을 믿게 만드는 데 있어서는 매우 효과적인 기법으로, 이들은 러브크래프트가 겉으로 믿어달라고 요청하는 것 이상으로 믿게 된다. 그의 인물들은 항상 우리보다 더 딱딱한 합리주의자처럼 보이지만, 동시에 더 잘 속는다. 작가로서 러브크래프트의 재능을 보여 주기에 이보다 더 훌륭한 증거는 별로 없다.

8. 흉물스러운 빅토리아식 모방

"윌콕스는 여전히 토머스 가의 플뢰르 드 리스 건물에 혼자 살았다. 그곳은 17세기의 브르통 건축을 흉물스러운 빅토리아식으로 모방한 건물이었고, 언덕 위 아름다운 옛 콜로니얼식 집들 사이에서 그리고 미국에서 가장 세련된 조지 왕조 풍 첨탑의 그림자 아래서 치장 벽토를 바른 전면을 뽐내었다."(CC 184)

이 문장의 효과는 적어도 두 가지 방식으로 희극적이다. 첫 번째는 고향인 프로비던스의 일상적 장면과 우주적 공포의 이야기를 조합하려는 러브크래프트의 사적 농담에 관한 것이다. 이는 〈크툴루의 부름〉에서 그러했듯이, 아마도 〈찰스 덱스터 워드의 사건〉와 〈어둠의 출몰자〉에 있어서도 마찬가지일 것이다. 위의 구절에서 우리는 프로비던스 지역의 평범한 특징들, 예를 들어 토머스 가를, 심오한 문학적 사건의 무대로 바라보라고 요구받는다. 플뢰르 드 리스 건물에서 언덕 위쪽으로 몇 집 건너 있는 프로비던스 예술 클럽은 2011년에도 여전히 운영 중이다. 클럽이 위치한 곳은 차분하고 다소 단조로운 부르주아식 건물이다. 하지만 그럼에도 러브크래프트는 우리에게, 그 건물을 주목해야 할 무언가로 다루라고 요구한다. "윌콕스는 천재적이지만 상당히 별난 것으로 알려진 조숙한 청년이었고… 심지어는 프로비던스 예술 클럽도 보수주의를 유지하지 못할까 우려하며 그가 완전히 가망 없다고 했다."(CC 170) 프로비던스를 방문해서 러브크래프트의 이야기 속 장면들을 구경하는 일은 진심으로 즐겁겠지만, 대부분의 장소가 실제로 얼마나 음산함과 거리가 먼지 확인하다 보면 분명히 희극적인 효과를 느낄 것이다.

하지만 여기서 좀 더 흥미로운 것은, 러브크래프트의 화자가 윌콕스의 거처에 건축적으로 어떤 결함이 있는지 떠들어대기 위해 세상을 뒤흔드는 공포 이야기를 멈춘다는, 보다 노골적인 농담이다. 물론 실제로, 플뢰르 드 리스 건물은 많은 비평가들에게 다소 무색무취하게 느껴질 것이다. 건물은 길 건너의 높은 침례교 교회("미국에서 가장 세련된 조지 왕조 풍 첨탑")와 잘 어울리지 않는다. 하지만 어떻게 된 일인지 화자가 화내면서 무시할 정도의 장면은 아니다. 더욱이, 화자는 우리에게 분노만 표출하는 것도 아니다. 그는 그냥 "윌콕스가 플뢰르 드 리스 건물에 산다. 내 생각에 이 건물은 스타일 측면에서 쓰레기고, 거리 전체를 망친다"고 말하지 않는다. 대신에 그는 객관적이고 숙련된 건축 비평가의 어조를 취한다. 세계가 남태평양에 등장한 우주적 괴물로 전례 없는 위험에 처했음에도 말이다. 빅토리아, 브르타뉴, 조지아 풍 스타일의 충돌은 그렇게 부각되고, 치장 벽토의 사용은 언덕 위 식민지식 집에 대한 모욕이라고 비난받는다.

9. 기하학적 구조가 전부 틀렸다

"[윌콕스는] 자신의 꿈에 대해 이상하게 시적인 방식으로 얘기했다. 덕분에 나는 그 미끈거리는 녹색 돌로 된 축축한 키클롭스 도시를 극도로 생생하게 볼 수 있었는데, 특이하게 그는 그곳의 *기하학적 구조가* 전부 *틀렸다고* 말했다…"(CC 185)

이 문장은 축자주의자에 의해 이렇게 망쳐질 수 있다. "윌콕스는 미끈거리는 녹색 돌로 만들어진 거대한 비非유클리드적인 도시의 꿈을 꾸었다." 이 대체된 문장을 망치는 것은 "비유클리드적"이라는 한 단어다. 일상 세계와 비교해서 비유클리드적 기하학이 아무리 이상해 보인다고 하더라도, 이는 오랫동안 알려진 것이었다. 이 주제를 다루는 대학교 수업들이 열리고, 평범한 지능을 가진 사람도 주말 몇 번만 할애한다면 완전히 이해할 수 있는 클래식 도버 페이퍼백이 있다. 로바체프스키와 리만이 많은 대중에게 잘 알려진 이름은 아닐지라도, 그들의 혁명적인 파급력은 이미 옛이야기로 간주될 만큼 충분히 알려져 있다. 지금은 훨씬 더 이상한 기하학들이 아방가르드 수학자들의 관심을 끌고 있다.

우리는 러브크래프트의 도시가 비유클리드적이라고 말할 수 없다. 크툴루가 문어, 용, 인간이라는 익숙한 아이디어들로 만들어진 다발이라고 주장할 수 없는 것과 마찬가지다. 크툴루 우상의 특징은 현실과 싱싱 속 세 생명체의 알 수 없는 조합이 아니다. 대신 더 심오한 "사물의 본질"과 "전신의 전반적인 윤곽"이 특징이다. 비슷하게 러브크래프트 이야기에 나온 건축을 비유클리드적이라고 콕 집어 묘사할 수 없다. 그저 "전부 틀렸다"고 할 수밖에 없다. 철학의 과업은 가시적으로 접근 가능한 모든 개체의 숨겨진 배경 조건을 드러내는 것이다. 마찬가지로 수사학의 기능은 이 배경을 활용해서 축자적인 서술이 할 수 없는 방식으로 듣는 이를 설득하는 것이다. 고대 그리스 이후 학생들이 배웠던 정상적인 삼차원 공간과 그 관계의 전제를 반복적으로, 모호하게 공격하는 것만큼이나 더 러브크래프트적인 것은 없다. 이런 이유로, 인간의 모든 생각과 행동의 기초가 되는 공간의 윤곽이 "전부 틀렸다"는 생각만큼이나 위협적인 것은 없다.

그러나 앞선 구절은 러브크래프트적 기하학의 퇴폐적 성격을 주장하는 것에서 멈추지 않는다. 문장은 덧붙인 세 개의 추임새로 우리에게 그러한 기하학을 수용하라고 유혹한다. 첫째로 윌콕스가 도시를 묘사하는 방식에 무언가 "이상하게 시적인" 면이 있다고 말한다. 마치 실재를 인정하지 못하는 우리의 머뭇거림에 화자가 공감함으로써 신뢰도를 높이려는 듯하다. 우리는 러브크래프트의 에세이 〈행성 간 소설에 관한 노트〉에서 이것이 그에게 얼마나 중요한지를 보았다. 대부분의 과학소설이 실패하는 이유는 전례가 없는 실재를, 그 실재를 경험하는 이들이 충격받거나 의심하는 낌새를 전혀 전달하지 않은 채 **설정하기** 때문이다. 두 번째, 화자는 윌콕스가 "극도로 생생하게" 기이한 기하학의 모습을 묘사했다고 말한다. 에드먼드 윌슨은 이런 무의미한 기표가 좋은 글을 망친다고 비난하겠지만, 극도로 생생한 사물들을 구체적으로 나열하는 것보다는 훨씬 효과적이다. 그리고 세 번째로 러브크래프트는 윌콕스의 묘사의 기이함을 "이상하게도 그는… 말했다"라는 말로 지속시킨다. 그럼으로써 최종 결과는 화자의 문제로 남는다는 것을 시사한다. 이런 방식으로 화자는 윌콕스의 악몽에 나온 도시와 정상적인 인간 경험으로부터 확인 가능한 것들 사이에서 감지할 수 있는 균열을 보존한다.

10. 저명한 광물학자

"… 뉴저지 패터슨에 사는 학자 친구를 방문하던 중이었다. 그는 지역 박물관의 큐레이터였고 저명한 광물학자였다."(CC 187)

이 구절은 거의 완전할 정도로 희극적이고, 화자를 우리보다 "더 나쁜" 사람으로 제시한다. 분명히 지적인 면에서 더 나쁜 것은 아니다. 왜냐하면 그는 여가 시간에 동료 과학자들과 의견을 나누면서, 보통 사람들보다 훨씬 더 신중하게 그 시간을 사용하기 때문이다. 하지만 그는 얼빠진 교수라는 전형적인 인물이라는 의미에서, 우리보다 더 나쁘다. 우리는 화자의 학술적 업적을 존중하고, 어쩌면 우리보다 우월한 그의 지적 능력에 경의를 표할 수도 있다. 하지만 어떤 이유에서인지 우리가 그보다 더 인간적이라고 느낀다. 우리는 좀 더 유연하고, 지적인 일들에 좀 더 의연하게 대처하고, 사물의 보편적 질서에 따라 그 일들을 종속된 위치에 적절하게 배치할 수 있다. 반대로 화자는 자신의 지적 진정성에 완전히 빠져 있고, 이를 위해서 자기 인생을 완전히 허비한다. "저명한 광물학자"라는 범주 자체가 우스운 것은 아니다. 왜냐하면 실제로 그런 사람들이 존재하기 때문이다. 하지민 보통 우리는 그들이 우리의 친구 무리에 속한다는 것을 그렇게 아무렇지 않게 말하지 않는다. 또한 우리는 그런 사람이 뉴저지의 패터슨 같은 곳의 지역 박물관에서 큐레이팅을 한다고 생각하지 않는다. 이는 꽤 자의적으로 선택한 장소로, 러브크래프트는 분명 이 부분을 쓰면서 킬킬댔을 것이다.

더욱이, 그 학식 있는 친구는 이야기에 더 이상 등장하지 않는다. 광물학이나 패터슨도 마찬가지다. 이 무대는 화자가 박물관의 뒷방에 들어가 《시드니 뉴스》의 기사를 우연히 발견하도록 하는, 전혀 뜬금없는 기회를 제공할 뿐이다. 기사는 한 배가 바다에서 어떤 집단을 만나 싸움이 벌어졌으며, 이후 그들이 혐오스러운 크툴루 신도 집단으로 밝혀졌음을 보고한다. 화자는 곧바로 호주로 여행을 가고, 패터슨과 광학자는 다시 나오지 않는다. 서두의 구절은 빈약하고 우연한 방식으로 이 행위를 이어가게끔 **잠깐 스쳐 가는** 역할을 성실하게 한다. 그러면서도 화자를 이용해 우리에게 웃음을 준다. 《향연》에서 소크라테스가 제시했듯이, 러브크래프트는 희극과 비극을 동시에 쓰는 것이다.

11. 바위틈

"남자들 중에 여섯 명이 어쩌다가 해변에서 죽었다. 하지만 요한슨은 자신의 이야기에서 그 대목에 관해서는 이상하게 침묵했고, 그저 그들이 바위틈에 빠졌다고만 했다."(CC 188)

이 구절은 부두 축제가 평판이 좋지 않은 늪지대의 "가장 사소한 주변부"에 있다고 묘사하는 것과 유사한 효과를 낸다. 그곳에서 오컬트 살인의 잔혹한 장면이 묘사되고, 그 너머의 숲에는 더 끔찍한 개체들이 있다는 것이 추가로 암시된다. 하지만 여기서 이 방법은 반대로 작동한다. 러브크래프트는 모호함으로 시작한 다음, 그 모호함을 더 무섭게 만든다. 분명히 끔찍한 무언가를 이야기하면서 모호함이 이를 넘어설 수 있다고 말하는 것이다. 더욱이, 바위틈으로 떨어진다는 명백한 공포는 앞서 4절에서 언급했던 아프리카 부두교 모임에 관한 구절에서 본 날조된 유사-공포와 다르다.

남자 여섯 명이 "어쩌다가" 해변에서 죽는다. 사망자 수 자체도 충분히 나쁘지만, 그들이 어떻게 죽었는지에 관해 아무런 정보가 없다는 점은 무슨 일이 일어났는지에 대한 그 어떤 설명보다 훨씬 더 나쁘다. 선원들의 죽음에 관해 요한슨이 "이상하게 침묵했다"는 사실은 보통 그가 그들을 살해했을 거라는 의심을 자아낼 것이다. 하지만 누군가 이 의심을 심각하게 고려한다는 암시는 전혀 없고, 분명 독자도 그렇게 생각할 이유가 없다. 대신 요한슨의 침묵은 죽음에 이른 방식이 너무도 끔찍해서 그가 그것에 대해 말하거나 심지어는 기억하고 싶어 하지 않는다는 것을 암시한다. 이 시점에서, 요한슨에게 바위틈과 같이 구체적인 무언가에 대한 말 대신에 완전한 침묵을 기대할 만하다. 그래서 문장은 두 번째 쉼표 이후에 이렇게 쉽게 끝날 수 있었다. "… 남자들 중에 여섯 명이 어쩌다가 해변에서 죽었다. 하지만 요한슨은 자신의 이야기에서 그 대목에 관해서는 이상하게 침묵했다."

그러나 이 구절의 탁월함은 그것이 계속 이어지는 방식에 있다. 즉 요한슨은 "그저 그들이 바위틈에 빠졌다고만 했다"라고 전하며, 마치 그것이 단지 얼버무리는 식의 쓸모없는 암시라는 듯이 말히는 것이다! "여섯 명의 남자는 말하기에 너무도 충격적인 방식으로 해변에서 죽었다. 내가 당신에게 해줄 수 있는 말은 그들이 바위틈에 빠졌다는 것"뿐이다. 해변의 여섯 선원이 틈에 빠져 죽음을 맞는 것보다 더 끔찍한 장면을 상상하기는 힘들다. 공중에서 몇 초간 떨어지고, 아마도 아래의 딱딱한 표면에 부딪혔을 때 강력한 외상으로 죽었을 것이다. 목격자가 전하기에는 너무 충격적인 장면이라는 것을 쉽게 상상할 수 있다. 하지만 이 경우에, 그는 이 장면을 **실제로** 전한다. 진짜 충격은 분명 훨씬 더 끔찍한 주변 상황에서 기인한다. 요한슨은 침묵으로 그 상황을 모호하게 암시한다. 러브크래프트의 작품에서 흔히 그렇듯이, 묘사할 수 있는 것들 중에 가장 끔찍한 것과 그 아래 숨어 있는 훨씬 더 소름 끼치는 실재 사이에 균열이 발생한다.

12. 무언가 특별히 저주스러운 특성

"[외국인 선원들]에게서 유달리 불쾌한 특성이 느껴졌기에 그들을 괴멸하는 일이 거의 의무처럼 느껴졌고, 요한슨은 법원 수사 과정 중에 자신들이 무자비하다는 혐의를 받자, 진심으로 놀라워했다."(CC 191-2)

이 구절은 감지할 수 있는 모든 특징을 능가하는 "전신의 전반적인 윤곽"이나 "사물의 본질"의 또 다른 예로 볼 수 있다. 여기서 화자는 "특성"이라는 단어를 사용하지만, 흄이 말하는 "특성들의 다발"이라는 의미로 말하는 것은 아니다. "유달리 불쾌한 특성"은 '붉은', '사악한', '탐욕스러운' 등과 같이 뚜렷한 형용사의 형태를 취할 수가 없다. 대신 이 특성은 모든 언어 넘어 어딘가에 자리 잡은, 전반적으로 사악한 분위기와 같다. 그렇기에 화자가 여기서 사용하는 종류의 암시를 통해서만 접근 가능하다.

이 구절과 크툴루 우상의 묘사 간 차이는 그로 인해 야기되는 윤리적 차원에 있다. 각각의 본체가 특성의 다발로 환원될 수 있는 것처럼, 윤리도 '규칙 다발'로 전환될 수 있고, 실제로 종종 그렇게 된다. 이 과정에 따르면, 사람은 드러나지 않은 신비로운 선한 성격 혹은 악한 성격이 아니라 본인의 행동으로 판단되어야 한다. 하지만 우리는 정반대를 경험한다. 우리는 결코 같은 행위를 한 사람들을 동일하게 판단하지 않고, 이는 '위선' 때문만은 아니다. 똑같은 일에서 다른 사람이 벌을 피했다고 해서 우리도 그럴 수 있는 것은 아니다. 실제로, 우리 개개인을 특별하게 만드는 것은, 일상적으로 금지되거나 만류되는 행동 중에서 우리가 개인적으로 처벌을 받지 않고 가끔은 비난조차 피하면서 하는 일들이다. 다시 말해서, 개별 행동에 대한 단편적인 판단에 우선하는 "전신의 전반적인 윤곽" 혹은 "사물의 본질"이 개인별로 있다. 이것이 단순히 '위선'이 아닌 이유는, 위선이라는 비판에는 모든 사람들이 평등하게 따라야 하는 외부적으로 접근 가능한 규칙만이 유일하게 중요하다는 전제가 담겨 있기 때문이다.

앞선 문장에서, 호주의 "법원 수사"는 인간 행위를 규칙 다발로 환원할 수 있는 것으로서 다룬다. 사회가 기능하기 위해서 이는 어느 정도 필요한 일이고, 일반적으로 선원의 대학살은 처벌을 피할 수 있는 범위 너머에 있다고 여겨진다. "살인을 저지르고 처벌을 피한다"는 말은 보통 공분을 일으킨다. 하지만 요한슨이 잔인하거나 미쳤거나 도덕적으로 타락했다는 증거를 우리는 전혀 본 적이 없다. 실제로 신문 기사는 그가 "평균적인 지능을 갖춘"(CC 188), "정신이 바르고 훌륭한 사람"(CC 188-9)이라는 점을 강조한다. 외국인 선원들의 "유달리 불쾌한 특성"이 얼마나 모호하게 들리든, 그것이 너무도 압도적이라 요한슨은 법원이 "무자비함"이라는 죄명을 선고한 것을 이해하지도 못한다. 그는 대신에 "진심으로 놀라워"하는 반응을 보인다. 데이비드 흄이 그를 달래기 위해서 크툴루는 문어와 용과 인간이 하나로 묶인 것뿐이라고 말했다고 해도 그는 똑같이 반응했을 것이다. 흄이 영원히 놓치지만 에드먼드 후설은 놓치지 않는 것은, 개별 사물들의 핵심에 있는 "유달리 불쾌한 특성"이다.

13. 예각임에도 마치 둔각인 것처럼 행동하는 각도

"요한슨은 절대 불가능한 석벽의 각도에 [파커가] 빠졌다고 맹세한다. 예각임에도 마치 둔각인 것처럼 행동하는 각도였다."(CC 194)

〈크툴루의 부름〉의 스타일 조사를 마치기 위해서, 이야기 후반에 나오는 문제적인 구절을 살펴보자. 이는 사물과 특성 사이의 결속을 방해하는 러브크래프트의 가장 효과적인 사례 중 하나다. 방해는 몇 가지 방식으로 이루어진다.

예각과 둔각의 차이는 초등학생에게도 잘 알려져 있다. 예각은 90도보다 작기에 '닫힌' 듯이 보인다. 반면에 둔각은 90도보다 크기에 직각에 비해서 '열린' 듯이 보인다. 각각의 각도는 잘 알려진 기하학적 속성들을 가진다. 그리고 수 세기 동안 기하학을 연구한 결과, 우리는 그 속성들을 다 밝혔다고 생각한다. 하지만 여기서 러브크래프트는 하나의 문제를 제기한다. 크툴루는 자신이 부분적으로 닮은 세 생명체 이상의 무엇일 뿐만 아니라, 그리고 외국 선박의 선원들이 "유달리 불쾌한 특성"을 가졌기에 대학살을 당해도 해상법에 저촉되지 않을 뿐만 아니라, 이제 우리는 심지어 예각과 둔각마저도 그것의 특성 이상의 무엇임을 발견하는 것이다. 예각의 "본질", "전신의 전반적인 윤곽"으로 인해 예각은 마치 둔각인 것처럼 행동하면서도 예각이 된다. 피타고라스 이래로 기하학적 개체가 이런 종류의 초자연적인 가능성을 부여받은 적은 없었다. 측정 가능하고 경험 가능한 특성들 이상의 좀 더 심오한 존재를 부여받은 것이다.

이 문장에는 꺼림칙한 다른 무언가가 있다. 즉, "둔각인 것처럼 행동"한다는 단순한 사실로 인해 어떻게 부주의한 선원이 그 각도에 "빠졌"는지가 불확실하다. 직접 둔각의 도형을 그려 보라. 그러면 무슨 일이 일어났는지 직관적으로 이해하기 어렵다는 것을 깨닫게 될 것이다. 만일 "그녀는 도끼눈을 뜨고 그를 보았다"라는 문구가 언어적 카타크레시스의 예라면, 즉 은유적 효과를 위해 단어를 오용한 예라면, 선원을 둔각처럼 삼키는 예각은 기하학적 카타크레시스의 훌륭한 예일 것이다. 우리는 이렇게 얘기할 수도 있다. "그건 숫자 21이었다. 하지만 마치 숫자 6인 듯이 행동했다."

여기에는 추가적인 요소가 작동한다. 먼저 태평양의 외딴곳에 있는 섬의 위치를 고려한다면, 문제가 되는 기이한 각도가 왜 "석벽"으로 만들어져야 하는지 불분명하다. 하지만 "석벽"이라는 단어는 러브크래프드의 작품에서 종종 가장 사악한 상황과 연결되어 있다. 이외에도 이 사건이 발생했다고 요한슨이 "맹세한다"는 사실이 있다. 이는 이야기 화자인 요한슨과, 의심할 법한 기이한 예각 이야기를 믿고자 하는 독자들 사이의 틈을 강조한다.

우주로부터의 색

러브크래프트는 미국 혁명전쟁에서 조지 3세의 패배를 애석해했던 것처럼, 대체로 미국식보다는 영국식 철자법을 선호한다. 그래서 이야기의 제목에 영국식 철자인 "colour"를 사용한 것은 러브크래프트의 의도적인 선택이다. 이야기는 이 책에서 다루지 못하는 것이 아쉬울 만큼 뛰어난 중편소설 〈찰스 덱스터 워드의 사건〉과 같은 시기인 1927년에 쓰였다. 이야기에서 정부의 측량기사는 매사추세츠 아캄(허구적 장소이다) 서쪽의 야생 언덕에 도착해, 지역에 저수지를 건설하려고 준비한다. 그는 지역 주민에게 "말라죽은 관목"으로 알려진 지역을 관찰하고, 그 묘사가 적절하다는 사실을 깨닫는다. 새 저수지 물이 결국 이 지역을 채울 예정이고, 19세기 후반 이곳에서 일어났던 일을 알게 된 후에, 독자는 불쾌해진다. 화자가 그 끔찍한 사건을 직접 경험한 것은 아니다. 왜냐하면 그것은 몇십 년 전에 일어난 일이기 때문이다. 대신 그는 아미 피어스라는 이름의 늙은 은둔자를 찾아 나선다. 그는 나중에 〈인스머스 위의 그림자〉에 등장하는 술꾼 자독 알렌과 마찬가지로, 과거에 있었던 끔찍한 사건에 관한 정보를 제공한다.

이전 세기의 어느 이상한 날에 피어스 씨의 친구인 나훔 가드너 가족의 땅에 유성이 떨어졌다. 처음에는 걱정할 것이 없어 보였지만, 지역의 과학자는 우주에서 온 물질을 분류할 수가 없었고 곧 그것이 줄어들다가 사라졌다는 사실을 발견했다. 유성은 가드너의 땅을 오염시키고, 점차 모든 동식물이 잿빛으로 변하고 부스러진다. 가족은 천천히 미쳐 가고, 몸이 소름 끼치는 형태로 분해되며 죽는다. 이러한 사건들을 초래한 진동하는 기이한 "색"은 우물에 숨어 있는 듯이 보인다. 지역 주민들이 마침내 우물을 파낸다(마찬가지로 러브크래프트의 〈찾지 않는 집〉의 화자는 프로비던스에서 똑같이 끔찍한 지하실을 파낸다). 그날 밤늦게 색은 우주로 날아가지만, 아미 피어스는 조그만 조각 하나가 지상에 남아 있는 것을 보았다고 맹세한다. 피어스의 이야기를 듣자마자 화자는 저수지 개발 업무를 그만두고 보스턴으로 돌아간다.

14. 잘못된 명암

"불안함과 압박감이 이 모든 것에 연무처럼 내려앉았다. 마치 원근법이나 명암의 어떤 중요한 요소가 잘못된 것처럼, 비현실적이고 기괴해 보였다."(CS 341)

우리는 "비현실적"과 "기괴한" 같은 형용사가 풍미 없는 산문의 정점을 찍는다는 윌슨의 비난으로부터 러브크래프트가 안전하다는 것을 이미 확인했다. 스타일상으로 형용사들은 핵심이 아니라, 구절의 다른 곳에서 되살아난 사건들로 인해 화자가 낙담했음을 알리는 일종의 조미료일 뿐이다. 왜냐하면 여기서 구절의 핵심은 분명히 다음과 같은 표현에 있기 때문이다. "마치 원근법이나 명암의 어떤 중요한 요소가 잘못된 것처럼."

명암Chiaroscuro은, 말할 것도 없이, 회화에서 흑백의 상호작용을 가리키는 이탈리아 르네상스 용어다.[64] 이 기법을 고안한 것에 대한 공은 때때로 레오나르도 다빈치에게 돌아가기도 하고, 안토니오 다 코레조Antonio da Correggio에게 돌아가기도 한다. 위의 예에서 러브크래프트는 이 용어를 예술 작품이 아니라 현실 속 명암에 적용한다. 기하학적 관계가 세계의 기본적 배경 요소인 것처럼, 그래서 호메로스, 셰익스피어, 세르반테스, 톨스토이, 심지어는 카프카의 작품에서 한 번도 의심받지 않는 것처럼, 우리는 또한 지구의 명암에 기본적 특징이 있다는 점을 당연시한다. 이러한 일상적 특징은 색이 있는 겔과 섬광 전구 같은 인공적인 기술로 바꿀 수 있다. 개기일식과 같은 희귀한 자연 현상에 의해서도 잠시 변할 수 있다. 하지만 이처럼 알려진 왜곡은 러브크래프트가 묘사하는 아캄 서쪽의 상황과 비교하면 정상적인 빛의 사소한 변형일 뿐이다. 멀리 있는 사물을 인식하는 가시각이 감소하는 것에 따라서 사물이 작아지는, 삼차원적 환상주의 그림과 관련된 또 다른 용어인 원근법도 마찬가지다. 명암이나 원근법의 정상적 조건이 왜곡되는 것을 상상하는 일은, 또 그것들이 "잘못되었다"고 상상하는 일은 "기하학적 구조가 전부 틀린" 도시를 그리는 일만큼이나 어려우면서 두렵다. 어떤 언어로도 그러한 상황을 제대로 묘사할 수 없고, 그렇기에 러브크래프트는 인식과 언어의 경계 너머 무언가에 대해 수직적 암시를 할 수밖에 없다.

여기서 우리는 영화로 러브크래프트의 작품을 제대로 보여 주는 것이 얼마나 어려운지 얘기해야만 한다. 어떤 의미에서 문학에 기반한 영화는 원본을 번역한 것과 마찬가지일 터이다. 하지만 러브크래 프트의 이야기들을 그럴듯한 시각 이미지로 보여 주는 일에 비해서, 오스틴, 디킨스, 조이스, 심지어는 카프카에 기반해서 정확한 영화 를 만드는 일이 분명 훨씬 더 쉽다. 어떤 영화라도 크툴루를 특정한 모습으로 보여 줘야만 한다. 하지만 러브크래프트의 작품은 이것이 얼마나 불가능한지 우리에게 알린다. 외국인 선원의 "유달리 불쾌 한 특성"도 무언가 확실한 외견을 갖추어야 할 것이다. 그리고 〈우 주로부터의 색〉을 영화화하는 작품이라면 그것이 무엇이든 왜곡된 명암과 원근법의 특정한 모습을 결정할 수밖에 없을 것이다. "명암 과 원근법이 틀렸다"는 이상한 개념을 시각적으로 포착하는 일에, 어떤 영화는 다른 영화보다 더 성공적일 수도 있다. 그러나 가장 성 공적인 경우에도 우리가 할 수 있는 일은 그저 감독의 노고에 웃으 며 박수를 치는 것뿐이다. 엄격한 의미에서, 그 어떤 영화도 러브크 래프트의 암시성을 포착할 수 없다.

15. 저수지는 곧 건설될 것이다

"저수지는 이제 곧 건설될 것이고… 그리고 그 무엇으로도 네가 아캄의 새로운 식수를 마시게 할 수는 없을 것이다."(CS 343)

러브크래프트적 공포의 효과는 숨겨진 배경으로부터 무언가가 우 리 인식의 전면에 등장할 때 주로 발생한다. 예를 들면, 기존의 기 하학 법칙이나 명암 및 원근법의 구조에서 비정상적인 점들을 알게 될 때가 그렇다. 하이데거의 망가진 망치와 느린 철도망처럼, 이러한 세계의 기본 구조들은 붕괴할 때 통렬하게 가시화된다. 다만 이러한 특정한 일상적 사물들과 비교해서, 이 구조들이 지닌 더 깊은 보편성으로 인해 그 붕괴는 더 위협적으로 드러날 것이다.

저수지에 관한 위의 구절에서 흥미로운 점은 그것이 **정반대**의 움직임을 생산한다는 것이다. 이제 가드너 농장의 사건들은 매우 옛날 일이고, 단지 아미 피어스만이 모든 세세한 내용을 기억하는 듯이 보인다. 그러나 사람들의 기억에서 가드너 가족이 희미해진다고 해도, 비극의 원인은 추정하건대 여전히 우리와 함께한다. 아미는 이야기의 말미에서 색이 우주로 사라졌을 때, 작은 조각이 남았다고 주장한다. 사건 현장 주변에 오싹한 황폐함이 매년 조금씩 늘어난다는 사실은, 색의 작은 조각이 여전히 말라죽은 관목에 사악하게 숨어 있다고 두려워하는 아미를 믿게 만든다. 가드너 가족의 공포가 배경으로 물러난 이유는 현재 기억에서 사라졌기 때문이 아니다. 그 공포가 매사추세츠 아캄 시의 보이지 않는 도시 기반 시설에 병합되면서, 마을 전체에 공급되는 식수를 오염시키기 때문이다. 하이데거의 용어로, 가드너 가족의 우물이라는 '망가진 도구'는 이제 일상생활에서 은밀하게 의존하는 보이지 않는 도구가 되는 것이다. 매클루언의 용어로는, 한때 끔찍했던 내용이 이제 아캄 사람 모두가 의존해야만 하는, 보이지 않는 '매체'가 되는 것이다.

16. 그저 비유적으로만 색

"그 색은 운석의 기묘한 스펙트럼 띠와 일부 유사했고, 묘사하기는 거의 불가능했다. 그저 비유적으로만 그것을 색이라고 부를

수가 있었다."(CS 345)

색은 이제 기하학, 명암, 원근법과 같은 운명에 처한다. 세 문단 앞에서, (허구의) 미스캐토닉 대학 교수진은 기이한 유성에서 표본을 채취하기 위해 아캄에 도착한다. 연구실 실험 중에 표본을 "분광기 앞에서 가열하자, 그것이 일반적 스펙트럼으로 알려진 색채들과 다른 빛의 띠를 보인다"(CS 344)는 사실이 밝혀진다. 가드너 사건은 1880년대에 발생했고, 스펙트럼 패턴이 이후 보어와 그의 동료가 제기한 양자이론의 직접적인 열쇠가 된다는 점에서, 20세기 최첨단 물리학은 그것이 실제로 형성되기 수십 년 전에 나온 이 이야기에서 공격받는 것이다.

문제는 단순히 특정한 물질이 비정상적인 스펙트럼을 양산한다는 것이 아니다. 그보다는, 결과로 나온 색 자체가 기존의 가시적 스펙트럼에 수렴되지 않는다는 것이다. "그저 비유적으로만 그것을 색이라고 부를 수가 있었"기 때문에, 이는 인간의 눈으로 직접 볼 수 있는 현상이라기보다는 중세의 비뚤어진 궤변처럼 들린다. 여기서 할리우드 영화 제작자는 또 다른 불가능한 도전을 받는다. 왜냐하면 영화에 "그저 비유적으로 색"을 넣는 방법을 상상조차 할 수 없기 때문이다. 러브크래프트는 몇 가지 부수적 특징, 늘어나고 산만해지는 특징을 제공함으로써 우리가 이 아이디어를 이해하도록 도와준다. 색은 "반들반들한" 질감을 가진다. 물질을 두드리자 "잘 부서지고 내부가 비어 있는 것"과 같은 애매한 인상을 준다. 망치로 강하게 내리치자 "약하게 작은 펑 소리를 내며 터진" 후에, 아무것도 남기지 않는다.(CC 345-6) 우리는 정확히 색이 아닌 색, 즉 "묘사하기가 거의 불가능한", 사실 그저 비유적으로만 색을 상상하라고 요구받는다. 그게 무슨 의미이건 말이다. 여기서 흄은 색이 통합하는 특성들 너머의 모호한 전반적인 윤곽에 의해 도전받는 것이 아니다. 오히려 그는 내부로부터 비웃음을 산다. "가드너 가족의 유성을 생각할 때, 우리는 이전에 알고 있던 네 개의 일관적 아이디어, **반들반들함, 부서짐, 비어 있음, 일종의 비유로만 기이한 색** 등을 결합할 뿐이다."

17. 개체의 다른 세계들

"… [유성은] 다른 우주들, 그리고 물질, 물리력, 개체가 다른 세계들에서 온 외롭고 기이한 전령이었다."(CS 346)

여기에 좋은 글을 판단하는 윌슨의 시험에 낙제할 또 다른 문장이 있다. 이 문장은 심지어 최악의 펄프 글쓰기라고 비난받을 것이다. 다른 상황이라면 그런 비난이 정당할 것이다. 예를 들어 위의 문장으로 **시작하는** 공상과학소설을 상상해 보자. "유성은 다른 우주들, 그리고 물질, 물리력, 개체가 다른 세계들에서 온 외롭고 기이한 전령이었다." 사실 이 문장은 역사상 최악의 이야기 시작을 정하는, 유명한 "폭풍우 치는 어두운 밤" 콘테스트에나 적합한 후보처럼 들린다.

그러나 당연하게도 이 문장은 이야기의 첫 문장이 **아니다.** 만약 첫 문장이었다면, 이 말은 처음부터 독자의 감성에 충격을 주어서 "다른 우주들"을 받아들이게끔 하는 값싼 시도가 될 뿐이다. 글이 생각을 앞질러 가고, 따라서 독자는 그런 비전문적 시도에 속았다거나 심지어 모욕당했다고 느낄 것이다. 하지만 이 문장은 29쪽짜리이야기에서 6쪽에 등장한다. 이는 마지막 문단에서 글을 요약하는 회고담으로 더 적절해 보일 수 있지만, 대학교 연구실에서 실험하자마자 사라진 물질의 요약으로도 완벽하다. 유성이 "다른 우주들, 그리고 물질, 물리력, 개체가 다른 세계들"에 속했다고 말하는 것은 더 이상 화자가 약에 취해서 하는 행동이 아니다. 이제는 아니다, 스펙트럼의 발광을 관장하는 법칙이 이 꺼림칙한 물질 조각으로 강렬히 위반된 후에는. 이제는 아니다. 그 색이 "그저 비유적으로" 색이라는 점이 알려진 후에는. 이제는 아니다, 그것이 "약하게 작은 펑소리를 내며 터진" 뒤 사라진 후에는. 이제는 아니다, 폭풍우 속에서 번개가 유성이 떨어진 곳을 최소 여섯 번 내리친 후에는.

한마디로, 러브크래프트는 연구실 실험과 그 실험으로 얻은 난감한 결과를 충분히 세세하게 기록함으로써 이미 우리의 신뢰를 **얻었다.** 우리는 이 특이한 물질의 기이한 속성들에 관해, 비록 그 대부분이 이해를 벗어남에도, 잘 알고 있다. 러브크래프트는 이를 기회 삼아 우리의 관심을 하나의 탈주한 물체로부터, 그 물체가 원래 있었던 끔찍한 거내-우주적 환경으로 돌리게 한다. 더 이상 매사추세츠에 우연히 떨어진 비정상적인 물체가 아니라, 그것이 이제는 "다른 우주들, 그리고 물질, 물리력, 개체가 다른 세계들"의 전형적인 산물이 된 것이다. 우리 우주의 광활함은, 그리고 지구 지형의 무한한 경이로움은, 이제 가능한 무한한 우주들 가운데서 하나의 점으로 축소되었다. 이들 각각의 우주는 자신만의 물질, 물리력, 기하학, 명암, 원근법 법칙을 가지며, 자신만의 색 스펙트럼 법칙 또한 가지고 있다.

18. 마땅히 그래야 할 만큼 특징적이지 않은

"[나훔이 눈 위의 발자국에 관해] 구체적으로 말하지는 않았지만, 그 발자국이 청설모와 토끼와 여우가 마땅히 보여야 할 특징적인 골격과 습관을 보이지 않는다고 생각하는 듯했다."(CS 347-8)

실력 없는 스타일리스트가 아닌 러브크래프트는, 여러 이탈리아 예술가들을 보며 바라시가 발견한 기술적 돌파구처럼 느껴지는 혁신을 자주 성취한다.⁶⁵ 말할 수 없는 것에 대한 암시의 몇 가지 예시를 본 후에, 이제 우리는 암시에 대한 암시로 묘사될 수도 있는 것, 결과적으로 특별히 생생한 공포 효과를 자아내는 것을 접한다.

익숙한 러브크래프트적 제스처에서 시작해 보자. 발자국은 마땅히 그래야 할 만큼 특징적이지 않다. 심지어 이 첫 번째 주제도 몇 개의, 어림잡아 도합 세 개의 뉘앙스로 풍부해진다. 첫 번째로 "청설모와 토끼와 여우" 묶음이 있다. 기본적으로 무해하고 보기 좋은 이 시골 동물들은 종종 전원의 평안함을 상징한다. 그런데 이렇게 하나의 조합으로 연결되자, 이 동물들은 오염이나 퇴화 과정을 거치는 듯이 보인다. 더욱이, 그들은 **함께** 그렇게 된 것처럼 보인다. 색이 개별 동물, 심지어는 개별 종 전체를 오염시킨 것이 아니다. 대신 여러 종으로 된 집단 전체, 마치 단일한 객체처럼 기능하는 듯한 전체를 오염시킨다고 암시하는 것이다. 이 종합적 청설모-토끼-여우 개체는 이제 우주로부터의 색과 함께 원인 제공자가 되고, 그러면서 이 삼종 집단은 정상적으로는 사실일 수 없는 방식으로 실재 사물이 된다. 두 번째는 "골격과 습관"을 하나로 묶는 러브크래프트적 포석으로, 전형적이면서 효과적이다. 보통 한 생명체와 그것의 특징적인 발자국 사이에는 즉각적인 결속이 만들어지기에 우리는 둘을 분리시킬 생각을 못 한다. 그러나 이제 이 결속이 무너지는 것을 묘사하면서, 러브크래프트는 발자국에서 보여지는 동물들의 골격과 습관에 무언가 이상한 점이 있음을 우리에게 알린다. 세 번째로, 문장 뒷부분의 "마땅히"에는 추가로 소름 끼치는 모호함이 있다. 마치 골격/습관과 발자국의 관계가 자동으로 지켜지는 규칙이 아니라 편차가 생길 수 있는, 일반적으로 수용된 규제적 원리regulative principle임을 인정하는 듯하다. 이 점은 심지어 자연주의 소설에서도 꺼림칙하게 느껴질 만하다.

그러나 이 문장에서 정말로 흥미로운 점은, 사물과 특성들의 관계에 대한 이러한 모든 왜곡은 화자나 아미 피어스가 직접 목격한 것이 아니라는 점이다. 혹은 나훔 가드너가 피어스에게 직접 이야기한 것도 아니다. 대신에, 우리는 나훔이 "청설모와 토끼와 여우가 마땅히 보여야 할 특징적인 골격과 습관을 보이지 않는다고 **생각하는 듯했다**"고 들을 뿐이다. 누군가의 얼버무리는 침묵으로부터, 그들이 동물 발자국을 보고 그처럼 특정한 결론을 냈다는 사실을 어떻게 추측할 수 있는지는 정확히 알기 어렵다. 그러나 러브크래프트는 이렇게든 그걸 가능하게 한다. 의심스러운 나이 든 이웃이 이미 존재하는 미스터리한 지하실 밑에 두 번째 지하실을 짓는 것처럼, 암시에 암시를 쌓는 것이다.

이 기법의 새로움은 우리가 다루었던 문장 하나를 수정해서 시험해 봄으로써 가장 잘 드러난다. 예를 들어, 앞선 이야기에서 크툴루 우상을 화자가 직접 목격한 것이 아니라, 오직 나훔 가드너만 목격한 것이라고 상상해 보자. 이 상황은 다음과 같을 것이다. "나훔은 우상의 모습에 관해 결코 자세하게 말하지 않았다. 하지만 문어와 용과 인간 캐리커처를 동시에 그린 그림이 그것의 본질에 완전히 부정확한 것은 아니라고 생각하는 듯했다." 크툴루 원문과 이 수정된 문장 모두 객체와 그들의 현현 간 관계의 붕괴를 다루지만, 후자만이 이 과정에 관한 추측 혹은 암시에 두 번째 층위를 더한다.

19. 마멋에게서 보지 못했던 표정

"*[마멋의] 신체 비율이 설명할 수 없는 방식으로 다소 변한 듯이 보였다. 동시에 얼굴은 그 누구도 마멋에게서 보지 못했던 표정을 하고 있었다.*"(CS 348)

여기서 우리는 다시 한번 작은 변화가 가미된 러브크래프트의 대표적인 속임수를 접한다. 이 속임수는 대체로 효과적이다. 바로 동물의 신체 비율을 살짝 변형시키는 것이다. 이는 그 자체로 다소 꺼림칙할 수 있다. 왜냐하면 알려진 우주가 특정한 기하학과 암묵적으로 연결되어 있고, 지상의 세계가 특정한 명암 규칙과 연결되어 있는 것처럼, 모든 동물도 특정한 신체적 비율과 연결되어 있기 때문이다. 마멋의 신체 어딘가가 퇴화하였다면, 그리고 이 무언가가 "설명할 수 없는"것이라면, 우리는 앞 절에서 논의한 발자국과 같은 상황에 처한 것이다.

여기서 다음 행보는 희극적인 방향으로 더 나아간다. 우선 마멋은 다람쥐나 토끼, 여우와 달리 자동으로 웃음을 준다(심지어 "마멋"이라는 이름의 음성 구조에도 어딘가 희극적인 구석이 있다). 이 동물 중 하나로 앞선 구절을 바꿔 보면 곧바로 효과의 차이를 느낄 수 있다. 예를 들어 "동시에 얼굴은 그 누구도 여우에게서 보지 못했던 표정을 하고 있었다." 어떤 이유에서인지 이 문장은 그다지 우습지 않다. 미국에서 온순한 다람쥐는 규칙적으로 매일 보이기에, 그들의 눈을 바라보며 어느 정도 감정을 읽어 낼 수 있다. 토끼도 마찬가지인데, 야생에서는 보기 드물지만, 애완동물로는 실제로 매우 접근성이 좋아서 쉽게 만지고 가까이서 볼 수 있다. 여우의 경우 조금 더 은밀하고 잘 보이지 않는다고 하더라도, 수많은 삽화와 사진과 광고들이 오랫동안 여우의 얼굴이 어떻게 생겨야 하는지에 대한 폭넓은 대중적 공감대를 형성했다. 반대로 마멋은 혼자 땅굴에서 산다. 인간과 접촉하는 일은 다소 드물고, 그들의 별 특징 없는 얼굴에서 다양한 감정의 폭 같은 건 거의 찾을 수 없다. 따라서 마멋 얼굴에 떠오른 다양한 표정이 공포의 관문이라는 점은 러브크래프트가 의도적으로 희극적으로 만든 터무니없는 생각인 듯하다.

그러나 이 문장에는 소크라테스가 요구하듯이, 다소 희극적이면서 동시에 비극적인 다른 요소가 있다. 바로 다음 이탤릭체로 된 부분이다. "동시에 얼굴은 **그 누구도** 마멋에게서 **보지 못했던** 표정을 하고 있었다." 한편으로 마멋 얼굴의 정상적인 표현 범위에 관한 문화적인 합의에 호소하는 것은, 마치 이 주제를 두고 집단 회담이 열렸으며 머릿속에서 열심히 선례를 조사했다는 듯 정말 터무니없는 것이다. 하지만 여기에는 다소 꺼림칙한 점도 있다. 왜냐하면 개인적 경험의 총합 대신에 집단정신이나 상투적인 문화적 무의식에 호소하고 있기 때문이다. 그저 한 사람이 마멋의 얼굴에 정상적이지 않은 무언가가 있다고 느끼는 것이 아니다. 그러한 판단을 내리는 것은 모든 인간 경험의 총합이다.

20. 병들고 은밀한 원초적 색

"녹색 잔디와 잎을 제외하고는 그 어디에서도 정상적인 색을 볼
수가 없었다. 지구에 알려진 색조에 속하지 않는, 무언가 병들고
은밀한 원초적 색의 요란하고 다채로운 변조들이 온 데 난무했
다."(CS 350)

미스캐토닉 대학에서 진행한 실험과 관찰자들의 진술을 통해, 우리
는 우주로부터의 색이 "그저 비유적으로만" 색이라는 점을 이미 알
고 있다. 따라서 지구에 알려진 색조에 속하지 않는다는 말이 놀랍
지는 않다. 이 문장에서 새로운 점은 정의할 수 없는 비유적인 색이
다양한 색채의 출처가 되는 방식이다. 이는 반드시 깊고 은밀한 영
역에서만 있는 일이 아니다. 우주로부터의 색은 눈에 쉽게 보이지
만, 엄격한 의미에서 색으로 분류하기가 매우 어려울 뿐이다. 이 비
유적으로만 색인 것은 이제 "병들고 은밀한 원초적 색"이라고 묘사
된다. 오래된 대가의 작품을 묘사하는 예술사 서적이었다면, 수많
은 색조들 아래서 은밀한 원초적 색을 발견하는 일이 그처럼 놀랍
지 않을 것이다. 하지만 자연에서 하나의 은밀한 색이 다른 모든 색
을 체계적으로 통합한다고 생각하는 것은 다소 사악하고, 심지어는
다소 피해망상적이다. 게다가 이 은밀한 색이 "병들었다"고 말한
다. 실험실에서는 진실인 듯이 보였던 것이 더 이상 가치중립적이
지 않은 것이다.

병들고 은밀한 원초적 색에서 이제 수많은 "요란하고 다채로운 변조들"이 자라난다는 것은 분석하기 어려운 개념이다. "다채로운"이라는 단어는 원래 색의 농담에서 이어지는 어느 정도의 연속성과 뉘앙스가 있음을 암시하며, 이 미세한 변조를 거의 지각할 수 있는 수준 너머에 위치시킨다. "요란하고"라는 단어는 수많은 변조 그리고 자연에서 이것들이 병치되는 방식에 과도한 에너지가 있음을 암시한다. 그러나 대체로, "요란하고 다채로운 변조"라는 문구는 무엇보다도 그것을 떠올릴 수 없다는 이유로 선택된 것처럼 보인다. 어쨌거나 만약 "수많은 연속적 변종들"이라고 축자화한다면 문장이 망쳐질 것이다.

구절 앞부분에는 다른 요소가 있다. "녹색 잔디와 잎을 제외하고는 그 어디에서도 정상적인 색을 볼 수가 없었다." 우주로부터의 색의 병들고 은밀한 원초적 색이 초래한 전반적인 부패 한가운데에서, 이곳의 잔디와 나뭇잎은 (현재) 색조의 정상성을 지키는 요새로 남아 있다. 자연은 건강한 상태이고, 이로 인해서 주변의 병든 곳이 대조적으로 훨씬 더 퇴화한 듯이 보인다.

21. 불경한 모습의 꽃

"국화와 미역취가 잿빛으로 뒤틀어진 꽃을 피웠고, 앞마당의 장미와 백일초와 접시꽃은 너무도 불경한 모습이라 나훔의 장남인 제나스가 잘라 버렸다."(CS 352)

이 문장에서 우주로부터의 색이 지닌 효과는 꽃의 종류에 따라 다른 영향을 미쳤다는 점에서 다양해진다. 다람쥐, 토끼, 여우와 달리 이 구절에서 꽃들 간의 차이는, 그게 얼마나 희미하든 상관없이, 두 집단으로 나뉜다. 화자는 그저 "어떤 꽃들은 이런 식으로, 다른 꽃들은 훨씬 더 안 좋은 식으로 영향을 받았다"고 얘기하지 않는다. 이렇게 얘기해도 괜찮을 텐데 말이다. 대신에 그는 실력 있는 아마추어 원예학자처럼 말한다. 우선, 국화와 미역취는 "잿빛으로 뒤틀어진 꽃을 피웠"다. 잿빛만으로도 꺼림칙하다. 왜냐하면 이 두 꽃은 건강한 상태에서 유난히 밝은 색을 내기 때문이다. 그들이 "뒤틀어진" 방식에 관해서는 더 알려지지 않는다. 숨겨진 실재와 그것을 제대로 표현할 수 없는 언어의 무능력 사이에 고전적인 러브크래프트적 균열이 생기는 것이다.

하지만 훨씬 더 좋지 않은 운명이 장미와 백일초와 접시꽃을 기다리고 있다. 똑같이 밝은 이 꽃들은 잿빛으로 뒤틀어져 피어있을 뿐만 아니라, "너무도 불경한 모습"을 한다. 어린 제나스가 그것들을 베어야 한다고 느꼈을 정도다. 국화와 미역취의 어떤 내부적 힘이 그것들을 "불경"의 상태로부터 즉각적으로 보호했다면, 장미와 백일초와 접시꽃은 불경스러운 힘에 굴복할 만큼 약했다. 여기서 다시 한번, 윌슨이 "불경한"이라는 단어 사용을 문제 삼는다면 이는 잘못된 것이다. 심리학적 측면에서, 이 단어는 꽃의 모습에 반응하는 이들의 심리적 상태를 생생하게 표현한다. 그리고 지시의 측면에서, 이 단어는 문제가 되는 불경스러움이 쉽게 감지되어 전달될 수 있는 특성으로 표현될 수 없다는 점을 알리는 데 성공한다.

그러나 이 문장의 가장 흥미로운 특징은 두 범주의 꽃들을 분리하며 그은 명백히 자의적인 선이다. 우리는 어떤 숨겨진 구조적 속성들이 다른 꽃들이 처한 최악의 운명에서 국화와 미역취를 구한 것인지 추측하게 된다. 물론 그들의 운명은 충분히 끔찍하다. 하지만 제나스가 다른 세 개의 "불경한" 꽃을 잘라 낸다는 것이 알려지자마자, 그 운명은 꽃에 존재하는 나쁜 가능성들의 "가장 사소한 주변부"에 있다고 할 수 있다. 이런 식으로 질병의 위계질서가 정해진다. 이는 앞서 본 예시 중 하나였던 혼돈의 민주주의와는 완전히 다르다. "… 인도에서 온 서신들은 3월 말에 벌어질 원주민들의 심각한 폭동에 대해 조심스럽게 말한다. 아이티에서 부두교의 난교 의식이 늘어나고, 아프리카 전초기지에서는 불안한 소문을 보고한다. 필리핀의 미군 장교들은 이 시기에 특정 부족들이 문제를 일으킨다고 말하고, 뉴욕의 경찰들은 3월 22일에서 23일 사이에 실성한 레반트 사람들에게 습격당했다."(CC 174) 이 구절을 꽃들에 관한 문장의 방식으로 다시 쓴다면 이렇게 해야 할 것이다. "인도, 아이티, 아프리카에서 생긴 심각한 폭동과 음산한 소문들을 다룬 기사들이 있었다. 반면 필리핀에서 발생한 사건들은 너무도 불경스러워 군사행동이 필요했다." 이렇게 하는 대신에, 인도, 아이티, 아프리카, 필리핀, 그리고 히스테리컬한 레반트 사람들에 관한 원문은 "평평한 존재론", 즉 모든 우주적 무질서의 현현들이 대체로 동등한 지위를 가지는 듯한 존재론을 채용한다.

22. 무의미한 킬킬거림 혹은 속삭임

"테데우스가 9월에 우물을 다녀온 후에 미쳐 버렸다. 그는 양동이를 들고 갔다가 빈손으로 돌아오면서, 양손을 흔들며 소리를 질렀다. 그리고 가끔 무의미하게 킬킬거리거나 혹은 '저 밑에서 움직이는 색들'에 대해 속삭이곤 했다."(CS 353)

러브크래프트의 또 다른 고전적 기법은 "혹은"이라는 단어를 사용해서 두 개의 분리된 실재를 마치 존재의 연속체 속에서 익숙한 이웃인 듯이 다루는 것이다. 우리는 커피 혹은 차, 사과 혹은 오렌지, 민주당 혹은 공화당, 금발 혹은 갈색 머리 중에 무엇을 선호하는지 묻는 질문에 익숙하다. 그러나 누군가 완전히 관계가 없는 실재 사이에서 선택하라고 요청한다면, 우리는 초현실주의적 희극의 영역에 들어가게 된다. 예를 들어 한번은 내 동생이 농담조로 물었다. "땅콩 브리틀 혹은 미스터 스팍 중에 뭐가 더 좋아?" 좀 더 문제가 되는 것은 중간의 경우들인데, 두 용어가 분절되어 있지만 코믹하게 관련 없는 것이 아니라, 멀리 떨어져 있어 둘 사이의 중간 영역을 상상할 수밖에 없는 경우들이다. 이런 방식으로, 일종의 은유가 부산물로 생긴다.

테데우스가 우물에서 돌아와 가끔 '킬킬거림 혹은 속삭임'의 상태에 빠진다고 듣는 때가 바로 이 경우다. 킬킬거림은 불안하며 가로막힌 웃음이고, 일반적으로 날카롭고 신경을 건드린다. 이 두 측면에서 속삭임은 완전히 반대이다. 그래서 킬킬거림과 속삭임 사이에서 불분명하게 요동치는 목소리를 상상하기가 어렵다. 그리고 이 두 음역 사이 중간에 있는 목소리를 상상하기는 더 어렵다. 그런 목소리는 본질적으로 괴물스러울 것이다. 화자가 목소리를 "무의미"하다고 말할 때, 이는 테데우스의 새로운 목소리를 들은 어떤 관찰자라도 내보였을 부정적 반응을 표현함으로써 긴장감을 더할 뿐이다. 어떤 방식으로든 이 무의미함이 목소리의 공포를 손상시키지 않는다. "혹은"이라는 단어를 사용해서 느슨하게 연관된 사촌들을 연결하는 일은 러브크래프트의 공구함에서 너무도 중요하다. 그렇기에 그를 따라 하는 패러디에서 주성분이 될 것이다. 심지어는 '러브크래프트적 분열을 만들자'라는 파티 게임이 있을 수도 있다. "쿵쿵거리거나 혹은 긁어대는 소음", "지하실의 공기 중에 애매하게 습하거나 혹은 얼음 같은 무언가가 있다", "그 목소리는 신음 혹은 개종시키려는 어조를 가졌다", "땅이 가라앉거나 혹은 흔들리는 듯이 보였다."

테데우스가 보고한 내용에 있어서, 러브크래프트는 인물들의 취약한 정신 상태를 알리바이로 사용해서 그들이 묘사할 수 없는 공포를 모호하고 짧은 문구로 말한다. "저 밑에서 움직이는 색"이라는 문구는 이 기법의 좋은 예다. 가장 좋은 예는 아마도 〈광기의 산에서〉일 것이다. 남극에서 목격한 것에 관해 질문을 받자, 댄포스는 다이어 교수와 이를 공유하기를 거부하며 횡설수설한다.

> 그는 드문 경우에 '검은 구덩이', '동굴 입구', '프로토쇼거스', '5차원을 가진 구멍이 없는 고체', '이름 없는 실린더', '니이 든 파라오', '요그-소토스', '원초적인 백색 젤리', '우주로부터의 색', '날개', '어둠 속의 눈', '달-사다리', '원형, 영원한 것, 죽지 않는 것', 그리고 다른 기이한 개념들에 관해 분절되고 무책임한 말들을 속삭였다… (MM 586)

여기서도 테데우스의 "무의미한" 킬킬거림 혹은 속삭임과 마찬가지로, 화자는 자신이 보고하는 것과 ("그리고 다른 기이한 개념들"이라는 문구로) 거리를 둔다. 이는 결과적으로 독자인 우리가 더욱 급진적인 결론을 내리게 만든다. 분절된 문구를 정당화하는 데 광기를 사용할 수 없는 경우에는, 시골의 낙후함을 이용해 다음과 같이 표현할 수 있다. "그들에게 붙여진 일반적인 이름은 '그것들' 혹은 '옛것들'이었다. 반면 다른 명칭들은 일부 지역에서 일시적으로만 사용되었다."(WD 418-9)

23. 신기하게 쭈그러들거나 혹은 압축된

"그리고는 무언가가 소들을 공격했다. 특정 부위나 가끔은 몸 전체가 신기하게 쭈그러들거나 혹은 압축되었고, 지독한 무너짐 혹은 분해는 흔한 일이었다."(CS 353)

이 구절은 이미 우리에게 알려진 러브크래프트의 기법 중 적어도 세 개를 조합한다. 첫째로, 이전 절에서 본 종류의 분절이 있다. ("킬킬거림 혹은 속삭임"처럼) "쭈그러들거나 혹은 압축"된, "지독한 무너짐 혹은 분해"된 등이다. 두 번째로, 각각의 분절에 반-월슨적인 형용사가 있다. 이 형용사는 분절을 마주하는 이의 감정적 상태를 강조하는 향신료로 쓰인다. ("**무의미한** 킬킬거림 혹은 속삭임"처럼) "신기하게", "지독한" 등이 그렇다. 세 번째로, 의도적으로 가축 중에 가장 평범한 동물인 소를 선택한 점이다. 소는 〈던위치 공포〉에서 훨씬 더 끔찍한 운명을 맞는다. 그러나 여기서 소의 역할은, 다람쥐를 비롯해 그와 유사한 다른 동물들처럼, 이전까지 평온했던 지역 환경의 점점 더 많은 곳에 공포가 퍼지는 상황을 강조하는 것이다. 동시에 우주적 질병에 마멋-증상이나 미역취-증상과 유사한 특수한 소-증상이 있다는 것을 보여 줌으로써 그 질병을 더욱 구분 짓는다. 색은 사악한 영향력을 펼치지만, 감염시키는 숙주의 지역적 조건에 언제나 맞춰야만 한다. 고전음악을 배운 음악가처럼, 러브크래프트는 자신이 좋아하는 모티프를 반복하면서도 항상 적절한 변주와 수정을 더하여 주제에 새로운 생명을 불어넣는다.

이 구절에는 독특한 성격의 분절들이 남아 있고, 이것들은 특별히 잘 선택된 것이다. "신기하게 쭈그러들거나 혹은 압축되었고"라는 문장은, 분명히 어떤 경우에는 쭈그러들고 다른 경우에는 압축되었다는 의미가 아니다. 비록 이 구절들을 내가 "분절들"이라고 부르지만, 이는 단지 문법적인 의미에서만 그러하다. 러브크래프트적 분절의 두 용어는 절대로 이것과 저것 사이의 선택을 허용하지 않는다. 그보다는 두 선택지 모두가 동일한 현상에 대한 매우 미흡한 표현임을 드러낸다. 소들이 경험하는 것은 쪼그라듦도 아니고 압축도 아니다. 그것은 둘 사이의 고통스러운 무인지대에서 발견되는 무언가다. 지구에 알려진 색조에 속하지 않는 색처럼 정상적 경험에 낯선 것이다. "무너짐 혹은 분해"의 경우에, 이 둘은 좀 더 근접하고 비슷해 보일 수 있다. 하지만 유기체의 죽음을 언급할 때, 두 가지 모두는 너무도 똑같이 끔찍하기에 이웃하지만 서로 다른 두 개의 폭발을 야기한다. 윌슨이 감정적인 형용사에 갖는 반감을 이 경우보다 더 잘 반박하는 것은 없다. 이 문장이 단순히 이렇게 쓰였다고 상상해 보자. "특정 부위나 가끔은 몸 전체가 신기하게 쭈그라들거나 혹은 압축되었고, 무너짐 혹은 분해는 흔한 일이었다." 바뀐 점은 "무너짐과 분해" 앞에 있는 "지독한"이라는 단어를 지운 것뿐이다. 이제 여기에는 불균형이 생긴다. 쉼표 이후의 마지막 문구가 갑자기 너무 차갑고 냉담하게 느껴진다. 우리는 지구상에서 동물들이 다양한 방식으로 죽는 것을 본다. 하지만 무너짐이나 분해를 통해서는 아니다. 이 문장을 믿을 법하게 만드는 유일한 방법은 화자가 이런 죽음의 방식, 실제로 "지독한" 방식에 본인이 느낀 경멸감과 충격을 표현하는 것뿐이다.

24. 끔찍하고 불결한 흡입

"막연한 공포감에 멈춰 서서 그는 계속해서 아래쪽의 소리를 들었다. 분명히 무거운 것이 끌리는 소리가 났고, 끔찍한 그리고 불결한 방식으로 흡입하는 것처럼 대단히 역겹고 찐득거리는 소리가 났다."(CS 357)

이 구절은 아미가 다락에서 가드너 부인이 무너지거나 혹은 쪼그라들거나 혹은 분해되는 것을 직접 발견했던 장면이다. 아미가 그녀를 안락사시켰다는 암시가 분명히 있다. "세상에는 언급할 수 없는 것들이 있고, 평범한 인간애로 행해진 일이 가끔은 잔인하게 법으로 판단받는다."(CS 357) 외국인 선원을 학살하는 것이 어떤 의미에서 의무라는 요한슨의 믿음에서 그랬듯이, 도덕적 의무가 환원 불가능한 규칙 다발이 아니라는 주제를 이어가는 것이다. 계단을 내려오면서 아미는 위의 구절에서 묘사된 경험을 한다. 독자는 무겁게 끌리는 물체가 나훔이며, 그가 정신이 미약했던 그의 아내와 똑같은 운명의 피해자임을 쉽게 추측할 수 있다.

이렇게 의도적으로 세부적인 내용이 빠져 있음에도 불구하고, 그처럼 끔찍하게 죽음을 묘사하기 위해서는 러브크래프트 정도로 암시에 재능 있는 사람이 필요했다. 마녀들의 익사, 이교도들의 화형, 트란실바니아에서 튀르크인들을 꼬챙이로 죽이기, 파리 중심가에서 바퀴에 뼈가 부러진 소매치기의 비명… 이 모든 장면들은 나훔 가드너의 좀처럼 알아볼 수 없는 죽음에 쉽게 밀린다. 찐득거리는 소리와 더불어 "바닥을 긁는 희미한 소리"가 난다. 나훔은 이제 거의 무생물처럼 묘사된다. 아마도 "죽음은 한창 진행하고 있었다"라는 기이한 문구가 영어라는 언어에서 유일하게 쓰인 순간일 것이다. 비록 30분 전까지만 해도 보기에 아무런 문제가 없었지만, "무너지고 잿빛으로 변하고 부서지는 일은 이미 상당히 진행되었다. 끔찍하게 부서졌고, 마른 조각들이 떨어져 나가고 있었다."(CS 358) 이어서 더 이상 나훔이 존재하지 않을 때까지, 반쯤 숨이 붙어 있는 그와 대화를 한다. 마침내 "그것이 완전히 무너져 내렸기 때문이다."(CS 359) 무너짐과 분해, 부서지기 쉬운 상태는 마른 조각의 떨어짐으로 이어지고, 결국에는 신체의 무너짐이 일어난다. 이는 분명 비정상적인 죽음의 방식이지만, 러브크래프트는 우리의 신뢰를 얻을 정도로 충분히 노력했다.

이 구절의 가장 흥미로운 부분은 분명히 마무리이다. "끔찍한 그리고 불결한 방식으로 흡입하는 것처럼 대단히 역겹고 찐득거리는 소리가 났다." 우리는 이미 "역겹고"라는 형용사가 과도하다는 윌슨식의 비난이 틀린 것을 안다. 왜냐하면 이는 그저 문장의 다른 부분에서 경험한 공포에 관한 화자의 어찌할 수 없는 인간적인 반응이기 때문이다. 지금까지 우리는 "혹은"이라는 단어를 사용한 러브크래프트적 분절을 얘기했다. 이제 "그리고"를 사용한 연결이 유사한 효과를 낼지 궁금해할 수 있다. 두 형용사를 겹쳐 놓고, 독자로 하여금 그 사이 중간에 있는 무언가를 향해 더듬어 가라고 요구하는 것이다. 이것은 좋은 질문이지만 여기서 답할 필요는 없다. "끔찍한 그리고 불결한"에서 "끔찍한"은 그저 "대단히"가 했던 작업을 배가시키는 것뿐이다. 이는 화자의 메타 코멘터리로, 이 모든 것이 얼마나 끔찍하게 들리는지를 화자 역시 우리와 마찬가지로 잘 알고 있다는 점을 확인시켜 준다. 이제 발가벗겨진 문장의 핵심인 "불결한 방식으로 흡입"이 남는다. 이런 때에, 아는 척하는 천박한 사람은 항상 이런 문구로 답하곤 한다. "**깔끔한** 방식의 흡입에 반해서?" 지금의 상황에서, 답은 '그렇다'이다. 문장이 하는 일은 정확히 다음과 같다. 흡입 소리 대부분이 가진 완벽하고 깔끔하고 자연스러운 특징으로 우리의 주의를 이끈다. 그리고 그 소리는 이제 슬프게 오염되고, 끔찍하지만 묘사할 수 없는 저음으로 인해 모호해진다.

25. 시골 이야기들은 기이하다

"시골 이야기들은 기이하다. 만일 도시 남자들과 대학의 화학자들이 사용하지 않는 우물의 물이나 그 어떤 바람에도 흩날리지 않는 잿빛 먼지를 분석할 정도로 그것들에 관심을 가졌다면 더욱 기이했을지도 모른다. 식물학자도 마찬가지로 그 지점의 경계에서 성장이 멈춘 식물들을 연구했어야만 했다…"(CS 367)

이상하게도 우리는 여기서 화학자와 식물학자가 이 지역에서 연구한다면, 시골 이야기의 기이함이 **증가할** 것이라고 듣는다. 소집된 과학자들이 소문과 미신을 제거할 거라는 일반 원칙을 무시하는 것이다. 여기서 우리는 러브크래프트의 훌륭한 이야기들을 읽을수록, 훨씬 더 생생해질 무언가를 살짝 맛본다. 일반적으로 대립은 계몽된 모더니즘과 반근대적인 반계몽주의 사이에 생긴다. 과학자가 주술사와 신지학자의 속기 쉬운 미신적 숭배물을 무시하거나, 혹은 신비주의자들이 과학을 우주가 지닌 훨씬 더 끔찍한 진리의 얄팍한 면에만 접근한다고 무시한다. 러브크래프트의 잘 알려진 물질론(그는 분명히 부분적으로 물질론자다)에도 불구하고, 이 문제에서 그의 태도는 매우 다르다. 러브크래프트에게 컬트 제식과 중세의 아랍 마법사가 휘갈겨 쓴 글은 가장 진보한 근대 과학과 함께 지식의 완벽한 연장선에 있다.

러브크래프트의 이야기들에서 대체로 사실인 것은, 과학자보다는 그의 글에 가득한 좀 더 괴물스러운 존재들과 직접 접촉하여 통찰력을 얻은 사람이 우주적 진리에 관한 첨단 지식을 가진다는 점이다. 식민 초기 뉴잉글랜드의 평범한 중년 여성이 비유클리드적인 공간을 통해 여행할 수 있는 우주론적 천재가 된다. 퇴화한 선원들이 미스캐토닉 대학을 대표하는 학자들조차 처음에 놓쳤던 궁극적 사안에 관한 통찰력을 갖는다. 〈어둠 속에서 속삭이는 자〉에서 민속학자인 윌머스는 자신이 처음에 무시했던 시골 이야기꾼들보다 더 무지했다. 전국의 방송사들이 외계인의 마을 침공을 허구라고 생각하며 이를 풍자하고 패러디를 만들지만, 이 일이 모두 사실이라고 판명된다. 서두의 구절은 초반에 터무니없는 소문으로 암시된 지식을 추적하는, 좀 더 깨어 있고 믿을 만한 추적자가 과학자로 등장하는 드문 예다. 대부분의 경우에, 러브크래프트는 과학자들이 오컬트 신자들과 데카당스 조각가들을 허겁지겁 따라잡게 한다.

던위치 공포

이 이야기는 1928년 8월에 쓰였고,《위어드 테일스》에 고작 240달러에 팔렸다. 하지만 이는 당시에 러브크래프트가 받은 가장 큰 금액이었다. 매사추세츠 던위치라는 허구의 마을이 배경인 이 이야기는, 일반적인 에드거 앨런 포 스타일의 일인칭 화자가 아니라 전지적 삼인칭 화자에 의해 전해지는 두 편의 훌륭한 이야기 중 하나다(다른 하나는 〈마녀 집의 꿈〉이다). 이야기는 러브크래프트 혹은 다른 어떤 작가가 쓴 장면 설정을 통틀어서도 가장 뛰어난 두 쪽으로 시작한다. 그에 이어 생물학적 퇴화가 출몰하는 지역 문화에서, 꺼림칙한 백색증 환자인 라비니아 와틀리가 아버지를 알 수 없는 아이를 출산했다는 기사가 나온다. 우리는 사실 아이가 두 명이었음을 나중에 알게 된다. 알려진 아이는 기괴한 윌버고, 두려울 정도로 흉측하지만, 지적으로 그리고 신체적으로 조숙한 아이이다. 윌버는 성년이 되자 미스캐토닉과 하버드의 도서관에서 두려운 책《네크로노미콘》을 보려 하고, 두 대학의 학자들은 그를 의심하게 된다. 윌버는 결국 어느 날 밤 미스캐토닉 도서관에 몰래 들어가다 경비견에게 물려 죽고, 세 명의 교수들이 그의 시체가 끔찍하게 찢기는 것을 목격한다. 거의 동시에, 이전에 알려지지 않았던 그의 동생, 윌버보다 가늠할 수 없을 정도로 더 괴물스러운 보이지 않는 거인 동생이 집에서 나와 던위치 주변에 산재한 농장 여러 곳을 파괴한다. 세 명의 미스캐토닉 교수들은 결국 근처의 산 정상에서 동생을 죽이는 데 성공하고, 그 결과로 외계 괴물들에게 이용되기 위해 지구가 파괴되는 것을 막는다.

러브크래프트 전문가인 S. T. 조시는 이 이야기에 의구심을 표했다.[66] 그 이유는 대략 러브크래프트가 우주를 "도덕과 무관한" 것으로 보는 자신의 통상적인 접근법을 버리고, 사악한 우주의 존재인 와틀리 형제를 선한 인간들이 물리치는 기독교적 모델을 택한다고 생각하기 때문이다. 분명 우리는 이야기에 기독교적 상징주의가 있음을 인정해야만 한다. 라비니아의 "수태고지"부터, 괴물이 군중 위 높은 곳에서 죽어가면서 아버지를 부르는 것까지. 그러나 이러한 요소들은 명백히 기괴한 패러디일 뿐이고, 러브크래프트의 다른 이야기들에 나오는 도덕과 무관한 우주에서 정말로 이탈한 것은 아니다. 내가 이 이야기에서 싫어하는 부분은 주인공인 아미티지 박사의 코믹북 같은 측면과, 괴물이 마침내 제거되는 터무니없는 제의적 방식이다. 이것만 제외하면, 〈던위치 공포〉는 눈을 떼지 못할 정도로 흥미롭고, 다른 곳에서는 찾아볼 수 없는 최고의 서두로 시작하는 이야기다.

26. 쭈글쭈글하고, 홀로인 사람들

"왠지 모르게, 우리는 무너져 가는 문간이나 돌이 많은 경사진 목초지에서 이따금 목격되는, 쭈글쭈글하고 혼자인 사람들에게 길을 물어보기를 망설인다. 이 사람들은 너무도 조용하고 은밀해서 우리는 금지된 것들을 마주했다고 느끼곤 한다. 그런 것들하고는 아무런 관계도 맺지 않는 게 좋다."(DH 370)

이 구절은 이야기의 뛰어난 첫 두 쪽에서 나온다. 러브크래프트의 수많은 서두 구절과는 달리 이 구절은 온전히 분위기에 집중한다. 매사추세츠 중부 시골에서 "쭈글쭈글하고 혼자인 사람들"이 다른 세계의 존재들과 공조한다는 암시는 없다. 인스머스에서 그랬던 것처럼, 그들이 실제로 그러한 존재를 부모로 가진 하이브리드라는 암시도 전혀 없다. 그럼에도 이 문장은 지역에 무언가가 심각하게 잘못되어 있음을 알린다. 던위치를 곧 몰아닥치게 될 공포에 적절한 곳으로 만드는 것이다.

"왠지 모르게, 우리는 ⋯ 길을 물어보기를 망설인다." 길을 묻는 일이 여행자가 항상 처음으로 하는 일은 아니다. 그러나 러브크래프트는 우리가 도로에서 단지 "잘못된 갈림길"을 선택했기에 이 지역에 도착했다는 사실을 이미 분명하게 밝혔다. 그렇기에 경로가 필요하면서도, 우리는 이 미스터리한 사람들에게 묻기를 망설인다. 크툴루 우상 특유의 동물학적 속성 뒤에 숨어 있는 "사물의 본질"과 "전신의 전반적인 윤곽"과 매우 유사하게, 이 파악하기 힘든 사람들이 음산하다는 것을 알 수 있는 방법은 감지할 수 있는 특성들 목록을 통해서가 아니다. 그보다는 표면적 특성들보다 더 깊숙한 차원에 위치한 실재에 대한 일종의 이해를 통해서다. 그러나 우리는 이미 다른 곳에서 이 주제를 다루었다. 이 특정한 구절의 핵심은 다음과 같다. 통상적으로 러브크래프트는 알기 힘든 사악함을 특정한 괴물들이나 우상이나 흉물스러운 개인 혹은 집단과 연관시켜서 환기한다. 그러나 여기서는 매사추세츠의 모든 것이 사악한 분위기로 가득 찬 듯이 보인다. 매사추세츠가 던위치를 중심으로 일어난 사건들에 그저 지엽적으로 연결되어 있음에도 그렇다. 처음으로 러브크래프트가 "기이한 지리학", "기이한 인류학", 혹은 "기이한 사회학"을 시도하는 것이다. 그러나 이것이 마지막 시도가 되지는 않을 것이다.

27. 거의 이름 지을 수 없는 폭력과 사악함

"그들은 자기들끼리 종족을 형성하였고, 퇴화와 근친교배로 인한 정신적 그리고 신체적으로 분명한 낙인을 갖게 되었다. 그들의 평균 지능은 비참할 정도로 낮고, 반면에 그들의 역사는 과도한 잔인함과 반쯤 숨겨진 살인자, 근친상간, 거의 이름 지을 수 없는 폭력과 사악함의 행위가 풍기는 냄새로 진동한다."(DH 372)

여기서도 인류학적 주제는 계속되고, 이야기의 주요한 배경을 형성한다. 인스머스의 부패한 항구에서는 인간과 해저 생명체, 즉 물고기도 아니고 개구리도 아닌 채 스스로 퇴화해 이미 망가진 생명체와의 섬뜩한 교배에서 생물학적 퇴화가 발생한다. 하지만 던위치 사람들의 지적이고 신체적인 퇴화는 온전히 인간의 책임인 듯이 보인다. 더욱이 모든 부적절한 교배는 오직 백인 가계 내에서만 일어났던 것으로 보인다. 러브크래프트는 너무 대충 보여 주지 않으려고 함으로써, 이 지역에서 발생한 끔찍한 부패를 좀 더 선명하고 극적으로 만든다. 던위치 사람들 **모두가** 근친상간으로 인해 지능이 낮아진 것은 아니다. 어쨌든, "와틀리와 비숍 가문 일부는 여전히 장남들을 하버드와 미스캐토닉 대학에 보낸다." 그리고 좀 더 일반적으로 "지역의 오래된 상류층은… 보통 수준으로 퇴화된 것보다는 어느 정도 높은 지능을 유지했다." 그러나 이렇게 미약한 칭찬은 비판에 가려진다. 왜냐하면 "수많은 자손들이 너무도 추악한 상태가 되었고, 이제 그들이 먹칠한 출신은 그들의 이름으로만 알려질 뿐"이기 때문이다.(DH 372) 이야기에 사악한 분위기를 불어넣는 것에 더해서, 이 단어들은 또한 〈크툴루의 부름〉에서 프로비던스의 형편없는 건축물에 관해 떠들어 대는 지엽적인 말과 유사하게 희극적인 효과를 낸다. 알 수 없는 최악의 생명체들이 지구 생명체를 위협하는 이야기에서, 우리의 3인칭 화자는 생물학적 적합성에 관한 사회적 속물 의식과 오만한 비판을 공들여 늘어놓는 것이다. 그러나 러브크래프트의 작품에서 그러한 장광설이 보통 인종주의적 함의를 가지는 반면에, 이곳의 역사는 잡혼과는 아무런 관련이 없고, 단지 근친교배와 철저한 근친상간과 관련이 있을 뿐이다.

여기서 또한 희극적인 것은 "퇴화와 근친교배로 인한 정신적 그리고 신체적으로 분명한 낙인"에 관한 언급이다. 이것은 마치 일반적으로 학식이 있는 사람에게 알려져 있는 사실이기에 아무런 설명이 필요 없다는 듯이 말해진다. 명백하지 않은 것을 명백하다고 제시하는 것은 러브크래프트의 공구함에서 자주 쓰이는 또 다른 속임수다. 이는 다른 상황에서도 종종 발견된다. 이 장치는 화자, 즉 우리 대부분은 심각하게 여기지 않는 과도한 생물학적 편견에 너무도 깊숙이 빠져 있는 화자에게 다시 한번 우리의 주의를 돌린다. 마을의 역사가 어떻게 "과도한 잔인함으로 … 진동"하는지도 불분명하다. 그러나 자신이 설명하는 소재가 지닌 사악한 성격에도 불구하고, 화자는 여기서도 다시 한번 스스로를 희극적으로 만든다. 살인과 근친상간은 "반쯤 숨겨진" 채 있고, 동반하는 다른 행위들은 "거의 이름 지을 수 없는" 폭력과 사악함을 보인다. "숨겨진"과 "이름 지을 수 없는"처럼 접근 불가능함을 의미하는 단순한 용어들이 클리셰로 빠질 수 있는 위험이 있기에, 러브크래프트는 어느 정도의 제약이 필요하다고 느낀다. 이 용어들을 단순히 **반쯤** 숨겨져 있으며 **거의** 이름 지을 수 없었다고 부름으로써, 독자는 이처럼 반쯤 숨겨진 잔혹한 일들을 어느 정도 파악하게 되고, 그 결과 구체적인 예시가 없었음에도 그 잔혹한 일에 좀 더 가까워진 것처럼 느낀다.

28. 소리-생산의 내부 장기

"[소년의 말에서 느껴지는] 이상함은 아이가 말한 내용, 혹은 심지어 그가 사용한 단순한 숙어 때문이 아니었다. 그것은 소년의 억양이나 혹은 발화된 소리를 생산하는 내부 장기와 모호하게 연결된 듯이 보였다."(DH 377)

어린 윌버 와틀리라는 인물로 러브크래프트의 이야기들에 새로운 장이 열린다. 크툴루 이야기에서 표면적으로 인간인 이들 모두가 실제 인간이고, 우리는 생리학적 측면에서 그들을 의심할 이유가 전혀 없다. 〈크툴루의 부름〉에서 다양한 선원들은 인종 및 종족 비하를 당하지만, 의심할 여지 없이 인간이다. 사회적이고 유전적인 측면에서 화자가 아무리 그들을 낮은 계급에 둔다고 해도 그렇다.

〈우주로부터의 색〉에서 가드너 가족은 우물 속의 색에 의해 허약해지고 망가진다. 하지만 그들 또한 확실히 인간이다. 반대로 윌버 와틀리의 경우, 우리는 인간인 척하지만 훨씬 더 어두운 정체성을 숨기고 있는 존재라는, 곧 러브크래프트의 대표 소재가 될 존재를 만난다. 러브크래프트의 이야기들에서 **목소리**는 인간임을 주장하는 인물에 무언가가 빠졌다는 첫 번째 신호이다. 우엘벡은 이렇게 재미있게 말한다. "건너편에 앉아 있는 인물이 손을 탁자 위에 두고 흡입하는 소리를 낮게 낼 때, 혹은 다른 인물의 웃음에서 **닭 소리**의 뉘앙스나 혹은 곤충의 기이한 마찰음이 느껴지는 순간, 당신은 자신이 러브크래프트적인 이야기 안에 있음을 알게 된다."[67]

문장의 다른 요소들 역시 매우 러브크래프트적이다. 윌버의 말에서 느껴지는 이상함은 구체적인 특징들로 바로 확인할 수 있기보다는, 그것들과 "모호하게 연결된 듯이 보"인다. 일상 생활에서 우리는 인간 목소리가 지닌 다양한 억양을 듣지만, 이 다양한 억양들이 비인간적으로 들리는 경우는 드물거나 아예 없다. 통상적으로 목소리가 생산되는 방법을 의심할 이유도 없다. 심한 수술로 인해 전자 보조 장비를 사용해야 하는 드물지만 확실한 경우를 제외하고, 우리는 목소리기 언제나 폐, 성대, 혀, 입술의 직업임을 안다. 그러나 윌버 와틀리의 억양에는 모호하게 잘못된 무언가가 있다. 또한 그의 억양에 이상한 것이 있는 게 분명하다. 인간이 소통할 때 쓰는 장기가 아닌 다른 장기에 의해 생산되는 음성이라고 암시하는 것이다. 특성에서 분리된 객체라는 기본 주제에 따라, 윌버의 목소리는 기이하고 자주적인 개체가 되어, 그것과 마찬가지로 이상한 표면적 억양으로는 정체성을 파악할 수 없게 된다. 그리고 이에 따라서 목소리와 목소리 이전의 신체적 기반 사이에 은밀한 분열이 발생한다.

29. 정신 나간 떠버리의 견실한 목공술

"그처럼 힘든 일을 성취할 정도로 엄청난 힘이 노인에게 숨어 있었던 것이 분명했다. 그리고 여전히 가끔 정신 나간 듯이 떠들어 댔지만, 그의 목공술은 견실한 계산 결과를 보여 주는 듯했다."
(DH 377)

일반적으로 러브크래프트는 독자가 화자를 뛰어넘는 결론을 내도록 하는 것을 좋아한다. 기이한 일이 일어난다고 우리에게 똑바로 얘기하는 대신에, 그래서 항상 우리에게 반론할 기회를 주는 대신에, 러브크래프트는 우리를 조종해서 그 기이함의 지지자가 되도록 하는 재능이 있다. 심지어 화자들이 합리주의적이고 회의주의적인 태도를 유지할 때조차 그렇다. 우리는 종종 화자에게 소리를 지르고, 눈앞에 있는 것을 보라고 요청하고 싶어진다. 지금 사례에서, 올드 와틀리의 고령을 감안한다면, 우리는 와틀리가 자신의 토지에서 이룬 엄청난 규모의 성과를 설명하기 위해 화자가 아무 생각 없이 "엄청난 힘이… 숨어 있었던 것"이라고 말한다는 점에 놀란다. 특히 와틀리가 마법을 쓴다는 소문이 널리 퍼져 있다는 점을 감안한다면 말이다. 화자는 또한 와틀리가 정신없이 떠들어 대는 것과 그의 목공술에서 확인한 "견실한 계산 결과" 사이의 기이한 대립에 관해 아무런 생각이 없는 듯하다. 독자의 입장에서, 우리는 올드 와틀리가 보이지 않는 도움을 받는다고 확실히 단정하게 된다. 토지가 외딴 곳에 있고, 그 이웃에 사는 사람들에 관해 우리가 잘 알고 있는 듯하다는 사실을 감안한다면, 이 상황에서 도움을 준 것이 인간이 아니라는 점은 매우 명백하다. 결과적으로 화자는 순진하거나 희극적인 입장이 되고, 반면에 독자는 곧바로 훨씬 더 터무니없는 결론, 하지만 상황을 고려한다면 좀 더 합리적인 것으로 여겨지는 결론에 이른다.

러브크래프트가 자주 사용하는 이 기술은 포의 〈검은 고양이〉에 나온 우스운 문장에서 유래한 것처럼 보인다. 자신이 사랑하는 애완동물을 잔혹하게 목매달아 죽인 후에, 알코올중독자인 화자는 잠에서 깨어 집이 불타고 있는 것을 발견한다. 다음날 폐허로 돌아간 그는 벽에서 목에 밧줄이 걸린 고양이 자국을 발견한다. 처음에 그는 그 광경을 보고 공포에 휩싸인다.

그러나 마침내 도움이 될 만한 생각이 떠올랐다. 내가 기억하기에, 고양이는 집에 딸린 정원에 매달려 있었다. 화재 경보가 울리자, 정원이 곧장 사람들로 가득 찼다. 그중 한 명이 매달린 고양이를 나무에서 잘라 내, 열린 창문을 통해 내 방으로 던졌던 게 틀림없다. 아마도 지고 있던 나를 깨우려는 목적으로 그랬을 것이다. 다른 벽들이 무너지면서 내 잔혹 행위의 희생자인 고양이의 몸을 짓눌렀고, 고양이는 얼마 전에 바른 회반죽 벽 속으로 깊이 파고 들어갔을 것이다. 그렇게 석회와 화염과 사체에서 나온 **암모니아**가 내가 보았던 초상을 만들어 냈던 것이다.[68]

이처럼 터무니없는 물리적 설명을 받아들이는 독자는 없을 것이다.

특히 ("그러나 마침내 도움이 될 만한 생각이 떠올랐다…"라는) 첫 문장은 분명 비합리적이기 때문이다. 이런 식으로, 독자는 곧바로 화자보다 초자연적인 것을 더 믿는 사람이 된다.

실제로, 앞선 러브크래프트 구절을 망치는 가장 쉬운 방법은 우리 대신에 화자가 생각하게 하는 것이다. 문장을 이렇게 다시 쓴다고 상상해 보자. "그처럼 나이가 많은 사람임에도 그는 엄청난 양의 힘든 일을 해낸 것처럼 보였다. 그리고 여전히 이따금 정신 나간 듯이 떠들어 대는 사람에게는 불가능할 정도로 목공술이 견실해 보였다. 그래서 나는 올드 와틀리가 그 일을 혼자 했을 리 없다고 결론을 낼 수밖에 없었다. 부근에 도움을 줄 사람이 분명히 없었다는 점을 고려한다면, 유일한 대안은 괴물과 같은 혹은 초자연적인 도움이었다. 나는 그 생각에 몸을 떨었지만, 결론을 부정할 수가 없었다." 이는 수사적으로 완전히 실패한 문장이다. 독자가 스스로 생각하도록 내버려 두면 가장 좋을 것을 명확한 용어로 설명했기 때문이다. 이는 농담이나 마술을 실행하는 동시에 청중에게 설명함으로써 망치는 일이나, 혹은 애정에 관한 모든 암시를 명확한 요구로 전환시켜서 연애편지를 망치는 일과 대충 견줄 만하다.

30. 주기적인 솟아오름 혹은 찰랑거림

"형태가 없는 백색증 딸과 이상하게 수염이 난 손자가 침대 옆에서 있었다. 동시에 머리 위의 텅 빈 심연으로부터, 평평한 해변의 파도처럼, 주기적인 솟아오름 혹은 찰랑거림의 형태로 불안한 암시가 다가왔다."(DH 381)

이 구절은 대표적인 러브크래프트적 분절로 시작한다. 그것은 "주기적인 솟아오름 혹은 찰랑거림"이다. 솟아오름과 찰랑거림 사이의 거리는 킬킬거림과 속삭임의 거리보다는 가깝다고 주장할 수 있다. 그러나 그 틈은, 둘 사이의 중간 지점을 찾으려는 독자가 메스꺼워할 정도로 충분히 크다. 무의미하게 추가된 설명, "평평한 해변의 파도처럼"은 그저 솟아오름 혹은 찰랑거림을 더 기괴하게 만든다. 우리가 위층의 알 수 없는 것을 바다로 판명하도록 이끄는 대신, 문장은 반대로 작동한다. 그것을 괴물스러운 것과 연결시키면서 바다에 관한 우리의 믿음을 오염시키기 때문이다.

더욱이, 이 모두가 러브크래프트적인 두 번째 속임수와 조합된다. 머리 바로 위에서 들리는 것은, 그 자체로 충분히 꺼림칙한 주기적인 솟아오름 혹은 찰랑거림이 아니다. 대신에 "주기적인 솟아오름 혹은 찰랑거림의 **불안한 암시**"다. 우리는 그저 축자적 묘사를 애매하게 **암시**할 수 있을 뿐이고, 그 묘사는 가까이에서도 거의 알아보기 힘들다. 또 다시, 우리는 암시에 대한 암시를 마주한다. 이는 마치 첫 번째 블랙홀의 중심에서 두 번째 블랙홀이 발견된 것과 같다. 여기서 "불안한"이라는 말은 작은 문제를 일으킨다. 왜냐하면 무언가는 오직 **누군가에게만** 불안하고, 3인칭 진지직 화자는 보통 자신이 관찰하는 것을 감정적으로 대하지 않기 때문이다. 윌버나 심지어 라비니아 와틀리가 머리 위 공간의 소리로 "불안한" 상태가 되는 것도 상상할 수 없다. 그렇기에 우리는 "애일스베리의 호톤 박사"가 올드 와틀리의 생명을 구하려다 실패한 현장에 있다는 것에 안심한다. 사망 현장에 대해 어지러운 보고를 한 사람은 분명히 박사이기 때문이다.

지금까지 우리는 "머리 위의 텅 빈 심연"에 관해 아무런 이야기를 하지 않았다. "솟아오름 혹은 찰랑거림"과 유사한 소리를 상상하는 근본적 어려움에 더해, 어떤 종류의 물소리도 아래층 방 위쪽 공간에서는 자연스럽게 발생할 수 없다는 추가적인 사실이 있다. 위층 공간에 관해 우리가 이미 알고 있는 것은 전혀 도움이 안 된다. 그곳은 "높고 단단한 선반"으로 다양한 금서들이 조심스럽게 정리되어 있다. 위층을 관찰한 사람들은 "왜 위층 창문 하나가 단단한 널빤지 문으로 만들어졌는지 궁금해했고… 그리고 그 누구도 왜 그 문에서부터 지상까지 미끄럼방지 나무 통로가 만들어졌는지 상상할 수 없었다."(DH 378) 몇 안 되는 방문자들은 위층에서 "기이한 소리와 발소리"를 듣고, 생선 장수는 "이층에서 말이 발을 구르는 것을 들었다고 생각했다." 위층 방에 "미끄럼방지 통로"를 사용할 수 있는 소나 말 혹은 다른 동물이 있다는 암시는, 해변을 연상시키는 주기적인 솟아오름 및 찰랑거림과 꺼림칙한 대조를 이룬다.

마지막으로, 구절의 시작을 짧게 얘기할 순서다. "형태가 없는 백색증 딸과 이상하게 수염이 난 손자"에 관한 언급이다. 이 문장을 단순하게 만들고, 그 결과를 목격함으로써 문장의 효과를 가장 잘 파악할 수 있다. 만일 우리가 단순히 "백색증 딸과 수염 난 손자"라고 말한다면, 이는 게오르크 트라클 혹은 다른 제1차 세계대전 시기의 표현주의 시인이 쓴 충격적인 구절처럼 들릴 것이다. 그러나 첫 부분을 "형태가 없는 백색증 딸"로 확장함으로써, 라비니아의 외양에 관한 추가적 정보를 제공할 뿐만 아니라, "백색증"이라는 불안한 단어를 다양한 수식어가 놓일 수 있는 바위로 만들어 사실처럼 다룸으로써 바람으로부터 보호하는 것이다. 이야기의 한창 앞부분에서 그녀의 백색증을 확인했음에도 이러한 작업은 필요하다. "이상하게"란 단어는 월버의 어린 나이와 지나치게 빠른 성장을 전부 상기시키면서, 다시 한번 화자(혹은 애일스베리의 호톤 박사)의 반응을 위치시켜 묘사를 좀 더 믿을 법하게 만든다. 즉, 어린 월버에게 수염이 났다는 것뿐만 아니라 그것을 목격한 사람들이 이를 다소 꺼림칙하게 느꼈다는 사실을 확인시키는 것이다.

31. 미친 아랍인 압둘 알하즈레드

"… 두려운 책은 대학 도서관 금고에 보관하였다. 이는 미친 아랍인 압둘 알하즈레드의 《네크로노미콘》을 올라우스 워미우스가 옮긴 라틴어판으로, 17세기 스페인에서 인쇄된 것이었다."(DH 384)

러브크래프트는 젊어서 이국적인 것을 좋아했고, 아주 어렸을 때부터 《천일야화》의 이야기들에 매료당했다. 다섯 살 때 이미 그는 "압둘 알하즈레드"라는 가명을 사용했고, 이후 성인이 되어 만든 신화의 주춧으로 심음으로써 이 어릴 적 이름을 덧닉했다. 이를 위해서는 언어적 불신을 잠시 멈추어야만 한다. 왜냐하면 "압둘 알하즈레드"는 한마디로 아랍어 문법에 맞지 않기 때문이다. "압둘"의 "-울"과 "알하즈레드"의 "알"은 똑같이 정관사다. 따라서 러브크래프트처럼 반복하면 안 된다. 이름은 단순히 "압둘 하즈레드"나 "압드 알하즈레드"여야만 한다. 또 다른 언어적 오류는 러브크래프트가 종종 언급하는 폰 윤츠가 쓴 허구의 책 제목인 *Unausspre-*

chlichen Kulten(코난의 작가인 로버트 E. 하워드로부터 러브크래프트 가 차용한 제목이다)에서 발견된다. 제목은 여격을 쓰지만 적절한 전치사를 갖고 있지 않다. 그래서 *Unaussprechliche Kulten* 혹은 *Von Unaussprechlichen Kulten*으로 수정되어야만 한다. 하지만 독자들은 이러한 사소한 실수를 쉽게 용서할 것이다.

자신의 생명체들을 좀 더 믿을 법하게 만들기 위해서, 러브크래 프트는 그들이 1920년대에 불운히 출현했을 뿐만 아니라 수수께끼 같은 전통, 고대의 전설, 금서 등을 통해 오랫동안 인간에게 알려졌 다는 점을 확고히 하려고 한다. 지금까지 인류에 의해 제작된 그 어 떤 진짜 책도 그러한 속임수에 쓰일 만큼 무섭지 않기에, 하나를 창 작할 필요가 있다. 그래서《네크로노미콘》이 등장한다. 너무도 그럴 듯한 조작이라, 전 세계의 진짜 사서들은 심지어 오늘날까지도 그 책을 찾는 사람이 있다고 보고한다. 단순히 그런 책의 존재를 주장 하는 것은 근거 없고 멍청한 펄프 행위에 가깝다. 그래서 러브크래 프트는 책의 정당성을 확보하기 위해 다양한 시도를 한다. 한 가지 방법은 복사본들이 다양한 도서관에 존재한다는 것을 우리에게 계 속해서 상기시키는 것이다. 미스캐토닉 대학은 허구이기에, 이 학교 는 그 일을 하기에 적절하지 않다. 그래서 러브크래프트는 (속임수 로) 하버드에 실제로 있는 와이드너 도서관에 엄격하게 관리되는 복 사본이 있다고 우리를 확신시킨다. 우리가 이야기 속에서 만나는 미 스캐토닉 교수진과 대학원생 모두가 투키디데스나 플루타르코스만 큼이나《네크로노미콘》을 잘 알고 있는 듯이 보인다. 러브크래프트 는 또한 "숫자의 힘"을 이용한다. 자신의 이야기 속 다른 수많은 허 구의 책 사이에《네크로노미콘》을 반복적으로 끼워 넣는 것이다. 한 예로 〈어둠의 출몰자〉에는 이런 구절이 있다.

> 그 자신도 [고서들을] 많이 읽었다. 이를테면 두려운 《네크로노미콘》의 라틴어판, 사악한 《리베르 이보니스Liber Ivonis》, 데레트 백작의 악명 높은 《퀼트 데 구울Cultes des Goules》, 폰 윤츠의 《운아우스슈프레히리헨 쿨텐Unaussprechlichen Kulten》, 늙은 루드비그 프린의 끔찍한 《드 베르미스 미스테리스De Vermis Mysteriis》… 프나코틱 원고, 《디잔의 서 Book of Dyzan》, 그리고 전혀 알 수 없는 글자로 쓰였지만 오컬트 사도에게는 소름 끼칠 정도로 알려진 다 바스러진 책.(HD 792)

또한 번역본들의 존재로 인해 《네크로노미콘》은 좀 더 사실처럼 된다. 한 예로 "올라우스 위미우스가 옮긴 라틴어판으로, 17세기 스페인에서 인쇄된 것이었다"와 같은 문장이 있다. 단순한 주장보다는, 책이 이렇게 폭넓은 층의 역사의 주역들에게 영향을 준 것으로 알려짐으로써 독자의 믿음을 한층 더 끌어내는 것이다. 더 나아가 러브크래프트와 그의 작가 친구들이 반복해서 언급한 덕분에 《네크로노미콘》의 진실성은 거의 확립되고, 이 책은 그의 이야기에서 역사적, 지적인 기둥으로 다시 또다시 등장한다. 이 책에는 올드 원스Old Ones에 대한 묘사와 그들을 소집하는 지시문이 담겨 있다. 그것은 불경한 신들을 경배하고, 아랍 국가들의 다양한 지하 도시들을 탐험하다가, 결국에는 8세기 초 다마스쿠스에서 벌어진 미스터리한 상황보다 더 좋지 않은 상황 속에서 사망한 예멘 출신의 미친 아랍인이 수집한 것이다.

32. 기괴한 하버드 여행

"그 사이에 그는 와틀리의 기괴한 케임브리지 여행에 관해, 그리고 와이드너 도서관에서 《네크로노미콘》을 대출하거나 복사하려는 그의 광기 어린 노력에 관해 들었다."(DH 387)

이미 17쪽 동안 이야기의 중심인물이었던 괴물 같은 윌버는 절정으로 다가가면서 더 중요해진다. 그는 허구의 인물로서 허구의 미스캐토닉 대학에서 허구의 사악한 책을 찾고, 그의 기이함은 허구의 마을인 던위치를 뒤덮는다. 윌버는 이제 우리 일상 세계의 좌표로 넘어옴으로써 현실성을 더한다. 마치 J. R. R. 톨킨의 엘프와 호빗의 해골이 어느 날 스톤헨지 아래 무덤에서 발견된 것과 같다. 미스캐토닉 도서관에서 《네크로노미콘》 대출을 거부당하자, 윌버는 이렇게 답한다. "뭐, 좋아, 그쪽이 그걸 그렇게 느낀다문. 어쩌면 하버드는 그렇게 까다롭지 않을 꾸여."(DH 386) 젊은 윌버는 매사추세츠주의 케임브리지에 도착하자마자 주목을 받았을 것이다. 왜냐하면 그는 "키가 거의 2미터 40센티미터이고, 오스본의 잡화점에서 산 싸구려 새 가방을 들고 있는 … 검고 염소 같은 괴물"이기 때문이다.(DH 384)

이제, 문장에서 "기괴한"이라는 단어를 빼면(에드먼드 윌슨이 아마도 좋아할 것이다) 어떤 일이 일어나는지 보자. "그 사이에 그는 와틀리의 케임브리지 여행에 관해, 그리고 와이드너 도서관에서 《네크로노미콘》을 대출하거나 복사하려는 그의 광기 어린 노력에 관해 들었다." 이 문장이 꽤 그럴듯하게 작동하는 듯 보일지라도, 2미터 40센티미터의 괴물이 하버드 교정을 빠르게 돌아다닌다는 단순한 주장은 다소 펄프 같은 느낌이 난다. 그러한 방문이 주변 사람을 방해하는 부정적 결과를 낳지 않는다는 것은 불가능해 보인다. "기괴한"이라는 단어를 더함으로써, 화자는 우리의 불신을 도와주기 위한 양보를 한 듯하다. 마치 이렇게 말하는 것이다. "그래, 나도 이게 얼마나 터무니없게 들리는지 알아, 하지만 윌버는 하버드에 가겠다는 위협을 실행할 거야." 아미티지에 관해서, 우리는 윌버의 케임브리지 방문에 관해 "그가 들었다"는 사실만 안다. 이는 분명히 그 방문을 둘러싼 길고 두려운 소문을 희극적으로 축약한 것이다. 아미티지는 하버드의 사서들에게 미리 경고했고, "윌버는 케임브리지에서 엄청나게 긴장했다. 책을 찾고 싶어 하는 만큼이나 집에 정말 돌아가고 싶어 했다. 마치 집을 너무 오래 비워 둔 결과를 두려워하는 듯했다."(DH 387-8) 그곳에서 벌어진 사건의 세세한 내용에 대해 우리가 아는 것은 이게 전부다.

우리는 허구와 사실을 섞는 것이 러브크래프트의 주요한 기법이며, 이야기에 규모와 믿음을 더하는 장치임을 보았다. 크툴루 축제 주변의 부랑자들은 라피트 사람들의 후손이라고 불렸다. 〈우주로부터의 색〉과 〈인스머스 위의 그림자〉의 화자들은 모두 허구의 마을에서 곤경을 겪은 후에 보스턴으로 복귀한다. 그리고 후자는 이후에 실제로 유명한 오벌린 대학으로 4학년을 마치러 돌아간다. 〈찰스 덱스터 워드의 사건〉에서 조지프 커웬은 "헤르메스 트리스메기스투스의 메나드 판본"과 알베르투스 마그누스, 라이문두스 룰루스, 로저 베이컨, 그리고 "수많은 … 중세 유대인과 아랍인" 등의 저작과 같은 진짜 책 사이에 "금지된 《네크로노미콘》"을 보관한다.(CW 225)

33. 진부하면서 완전히 정확하지 않은

"인간의 펜이 이를 묘사할 수 없다고 하는 것은 진부하면서 완전히 정확하지도 않다. 하지만 분명히 말할 수 있는 것은, 양상과 윤곽에 대한 아이디어가 이 행성의 일반적인 생명체와 잘 알려진 삼차원에 너무나 단단히 묶여 있는 사람은 그것을 생생하게 시각화할 수 없다는 점이다."(DH 389)

이는 러브크래프트의 가장 훌륭하고 중요한 구절 중 하나다. 이미 1장에서 분석했기 때문에, 여기서는 간략하게 다룰 것이다. 이 문장이 묘사하는 것은 윌버의 사체다. 항상 그를 싫어했던 경비견에 의해 죽은 다음이다. 더 이상 옷으로 가려져 있지 않은 바람에 사체는 그 기이함으로 역겨움을 풍긴다. 구절을 완벽히 망치기 위해서는 전체를 "인간의 펜으로 그것을 묘사할 수가 없을 것이다"로 대체하면 된다. 이는 진부한 문학적 클리셰일 뿐만 아니라, 주검이 묘사를 거부하는 특정한 방식에 관해 어떤 지침이나 암시도 제공하지 않는다. 대신에 러브크래프트는 이 클리셰가 진부할 뿐더러 완전히 정확하지도 않다고 하면서 거리를 둔다. 동시에 묘사할 수 없음의 경계에 최대한 가까이 머무른다. 구절의 끝부분은 유쾌할 정도로 터무니없다. "양상과 윤곽에 대한 아이디어가 이 행성의 일반적인 생명체와 잘 알려진 삼차원에 너무나 단단히 묶여 있는 사람은 그것을 생생하게 시각화할 수 없다는 점이다." 아, 양상과 윤곽에 관한 내 생각이 일반적인 생명체들과 알려진 삼차원에 그처럼 촘촘히 엮여 있지만 않았다면!

사체의 말할 수 없는 "전반적인 윤곽"에 관한 "수직적" 암시 이후에, 러브크래프트는 두 번째인 수평적 기법으로 주의를 돌린다. 하나의 개체로 통합하기에 거의 불가능한 터무니없는 수의 구체적 특징들을 배가하는, 매우 입체파적인 혹은 후설적인 기법이다. "등에는 노란색과 검은색의 얼룩무늬가 있었고, 특정한 뱀들의 비늘 덮인 껍데기를 어렴풋이 연상시켰다", "복부에서 열두 개의 빨아들이는 입을 가진 녹회색의 긴 촉수들이 흐물흐물하게 튀어나왔다. 촉수의 배열은 기이했고, 지구나 태양계에 알려지지 않은 우주적 기하학의 대칭을 따르는 듯이 보였다", "다리는 … 발굽이나 집게도 아닌 울룩불룩한 줄무늬의 발바닥에서 끝났다", "꼬리와 촉수는 주기적으로 색을 바꾸었는데, 마치 그 조상 중 인간이 아닌 쪽에게는 정상적인 순환계 원인에서 비롯된 것 같았다." 정확히 말해서 상상력의 한계를 넘어선 것은 아니지만, 이렇게 모인 이미지들은 독자의 상상력을 압도한다. 그러한 사체를 아주 조금이라도 정확하게 묘사하려면, 정말로 참을성 있는 예술가가 요구될 것이다.

34. 일종의 일기로 판정된

"낯선 글자로 거대한 장부에 쓰인 거의 끝나지 않는 원고는, 행간 그리고 잉크와 글씨체의 다양함 때문에 일종의 일기로 판명되었고, 난감한 수수께끼를 제시했다…"(DH 391-2)

윌버가 죽은 후에, 그의 집이 위에서 설명된 것을 포함한 수많은 이상한 책들로 가득하다는 사실이 드러난다. 놀랍도록 역설적으로, 이 모든 것이 윌버가 경비견에게 죽임을 당한 그곳으로 보내진다.

바로 미스캐토닉 대학 도서관이다. 위 구절에서 묘사된 길고 이상한 책은 미스터리한 인물들로 가득하기에 이야기에 추가적인 분위기를 더한다. 그러나 구절에서 정말로 흥미로운 부분은 "행간 그리고 잉크와 글씨체의 다양함 때문에 일종의 일기로 판명되었"다는 것이다. 개인적 글쓰기 장르마다 그 성격에 관한 외적 단서가 되는 독특한 특징들이 있다는 생각은 놀랍지 않다. 보통 이것은 전혀 문제가 되지 않는다. 왜냐하면 대부분의 수기 문서는 암호로 쓰이지 않기에, 그 문서의 내용이 무엇인지 알 수 있기 때문이다. 그러나 암호로 전환됨으로써 내용이 상당히 이국적(비록 문서는 이후에 영어로 쓰인 걸로 판명되었지만)으로 보인다는 점에서, 우리는 문서의 형식과 관련된 특정한 속성들에 의존해서 그것이 무엇인지 결정해야만 한다. 만일 단지 직설적으로 쓰인 전통적인 일기를 읽는 것이라면, 우리는 "잉크와 글씨체의 다양함"이나 행간의 특정한 특징들을 의식적으로 인식하지 못할 수 있다. 그러나 미스캐토닉의 학자들은 그러한 미세한 단서에 비정상적으로 예민하다.

이제 우리는 러브크래프트 스타일의 첫 주제인 객체와 특성의 분리로 돌아간다. 일기와 그것의 외적 특성 사이의 통상적이고 쉬운 연결이 끊어졌다. 왜냐하면 언어적 내용은 암호를 써서 보이지 않고, 반면 일기의 물리적 특징들이 좀 더 눈에 띄게 남기 때문이다. 일기-내용은 그것을 보호하는 불가해한 암호 뒤로 사라지지만, 행간 그리고 잉크와 글씨체의 특정한 형태가 가진 다양함이 남는다. 이 모든 특징들에는 숨겨진 일기-객체의 풍미가 가득하다. 위 구절은 겉으로는 학자들의 결론을 간략히 전할 뿐이지만, 무언가 꺼림칙한 것이 있다. 그러나 우리는 밤중에 외국어로 말하는 목소리를 지칭하는 유사한 문장을 상상할 수도 있다. "외국어로 된 거의 끝나지 않는 이야기가 아래쪽 안개에서 들렸다. 목소리의 나지막함과 단어들 사이의 공간과 거의 애걸하듯이 말을 멈추는 주기 때문에 이는 일종의 약속으로 판명되었다." 이런 방식으로, 약속의 보편적인 음성 구조를 발견하는 것이 가능할지도 모른다. 그러나 과장이 아니라, 그러한 추측을 하는 능력은 기이하게 보인다.

문장을 어떻게 망칠 것인가에 있어서, 가장 쉬운 방법은 학자의 추측이 어떻게 이루어졌는지 매우 세세하게 이야기하는 것이다. "낯선 글자로 거대한 장부에 쓰인 거의 끝나지 않는 원고는, 행간 그리고 잉크와 글씨체의 다양함 때문에 일종의 일기로 판명되었다. 미스캐토닉 대학의 범죄정의학 교수가 수집한 법의학적 기록에 따르면, 일기의 행간은 0.4에서 0.6센티미터로 보통 손으로 쓴 문서 평균보다 좀 더 길었다. 월버가 소유한 장부의 평균 행간은 0.57센티미터였고, 보통의 산문 책보다는 일기의 범주 내에 있었다. 최대 일곱 종류의 검은색 잉크와 네다섯 개의 파란색 잉크가 장부에서 발견되었고, 보통 일기에서 볼 수 있는 방식 그대로 장기간에 작성된 것임을 암시했다. 점차로 발전하는 글씨체 또한 긴 기간 동안 작성된 것임을 암시했다." 이런 수준의 세세한 정보는 지겨우면서도 불필요하다. 무엇보다도, 원문에서 암시된 모호한 학자적 추측이 내포하는 기이한 힘에 대한 암시를 사라지게 만든다.

35. 사라센의 마법사

"아미티지는 그 알파벳이 어떤 금지된 컬트에 은밀히 사용된 것일 수 있다는 생각을 했다. 이 컬트는 고대에서 내려왔고, 사라센 세계의 마법사들에게서 많은 형태와 전통을 물려받았을지 모른다."(DH 398)

이 구절의 첫 부분("아미티지는 그 알파벳이 어떤 금지된 컬트에 은밀히 사용된 것일 수 있다는 생각을 했다")은 일기의 행간, 잉크, 글씨체 등을 논하는 이전 구절의 다소 약화된 형태다. 아미티지가 무슨 이유로 이 사실을 "판명"하게 되었는지 명확하게 알려진 것은 없지만, 이 노년의 학자가 그런 생각을 하게 만든 알파벳의 특정한 특징들이 있었을 것이다.

그러나 이 구절의 가장 놀라운 부분은 현란한 마무리인 "사라센 세계의 마법사들"이다. "사라센"이라는 단어는 아랍인을 묘사하는 오래되고 독특한 방식으로, 최근에는 다소 모욕적인 말로 여겨진다. 그럼에도, 이 단어는 정신적으로 우리를 중세적 정신 상태에 두는 데 효과적이다. 왜냐하면 그 단어가 가장 널리 사용되었던 시기가 중세였기 때문이다. 중세 시대나 진짜 환상을 연상시키는 또 다른 단어인 "마법사"에 대해서도 똑같이 말할 수 있다. 이것은 일반적으로 아랍 세계와 연결된 단어가 아니다. 반드시 선택해야 한다면, 우리는 아마도 기독교 지역의 가짜 선지자를 종종 연상시키는 "마술사"라는 단어를 택할 것이다.

만일 위의 구절의 단어를 "아랍 세계의 마술사들"로 교체한다면, 우리는 문장에 상처를 내겠지만 이를 완전히 망치지는 않을 것이다. 왜냐하면 "마술사"와 "아랍"은 개신교가 지배적인 뉴잉글랜드 이야기라는 설정에서 여전히, 그리고 충분히 신선하거나 이국적으로 들릴 것이기 때문이다. 그 문구를 완전히 망치려면 "사라센의 세계"를 다소 시적이지 못한 "중동"으로 바꾸면 된다. "중동의 마술사"라는 문구는 러브크래프트의 맥락에서 다소 터무니없이 들린다. "사라센 세계"와는 달리 "마법사"의 재미없는 동의어를 찾기는 힘들다. 왜냐하면 이 직업이 어떻게 불리든 간에, 마법사는 본질적으로 매혹적이고 경이로운 것을 연상시키기 때문이다. 그러나 좀 더 중요한 점은, "사라센 세계의 마법사들"이라는 구문을 사용함으로써 러브크래프트는 아리스토텔레스가 《시학》 22장에서 이미 설명한 방법을 간단히 활용한다는 것이다. 여기서 아리스토텔레스는 좋은 어휘는 "명확"하지만 "평범하지 않아야" 한다고 말한다. 다시 말해서, 은유나 희귀한 단어를 사용해야 하지만, 그렇다고 문장을 수수께끼로 만들면 안 된다는 뜻이다.

어휘는 낯선 용어, 즉 낯선 단어, 은유, 길게 늘린 형태, 일반적인 언어 형식에서 벗어나는 말을 사용함으로써 특별하고 흥미로워질 수 있다. 그러나 그런 용어로만 쓴 문장은 수수께끼나 미개한 말이 될 것이다. 은유로 구성되면 수수께끼이고, 낯선 단어로 구성되면 미개한 말이 된다. 수수께끼의 본성은 불가능한 단어 조합으로 사실을 묘사하는 것이다(사물의 진짜 이름들로는 그렇게 할 수 없지만, 은유적 대체어로 가능하다). 이를테면, "나는 한 남자가 불로 놋쇠를 다른 놋쇠에 붙이는 것을 보았다" 등이 그렇다. 이에 상응하는 방식으로 낯선 단어를 사용하면 미개한 말이 된다. 따라서 익숙지 않은 용어들의 조합이 필수적이다. 이 낯선 단어, 은유, 장식적인 표현 등은 언어가 평범하고 진부해지지 않게 할

것이고, 반면에 평범한 단어는 필요한 명확함을 보장한다.[69]

서두의 구절에서, "사라센 세계의 마법사들에게서 많은 형태와 전통을 물려받았을지 모른다"라는 문구는 효과적이다. 왜냐하면 "마법사"와 "사라센"의 특별한 성격이 "많은 형태와 전통을 물려받았"다는 문장의 평범함에 의해 완화되고 희석되기 때문이다. 아리스토텔레스를 따라, 우리는 축자적 부분을 은유로 대체함으로써 ("사라센 세계의 마법사들을 묘사하는 여러 장으로 된 그림과 그들에 관한 할머니의 이야기로 구성된 유산을 담았다") 문장을 수수께끼로 만들 수 있다. 혹은 낯선 단어로 교체함으로써("사라센 세계의 마법사에게 주형과 활용 방식을 물려받았다") 미개한 문장을 만들 수도 있다. 여기서 러브크래프트는 이러한 극단을 피하고, 그럼으로써 아리스토텔레스《시학》의 시험을 통과한다.

36. 매사추세츠 주 경찰

"매사추세츠 주 경찰에 알릴지에 대해 의견이 갈렸고, 부정적 의견이 마침내 이겼다. 표본을 봤던 이들이 전혀 믿을 수 없었던 사안들이 있었다. 그리고 이어지는 조사로 이 점은 실제로 분명해졌다."(DH 401-2)

러브크래프트에게 계속해서 일어나는 구조적 문제는 이야기에서 묘사되는 기이한 일들이 왜 경찰이나 대중 매체를 통해 대중의 관심을 빠르게 받지 못하는지를 설명하는 일이다. 이 문제는 여러 이야기에서 다른 방식들로 다루어진다. 어떤 이야기에서는 대학의 개입과 약간의 경찰 수사가 그려진다(《우주로부터의 색》, 《마녀 집의 꿈》). 다른 이야기에서는 정부가 위협적인 괴물들을 실제로 압도하고 파괴하지만, 대중에게 알리지 않는다(《인스머스 위의 그림자》). 어떤 이야기(《던위치 공포》)에서는 매체가 무슨 일이 일어나는지 알지만, 이를 웃기는 농담이나 망상이라고 여긴다. 다른 예(《어둠 속에서 속삭이는 자》)에서는, 범람하는 강에서 괴물 같은 사체를 목격한 최초의 사건을 신문에서 착각이라고 무시하는 반면, 이어지는 사건은 무슨 일이 벌어졌는지 알고 있는 순수한 두 명의 인간, 윌머스와 애클리에 의해 의도적으로 감춰진다. 두 편의 이야기(《광기의 산에서》, 《인스머스 위의 그림자》)는 확실하게 대중을 향해 경고하고 있지만, 다른 이야기(《시간 밖의 그림자》)에서는 이야기를 대중에 전할지 말지를 화자의 아들이 결정하게 된다. 한 마디로, 러브크래프트는 가능한 모든 각도에서 이 문제를 다룬다. 그의 훌륭한 이야기들에서 유일하게 절대 볼 수 없는 것은 '킹콩'이나 '고질라'의 방식처럼, 현재 진행 중인 공포를 대중 전체가 겪는 일이다. 러브크래프트는 괴물 영화의 저속함에 빠지지 않으면서 그런 주제를 다루기가 힘들다고 생각했던 게 분명하다. 그러나 현실이라는 천이 찢어지는 것을 대중이 경험한다는 개념이 실현 불가능한 일은 아니며, 다른 재능을 가진 다른 작가들이 그 일을 해낼 수 있다. 여기서 우리는 러브크래프트의 문학적 세계관이 지닌 자발적인 한계를 마주한다. 남녀의 사랑이 전혀 없다는 점이 그의 이야기가 지닌 특징인 것과 같다. 러브크래프트적인 사랑 이야기가 상상 불가능한 것은 아니지만, 매우 산만할 수 있다. 그리고 그것은 한 인간으로 우리가 알고 있는 그의 모습과 잘 맞지 않을 것이다.

서두의 구절에서 이상한 점은 주 경찰에 알리지 **않기로** 한 결정이 고작 한 쪽을 넘기자 전혀 무의미해진다는 것이다. 던위치에 도착하자마자, 세 명의 미스캐토닉 교수들은 "프라이의 비극을 알린 최초의 전화 신고에 대응하기 위해 그날 아침 애일스베리에서 주 경찰들이 왔다는 것을 알게 되었다 ⋯ 차에는 다섯 명이 타고 있었지만, 지금 프라이네 마당의 폐허 근처에 있는 차에는 아무도 없었다."(DH 403) 경찰은 물통 모양의 발자국을 가진 보이지 않는 괴물이 숨어 있는 골짜기로 내려갔던 듯이 보인다. 그리고 우리는 경관들이 제거되었다고 추측한다.

이제 다소 희극적인 맺음말만 남는다. "그리고 이어지는 조사로 이 점은 실제로 분명해졌다." 화자는 이를 자세히 설명하는 대신에, 그저 이후 조사에서 주 경찰이 공포에 관한 특정한 사안을 이해하는 데 실패했다고 말할 뿐이다. 그러나 골짜기에 들어갔던 다섯 명의 경관들에게 일어났을 법한 운명을 고려한다면, 매사추세츠 경찰이 이 이야기를 완전히 부정할 것 같지는 않다.

37. 끔찍한, 저음 아래의 음색

"그것들을 소리라고 부르는 것은 거의 틀린 일이다. 왜냐하면 그것들의 끔찍한, 저음 아래의 음색 대부분이, 귀보다 훨씬 더 예민한 의식과 공포의 어두운 자리에 대고 말했기 때문이다. 하지만 우리는 그렇게 불러야만 한다. 그들의 형태가 비록 모호하지만, 이론의 여지 없이 반쯤 발음된 단어였기 때문이다."(DH 411)

"그저 비유적으로" 색인 유형의 색을 이미 마주한 후에, 우리는 이제 유사하게 규정할 수 없는 특성을 가진 소리를 마주한다. 소리는 "깊고, 갈라지고, 시끌벅적한 음성이었다 … [그리고] 인간의 발성 기관은 절대로 그렇게 음향을 왜곡할 수 없다." 우주로부터의 색처럼, 산 정상으로부터의 소리는 인간이 접근한다고 물러나지 않는다. 그것들은 우리에게 완전히 접근 가능한 소리지만, 어떤 이유에선지 너무도 꺼림칙해서 쉽게 이해되거나 정상적 의미에서 소리로 분류할 수 없다. 우리는 부정신학에 관해 들은 적이 있지만, 러브크래프트는 다른 무언가에 훨씬 능숙하다. 바로 부정**심리학**이다. "그건 색이었다. 그러나 실제로는 비유로만 그러하다 … 그것은 소리였다. 그러나 실제로 정상적 의미에서의 소리는 아니었다."

그러나 언제나처럼 여기에서도 묘사가 **완전히** 부정적이지는 않다. "인간의 글로 묘사될 수 없는"이라는 예전 방식은 이미 러브크래프트에 의해 진부한 것으로 치부되었고, 그는 진심이었다. 대신, 심지어 자신이 한 묘사를 약화시키면서도 러브크래프트는 규정할 수 없는 실재를 어디서 찾을 수 있는지 알린다. "저음 아래의 음색"이라는 구문이 바로 그런 예다. 여기서 우리는 낮은 음역대 어딘가에 있는 소리를 찾게 되지만, 동시에 그것이 **안전히** 저음은 아니리고 미리 경고받는다. 오히려 그것은 "저음 아래" 있는 것으로, 마치 인간의 귀가 인식할 수 있는 정상 음역대를 넘어서는 듯하다. "**끔찍한**, 저음 아래의 음색"이라고 불리는 추가적 사실은 이제 우리에게는 익숙한 기술이다. 소리 없는 소리에 대한 우리의 즉각적 불신을 공유하지 않고서, 러브크래프트가 그 소리를 믿을 만한 것으로 만들 수는 없다. 그리고 그것이 "끔찍한" 것이라고 말함으로써, 그는 자신이 불신으로 반응한 것이 우리의 반응을 반영하기 때문이라고 우리를 안심시킨다. 게다가 그 소리는 "귀보다 훨씬 더 예민한 의식과 공포의 어두운 자리"라는, 우리가 가지고 있다고 알지도 못했던 원초적인 감각에 대고 말한다. 그것의 매우 원초적인 성격에도 불구하고, 소리는 단어의 형태를 갖춘다. 그러나 이조차도 다소 의심스럽다. 왜냐하면 "비록 모호하지만, 이론의 여지 없이" 단어이기 때문이다. 보통은 같이 다니지 않는 부사들의 놀라운 조합이다.

러브크래프트가 간신히 색이나 소리로 불릴 수 있는 색과 소리를 도입함으로써 무엇을 성취할 수 있는지 확인했기에, 그가 이제 다른 감각들로 어떤 일을 할지가 궁금해진다. "그것들을 맛이라고 부르는 것조차 거의 틀린 일이다. 왜냐하면 그들의 끔찍한, 소금기 아래의 맛 대부분이 혀보다 훨씬 더 예민한 의식과 공포의 어두운 자리에 대고 말했기 때문이다. 그러나 우리는 그렇게 불러야만 한다. 왜냐하면 그들의 형태는 비록 모호하지만, 이론의 여지없이 퇴화한 향신료의 형태였기 때문이다." 혹은 "그 냄새는 묘사하기가 거의 불가능했다. 그리고 그저 비유적으로 그것을 냄새라고 부를 수 있었다." 아마도 이 기법은 오감을 넘어서 일상적 객체 일반의 영역으로 확장될 수 있을 것이다. "그것들을 **철골보**라고 부르는 것조차 거의 틀린 일이다. 왜냐하면 그들의 끔찍한 인장 탄력 대부분이 근육보다 훨씬 더 예민한 의식과 공포의 어두운 자리에 대고 말했기 때문이다. 그러나 우리는 그렇게 불러야만 한다. 그들의 형태는 비록 모호하지만, 이론의 여지 없이 지지기둥의 형태였기 때문이다." 최악의 경우에, "이 책은 묘사하기가 거의 불가능하다. 그저 비유적으로 나는 이것을 책이라고 부른다"라는 매우 신랄한 서평의 첫 문장처럼, 이 방법은 쉽사리 논쟁을 위한 비열한 말로 퇴보할 수 있다. 혹은 냉혹한 잔소리꾼이 잔인한 이별을 사악하게 즐기며, "그저 비유적으로 나는 너를 여자라고 부른다"라고 말할 것이다.

어둠 속에서 속삭이는 자

이 이야기는 〈던위치 공포〉를 집필하고 2년이 더 지난 후인 1930년에 완성되었다. 이 기간에 러브크래프트는 로드아일랜드에서 이혼절차를 밟고 있었고, 멀리 사우스캐롤라이나, 버지니아, 퀘벡까지 여행했다. 그는 또한 《킴메르의 코난Conan the Cimmerian》의 작가이자 텍사스 출신의 로버트 E. 하워드와 서신을 교환하기 시작했다. 이는 하워드가 자살하기 전, 러브크래프트 본인이 암으로 사망하기 9개월 전까지 이어졌다. 《위어드 테일스》는 〈어둠 속에서 속삭이는 자〉를 350달러에 샀는데, 이는 러브크래프트가 그 이전에 〈던위치 공포〉로 받은 240달러라는 개인 최고 기록에서 상당히 증가한 금액이었다.

이 이야기에서 러브크래프트는 앨버트 N. 윌머스라는 인물을 통해 1인칭 서술자 스타일로 돌아간다. 그는 미스캐토닉 대학의 문학강사인데, 그 대학 교수진은 세계 학계의 역사에서 가장 재능 있으면서 불운한 축에 속하는 이들이다. 버몬트주는 1927년 11월에 끔찍한 홍수를 겪는다. 수많은 목격자들이 홍수 속에서 꺼림칙한 사체를 발견하고, 그것이 인간이 아니라고 맹세한다. 이는 뉴잉글랜드의 여러 지역에서 이상한 생명체를 목격했다는 더 확장된 보도로 이어진다. 뉴잉글랜드 신문 세 곳에서 활발한 토론이 일어나고, 여기서 윌머스는 회의주의적이고 이성적인 자세를 취하면서 신화나 괴물과 같은 광경을 믿는 이들을 비웃는다. 이러한 토론의 결과로 윌머스는 헨리 애클리라는 이름의 독자에게 편지를 받는다. 그는 버몬트의 브래틀버러 근처에 사는 사람이다. 이 편지는 섬뜩한 내용의 서신 교환으로 이어지고, 윌머스는 우주에서 온 게처럼 생긴 균류 생명체들이 버몬트 언덕을 돌아다닌다고 마지못해 믿게 된다. 언덕에서 그 생명체들은 다른 행성에서 찾을 수 없는 특별한 돌을 채굴한다. 결국 윌머스는 브래틀버러로 간다. 애클리가 이미 외계인들에게 잡혔고, 그의 뇌가 유고스(오늘날 우리에게 명왕성으로 알려져 있다)로 이송되기 위해 몸에서 제거되어 금속 실린더에 담겼다는 사실을 알지 못한 채로 말이다. 윌머스는 공포에 질려 서둘러 집에서 나와 재빨리 자동차로 도망치고, 덕분에 애클리와 같은 운명을 가까스로 피한다.

38. 늑대들도 피하는 골짜기

"[숨어 있는 괴물스러운] 존재들은 좀처럼 보이지 않았지만, 늑대들도 피하는 산등성이나 가파른 골짜기를 나른 사람보나 너 밤험했던 이들이 그 존재의 증거들을 보고했다."(WD 417)

러브크래프트 개인은 절대로 반과학적이거나 반계몽주의적인 사람이 아니다. 그럼에도 불구하고 그의 이야기는, 과학과 계몽주의를 충분히 밀고 나가면, 이미 신비론자와 신지학자가 예상하던 것과 놀라울 정도로 유사한 결과들이 나온다고 암시한다. 이와 같은 최첨단 예언자들로 이루어진 거친 선봉대는 무식한 이국적 선원들까지 포함한다. 비록 러브크래프트의 고상한 척하는 화자들이 그들을 열등한 존재로 무시한다고 해도 말이다. 계몽된 엘리트들이 마녀를 인정하기까지 한 적이 한 번 있다. "17세기의 평범한 늙은 여인이지만, 플랑크, 하이젠베르크, 아인슈타인, 더 시터르de Sitter 등의 최고로 현대적인 탐구를 넘어서는 수학적 깊이의 혜안을 [성취한 사람이다]."(WH 656) 그러나 어떤 경우에는 우월한 지식이 위 구절의 늑대와 같은 동물에게 속하기도 한다. 보통 늑대가 겁이 없다고 알려졌기에, 늑대들이 "가파른 골짜기"를 피한다는 사실은 그곳을 진심으로 조심해야 할 이유처럼 보인다.

계몽된 이성적 인간은 숨겨진 혹은 오컬트적인 특성을 전부 비웃고, 자신의 결론을 입증할 만한 증거를 내놓는다. 이런 방식으로, 계몽된 인간은 다른 사람들이 속기 쉬운 오래된 미신 상당수를 거부할 수 있다. 그러나 같은 이유로 그들은 너무 이치만 따지게 되는데, 안타깝게도 사물의 표면적 특성들에 현혹되었다는 뜻이다. 이러한 특성들이 심하게 잘못될 때만, 예를 들어 우리가 묘사할 수 없는 우상 혹은 "그저 비유적으로 색"을 목격하거나 "끔찍한, 저음 아래의 음색"을 들을 때만, 우리는 우주의 단층에 균열이 생겼다는 사실에 천천히 반응한다. 반대로 동물은 사물의 본질에 다소 불규칙하지만 좀 더 깊게 접촉하는 듯이 보인다. 사람들이 교활하고 의뭉스러운 이들에게 문제가 있다는 것을 알아채기 전에, 종종 애완동물이 그것을 인식하고 짖거나 으르렁대는 일은 삶과 문학 모두에서 잘 알려진 비유다. 〈우주로부터의 색〉에서(CS 357) 말들은 가드너 농장의 사건에 안 좋게 반응하고, 주변에 무언가가 잘못되어 있음을 우리보다 더 생생하게 인식한다. 〈던위치 공포〉에서 윌버는 동네의 동물에게 너무 미움을 받아서 총을 가지고 다녀야만 한다. "개들은 그 소년을 혐오했다. 그래서 그는 짖어대는 개들의 위협에 맞서 다양한 방어 체계를 항상 갖추어야만 했다."(DH 377) 〈인스머스 위의 그림자〉에서, 우리는 인스머스의 거주자들이 마찬가지로 동물들에게 인기가 없다는 사실을 역장에게 전해 듣는다. "동물들은 그들을 싫어하죠. 자동차가 생기기 전에는 말들 때문에 문제가 많았습니다."(SI 591) 아마도 개들이 실제로 인간보다 더 정확한 최고의 예는 〈광기의 산에서〉에 나온다. 레이크 교수는 방금 발굴된 동물이자 식물인 엘더 씽스Elder Things를 향한 개들의 반응에 대해, 라디오 방송에서 다음과 같이 말한다. "모든 [표본들을] 표면으로 가지고 온 다음에, 개들을 멀리 끌고 나갔습니다. 개들이 그것들을 견딜 수 없어 했기 때문이죠."(MM 499) 레이크는 개들의 경고를 들었어야만 했다. 엘더 씽스는 곧 오래된 잠에서 깨어나, 인간과 개를 구분하지 않고 모두 죽인다. 사실, 나는 러브크래프트의 이야기에서 동물이 틀리게 추측하는 문장을 떠올릴 수가 없다. 그들의 본능적인 반응은 우리를 기만하는 사물의 표면을 파고 들어가 사물 자체와 모호한 접촉을 한다.

39. 계획이라기보다는 우연

"사람들 대부분은 특정 언덕 지역이 매우 건강에 안 좋고, 수익이 나지 않으며, 일반적으로 살기에는 불운하다는 것을 알았다. 보통은 그 지역에서 멀어질수록 더 나아진다는 것도 알았다. 시간이 흐르자 허락된 지역에 관습과 경제적 이익의 자국이 너무도

깊게 새겨져 그곳을 나갈 이유가 더 이상 존재하지 않았다. 그렇 게 그 두려운 언덕들은 계획에 의해서라기보다는 우연히 버려졌 다."(WD 419 - 20)

푸가의 작곡가처럼 러브크래프트는 몇 안 되는 기본적 스타일 요소 들을 계속해서 새로운 조합으로 엮는다. 여기서, 첫 문장은 두 번째 문장에 나타나는 새로운 기법으로 보강되는 익숙한 요소다.

늑대, 개, 말과 마찬가지로 인간도 종종 어떤 사물의 사악한 성격 에 관한 언어화되지 않은 지식을 가진다. 이 구절은 그러한 사례를 보여 준다. 그저 한두 군데가 해롭다고 느껴지는 것이 아니라, 좀 더 모호하고 보편적인 "특정 언덕 지역"이 그런 것이다. "매우 건강에 안 좋고, 수익이 나지 않으며, 일반적으로 살기에는 불운하다"라는 무언의 직감을 제외하고는, 이 장소를 피하는 특별한 이유가 주어지 지 않았다. 그중 최고는 "그 지역에서 멀어질수록 더 나아진다는 것 도 알았다"이다. 우리는 이전의 예로 이 문장을 지나치게 자세하게 바꿈으로써 망칠 수 있음을 이미 알고 있다. 예를 들어 "사람들 대 부분은 특정한 언덕 지역이 실종과 명백한 살인이 발생하는 장소임 을 알았다. 특히 두 곳에서는, 1750년~1800년 동안에만 17명이 죽 었다. 추가적으로 그 지역에서 죽지 않고 돌아온 46명이 광기에 가 까운 정신 상태와 이상한 형태의 열병으로 만신창이가 되었다." 문 장의 이러한 패러디 버전이 가진 문제는, 인간 운명의 세부 정보가 좀 더 심각하고, 좀 더 말로 옮길 수 없는 운명의 애매모호한 의미에 비해 결코 두렵지 않다는 것이다. 또 다른 문제는, 이런 종류의 감지 할 수 있는 재난은 합리적으로 계몽된 세력에게 인지될 것이라는 점이다. 이는 용인되기에는 너무도 극단적이라고 여겨지고, 그래서 집단 조사와 가능한 법적 행위 혹은 공중위생 절차를 받게 될 것이다. 그러나 언덕 지역의 해로운 효과를 모호하게 유지하는 일은 우리로 하여금 그곳을 방문해서 생길 수 있는 결과를 좀 더 두려워하게 만든다. 동시에 또한 이 상황이 왜 계속해서 문제로 인식되지 않고 유지되는지 설명할 수 있다. 이렇게 사악한 지역을 둘러싼 모호한 느낌은 언제나 터무니없는 미신으로 치부될 수 있다. 실제로 러브크래프트의 이야기에 나오는 시골의 지혜는 보통 그런 운명에 처한다. 도시의 권위자들은 조롱과 무시로 일축하는데, 이는 대부분 농부와 말과 늑대가 느끼는 모호하고 투박한 공포보다 현실적이지 못한 것으로 판명된다.

그러나 이 구절의 진짜 핵심은 두 번째 문장이다. 이는 러브크래프트의 글에서 새롭게 등장하는 문장이고, 내 기억이 맞다면 그의 전체 작품에서 이런 문장은 유일하다. 애초에 모호하지만 분명 정당한 공포의 형태를 갖춘 무언가로 인해서 버몬트 언덕의 정착지가 선택되었던 것이다. 일반적으로 새 정착지가 이미 존재하는 정착지 위에 세워진다는 점을 감안하면, 버몬트 거주지와 산업지역("관습과 경세직 이익의 자국")의 계속된 발전은 사악한 지역을 두려워해서라기보다는 습관상 피한 것으로, 모르는 사이에 그곳이 선사한 최초의 공포를 승인하는 결과를 낳는다. 다시 말해서, 현재 버몬트 전체의 인구 분포가 초창기 시골 주민의 "비이성적인" 공포로 결정된 것이다. 이런 의미에서, 농부, 선원, 신지학자, 말과 늑대 등이 계몽된 과학자보다 더 나은 우주의 지식을 가질 뿐만 아니라, 단순한 인구 분포가 가장 극도로 의식이 있는 정치가와 문학 교수보다 더 큰 지혜를 보여 주기도 한다.

이 구절은 앞서 15절에서 저수지를 이야기하는 구절의 변종으로 볼 수도 있다. 그 구절의 경우, 아무것도 모르는 도시의 기반 시설이 가드너 농장의 괴물스러운 색을 아캄의 상수원에 포함시키려 한다. 지금의 경우에는, 인간의 기반 시설이 공포에 질린 농부들의 속삭임에 암묵적으로 복종하고, 습관적으로 모호한 공포를 그 지역에서 **제외시킨다.** 아캄의 저수지 건설가는 초창기 버몬트의 건설가와 개발자들이 건네는 조언을 들었어야만 했다.

40. 너무 정상적으로 설명하는

"그런 이론을 내가 비웃으면 비웃을수록, 이 고집 센 친구들은 더 단호해졌다. 전설이라는 유산이 없다고 해도, 최근 기사가 너무도 명백하고, 일관되고, 세세하고, 정상적으로 설명한다는 점에서 완전히 무시할 수는 없다고 주장했다."(WD 421)

문제가 되는 이론은 "인류의 등장과 지배 후에 숨어 지내게 된 기이한 옛 지구 종족의 실체"(WD 421)에 관한 것이다. 이야기에서 이 이론은 물리학과 화학이 아니라 좀 더 정확하지 않은 인류학의 도구에 의해 처음부터 (그리고 잘못되게) 부정된다. 아마추어 민담 학자인 윌머스는 터무니없는 버몬트 이론가들을 비난하면서 그리스, 웨일스, 아일랜드, 히말라야 지역에 유사한 신화가 있었다고 지적한다.(WD 420) 이 생명체의 실제 흔적을 마주치기 전까지 회의론자였던 헨리 애클리는 자신이 예전에 회의주의를 고수했던 이유로 "타일러, 러벅, 프레이저, 카트르파주, 머레이, 오스본, 키스, 불레, G. 엘리엇 스미스 등 대표적인 권위자들"(WD 423)을 인용한다. 사회과학 분야에서 침착하게 미신을 폭로하던 사람이, 미스터리한 버몬트 언덕 생명체들을 믿는 이들의 겉보기에 순진한 환상을 다루는 책임을 온전히 맡게 된 것이다.

윌머스의 "고집 센 친구들"이 내놓는 반박은 상당히 유약해 보이지만, 러브크래프트의 통상적 논리를 감안한다면 우리는 그들이 단호하리라는 것을 안다. 즉 "최근 기사가 너무도 명백하고, 일관되고, 세세하고, 정상적으로 설명한다는 점에서 완전히 무시할 수는 없다"는 것이다.(WD 421)

십 대 때부터 나는 종종 빌 제임스라는 작가(현재는 보스턴 레드삭스의 자문위원이다)가 야구에 관해 쓴 글에서 중요한 철학적 혜안을 발견했다. 한 세대의 미국 작가들에게 그가 끼친 영향은 아무리 과장해도 지나치지 않다. 1930년대의 스타인 지미 폭스를 루 게릭을 제외한 최고의 1루수라고 판단한 후에, 제임스는 다음 일화를 전한다. 홈 런 베이커라고 알려진 신인 발굴 담당자가 어느 날 메릴랜드 시골에서 길을 잃었다. 노새로 밭을 갈고 있던 소년을 보고, 그는 멈춰서 소년에게 가장 가까운 마을로 가는 길을 물었다. 추측건대, 어린 지미 폭스는 "저쪽이요"라고 말했고, 한 손으로 쟁기를 들어 가까운 마을을 가리켰다. 그의 힘을 보고 베이커는 폭스에게 야구를 해봤는지 물었고, 그 이후의 이야기는 미국의 스포츠사에서 전설이 되었다. 제임스는 이 이야기가 조작된 것처럼 들린다는 점을 인정한다. "이 일화는 사실이 아닌 것처럼 보이기 십상이다. 그러나 찬찬히 따져보면, 이야기에 사실 같지 않은 점은 없다."[70] 고속도로가 발달하지 않았던 그 시기에, 베이커 같은 사람은 쉽게 메릴랜드 시골에서 길을 잃었을 것이다. 그 다소 어지러운 시대에 스타 야구선수들은 종종 스카우트에게 아주 우연히 발견되었다. 당시의 쟁기는 건장한 젊은 남자가 절대로 한 손으로 들지 못할 만큼 무겁지는 않았다. 그리고 잘난 체하며 운동 잘하는 십 대가 그렇게 자기 힘을 과시하는 일은 아주 흔하다. 그리고 그런 일이 일어나면, 어떤 스카우트라도 놀라서 젊은 폭스에게 야구를 해봤는지 물어볼 것이다. 제임스의 결론은, "이야기를 진짜가 아닌 것처럼 만드는 것은 사실이 아니라 형식이다. 여기에는 무언가 지적할 만한 점이 없다. 이야기는 너무 현실적이지 못하고, 너무 형식을 잘 갖추었다. 일상의 경험에 비추어, 이 점은 바로 우리가 어떻게 진실과 거짓을 구분하는지에 관해 말해 준다"는 것이다.[71]

여기서 "무언가 지적할 만한 점이 없다"라는 문구로, 제임스는 러브크래프트보다 딱 한 걸음 뒤처진다. 우리는 지미 폭스를 윌버 와틀리와 비슷한, 반은 인간이고 반은 올드 원인 러브크래프트적인 하이브리드라고 상상할 수 있다. 우리는 심지어 "지미 폭스의 사례"라는 제목의 러브크래프트 이야기를 상상할 수도 있다. 이야기에는 다음과 같은 문장이 포함될 수 있다.

홈 런 베이커는 만남 당시 자신이 품었던 의심을 이야기하면서 거의 창피할 정도였다. 비록 소년이 쟁기를 드는 일이 불가능한 것도, 혹은 심지어 사실이 아닌 것도 전혀 아니었지만, 그 행동 **방식**의 모호한 특이함으로 인해 베이커는 혼란스러웠다. 비록 확실한 세부 정보를 제공하지는 않지만, 베이커는 소년의 근육이 움직이는 모습에 부자연스럽게 뒤틀리거나 진동하는 무언가가 있다고 느끼는 것처럼 보였다. 또한 바닥에서 들어 올려진 물체가 수직보다는 대체로 포물선에 가까운 경로로 움직이는 반면에, 베이커는 특정한 조건 아래서 자신이 목격하는 팔의 움직임에 **타원**에 가까운 무언가가 있다고 생각하는 듯이 보였다. 당연히 이러한 감정은 지역 주민들에게는 중요하지 않은 미묘한 것으로 보였고, 베이커의 의심은 대체로 무시당했다. 나이 든 야구 스카우트는 폭음을 하기 시작했으며 점차 외면당했고, 반면 젊은 폭스는 동해안의 세미프로 리그에서 계속해서 유명해졌다.

현재의 주제로 돌아가서, "무언가 지적할 만한 점이 없다"고 말할 때, 제임스는 이야기 구조의 배경에 존재하는 특정한 미묘함을 말하는 것이다. 우리가 빌 제임스보다 이 미묘함을 더 잘 지적할 수 있는 것은 아니다. 그러나 윌머스의 친구들은 그럴 수 있는 것처럼 보인다. 왜냐하면 그들은 "최근 기사가 너무도 명백하고, 일관되고, 세세하고, 정상적으로 설명한다는 점에서 완전히 무시할 수는 없다"고 주장하기 때문이다. 소통의 내용 아래에는 수사적 미묘함의 변동이 있고, 이는 내용에 관한 이러한 확실한 판단보다 우리가 진리, 거짓, 실재 등을 판단하는 일에 더 중요하다.

41. 꺼림칙하게 암시하는 힘

"봉투에서 사진들을 꺼내 쳐다보며 나는 두려움과 금지된 것에 가까워졌다는 기이한 느낌이 들었다. 왜냐하면 대부분 희미했음

에도 꺼림칙하게 무언가를 암시하는 힘이 있었고…"(WD 427)
비록 이런 종류의 구절을 이미 논의했음에도, 이 구절은 러브크래
프트의 대표적 구절이기에 기록할 가치가 있다. 애클리가 월머스에
게 보낸 사진들은 정말 희미하다. 하지만 사진 내용을 전혀 못 알아
볼 정도는 아니다. 첫 번째 사진은 발자국을 보여 준다. 여기에 대
해 월머스는 "끔찍하게도 게처럼 보인다고 말하는 것 이외에는 묘
사가 어렵다. 그리고 그 발자국의 방향에도 애매한 점이 있는 듯했
다"라고 보고한다.(WD 428) 이제 우리는 "끔찍하게도"라는 말을
무시하면 안 된다는 것을 안다. 이는 단순히 독자의 놀라움과 연대
하는 러브크래프트의 방식이면서, 월머스의 정신 상태가 점점 더
혼란해지고 있음을 알리는 신호이다. 따로 놓고 보면, 게처럼 보이
는 발자국은 그저 펄프 픽션의 소재일 것이다. 진정으로 러브크래
프트적인 점은, 발자국의 방향이 다소 애매해 보인다는 기이한 말
을 덧붙인다는 것이다. 여기서 발자국과, 그것이 특정한 방향을 분
명히 가리키는 것 사이의 통상적이고 즉각적인 결속이 깨진다. 이
발자국은 목적을 알 수 없고, 방향도 없는 신체가 땅에 남긴 자국이
다. 의도적인 방향이 없다는 점은 둘째치고, 발자국의 묘사 자체가
우리를 불안하게 만든다. "발바닥 중간에서 톱니 모양의 집게발 한
쌍이 서로 반대되는 방향으로 돌출했다."(WD 428)
　두 번째 사진은 단순히 "야생의 언덕 정상에 돌멩이들이 드루이
드교 풍의 원 모양으로 놓여 있는 것"을 묘사한다.(WD 428) 여기
서는 어떤 발자국도 확실하게 보이지 않는다. 그리고 이 구절에서
진짜 주목할 점은 월머스의 놀랍도록 모호한 추측이다. 그는 "그곳
이 매우 인적이 드문 곳이라는 것은 사진의 배경으로 분명했다. 안

개 낀 지평선까지 펼쳐진, 사람이 살지 않는 진정 바다와 같은 산이었다"고 추측한다.(WD 428) 사진의 구성에 남겨진 부수적인 단서를 근거로 사진 속 장소를 명확히 추론하는 것이다. 이는 서술되지 않은 수사적 혹은 인식적 배경에 주로 남겨져 있는 연결점과 이음새를 대놓고 이야기하는 러브크래프트의 강박적인 경향을 보여 준다. 또 다시 우리는 이와 같은 선례를 포에게서 발견한다. 포는 내용뿐만 아니라 스타일에 있어서도 러브크래프트에게 최초의 조상과 같다. 포의 잘 알려진 이야기인 〈어셔가의 몰락〉에서 화자는 길고 음산한 굴을 그린 로더릭의 그림을 자세히 본다. 윌머스의 전조가 되는 방식으로, 우리는 다음과 같은 내용을 듣는다.

> 그림의 몇몇 보조적인 부분들은 동굴이 지표면 아래 엄청난 심연에 있다는 생각을 잘 전해주었다. 동굴의 거대한 공간 어느 곳에서도 출구를 찾을 수 없었고, 횃불이나 혹은 다른 인공적인 광원도 보이지 않았다. 그러나 강렬한 광선이 동굴에 넘쳐났고, 동굴 전체가 끔찍하면서 부적절한 찬란함에 잠겼다.[72]

그림에 있는 가장 단순한 정보에서 이미지를 둘러싼 조건들이 섬세하게 추측된다. 포와 러브크래프트의 열정적인 상상력으로 지하 세계들이 지상으로 올라가고, 따라서 독자는 지상에서 그 세계들을 생각해 볼 수 있다.

"꺼림칙하게 암시적인 힘"을 가진 세 번째 사진은 애클리가 숲에서 찾은 검은 돌을 보여 준다. 기이하고 흥미롭게도, 애클리의 "밀턴 흉상" 역시 사진에서 보인다. 이는 동시대가 상상했던 환상에 고

전적-역사적 규모를 더하는 러브크래프트의 대표적 수법을 스스로 패러디한 것이라 할 수 있다. 이 꺼림칙하게 암시적인 사진에서, 검은 돌 또한 극도로 암시적인 객체다. "[그것의] … 가로 30센티미터, 세로 60센티미터의 표면에는 다소 불규칙한 조각이 있었다. 하지만 그 표면이나 전체적인 모양을 정확히 이야기하는 것은 거의 언어의 힘을 벗어난 일이었다. 그것이 인공적으로 조각된 것은 분명했지만, 어떤 기이한 기하학적 원칙으로 조각된 것인지 나는 감히 추측조차 할 수 없었다."(WD 428-9) 이 또한 전형적으로 러브크래프트적이고, "해로운 무언가가 숨어 사는 듯한 흔적이 보였"던 또 다른 사진에 관한 묘사도 마찬가지다.(WD 429) 이러한 흔적이 무엇인지 우리는 전혀 듣지 못한다. 그러나 러브크래프트에게서 충분히 보았듯이, 우리에게 말해 줄 수 없는 무능력 혹은 말하지 않으려는 의지가 바로 핵심이다.

여기서 우리는 다시 한번 러브크래프트에게 전형적이라고 보았던 또 다른 제스처에 주목해야만 한다. 암시 위에 암시를 쌓는 것이다. 마치 검은 돌의 모양이 "거의 언어의 힘을 벗어난 일이었다"는 것만으로 충분히 문제적이지 않다는 듯이, 돌은 "희미했음에도, 꺼림칙하게 암시적인" 사진에서만 묘사된다. 애클리가 사진을 윌머스에게 보내지 않고 보통의 러브크래프트적 지연과 제약을 통해서만 묘사했더라면, 이 기법은 3단계까지 더 진행할 수 있었을 것이다. "제 책상 위에 희미하지만 꺼림칙하게 암시적인 사진들이 있다고 말씀드릴 수 있습니다. 그중 하나는 검은 돌 사진입니다. 이 사진은 비록 거의 언어의 힘을 벗어나지만, 분명 기이한 기하학적 원칙에 따라 조각된 것처럼 보인다고 말씀드릴 수 있습니다." 만일 윌머스가 편지를 이야기 속에 그대로 삽입하는 대신에 그냥 묘사하기만 했다면, 4단계로 나아갈 수도 있다. "애클리의 편지에서 불안감이 점차 늘어난다는 표시가 보였다. 편지에서 그는 숲에서 찾은 검은 돌을 찍은, 희미했음에도 꺼림칙하게 암시적인 사진을 묘사했다. 이 돌이 언어의 묘사력을 거의 뛰어넘는다고 맹세했음에도, 그는 그것이 알 수 없는 기이한 기하학적 원칙에 따라 조각된 것 같다고 말할 수 있었다." 운이 좋아 어쩌면 우리는 심지어 5단계까지 갈 수도 있다. 윌머스가 이 끔찍한 편지를 제대로 기억했는지 의심하게 만들면 된다. "이어진 사건들로 주입된 불안한 혼란을 감안하면서, 사람들은 애클리의 편지에 관한 내 기억이 정확한지, 혹은 기억과 관련된 연상 속에 정신없이 분리된 결과인지 의심했다. 심지어 내 자신도 그렇게 의심했다. 그렇지만 나는 애클리의 편지가 숲에서 발견된 검은 돌의, 꺼림칙하게 암시적인 사진들을 묘사하고 있다는 것을 희미하지만 뚜렷하게 확신한다. 마치 꿈속에 있는 것처럼, 나는 돌이 언어의 묘사력을 거의 뛰어넘는다는 그의 맹세를 떠올린다. 하지만 그 돌이 알 수 없는 기이한 기하학적 원칙에 따라 조각된 것 같아 보인다는 추가적인 설명도 어렴풋이 기억한다." 이런 상상이 재미있기는 하지만, 더 나아간다면 러브크래프트와 우리 모두에게 빈김을 자아낼 것이다.

42. 매우 흥미로운 동물학적 추측들

"우선 우리는 이 [게와 같은] 소름 끼치는 일들과 무시무시한 히말라야의 **미고**가 똑같은 종류의 육체화된 악몽이라고 사실상 결론지었다. 또한 매우 흥미로운 동물학적 추측들이 있었는데, 애클리가 우리의 일을 누구에게도 얘기하지 말라고 명령하지 않았다면 나는 우리 대학의 덱스터 교수에게 자문을 구했을 것이다." (WD 431)

이 구절은 애클리와 장기간 나눈 서신에 대한 윌머스의 간략히 요약이다. 이 기간 동안, 우리가 불길하게 알게 되듯이, "가끔 편지가 사라졌기에 우리의 논의를 다시 살펴보고 힘겹게 상당한 양의 필사를 해야 했다."(WD 430) 러브크래프트가 미고에 관한 결론을 요약 형태로 보고한 것은 현명한 결정이다. 왜냐하면 애클리와 윌머스 사이의 5-6쪽에 걸친 긴 대화에서 독자를 설득할 정도의 주장이 나올 거라고 상상하기 힘들기 때문이다. 형용사를 사용하는 데 있어서, 에드먼드 윌슨이 선호하는 담백한 문구는 다음과 같을 것이다. "우선, 우리는 또한 버몬트 생명체와 히말라야의 미고가 동일한 종이라고 결론지었다." 대신에 러브크래프트는 "소름 끼치는 일들", "무시무시한", "육체화된 악몽" 등으로 문장을 흥미롭게 만든다. 러브크래프트가 칭찬받을 만한 일이다. 이야기의 이 시점에서, 윌머스의 단호한 회의주의를 침식했던 증거에 독자 또한 충분히 영향을 받았기에, 우리에게 정신없고 단호한 형용사로 믿음을 **강요할** 필요는 없다. 이야기의 구조로 인해 우리는 이미 동조하고 있다. 따라서 우리가 버몬트의 "소름 끼치는 일들"과 히말라야의 "무시무시한" 괴물들에 대해 듣고, 그리고 이것들이 "똑같이 무시무시한 악몽"이라고 묘사되는 것을 듣는 일은 윌머스를 좀 더 신뢰하게 만든다.

앞서 〈행성 간 소설에 관한 노트들〉을 살펴보며 논의했듯이, 좀 더 객관적이고 덜 감정적인 묘사를 통해 우리는 역설적으로 펄프의 영역에 더 **가까워질** 것이다. 예를 들어, 러브크래프트는 L. 론 허버드의《전장의 지구》에 나오는 다음과 같이 비참한 두 번째 문장에 분명히 놀랐을 것이다. "참코 형제의 털북숭이 앞발은 레이저 공격 게임의 넓은 키보드 위에서 멈추었다."[73] 이는 갑자기 머리 위에 시멘트 포대가 떨어진 것처럼 단순한 주장이고, 허버드는 그저 이를 우리에게 떠맡기려고 하는 것이다. 러브크래프트는 전혀 다른 시도를 한다. 그는 윌머스가 이전에 가졌던 신념들과 그가 버몬트 언덕에서 이제 인정해야만 하는 새로운 공포 사이의 긴장을 기록한다. 그러한 긴장의 고통은 "소름 끼치는 일들", "무시무시한", "육체화된 악몽"과 같은 단어로만 기록될 수 있다. 이 형용사들은 그 자체로 엉성하게 효과를 자아내지 않는다. 그저 이미 다른 곳에서 수행된 작업을 강조할 뿐이다.

마지막으로, 그리고 가장 재미있는, 애클리와 윌머스가 생각한 "흥미로운 동물학적 추측들"의 문제가 있다. 다시 한번, 이 개념은 여기서처럼 모호하게 남겨둘 때 더 효과적이다. 이 동물학적 개념들을 길게 획깅하기가 불가능하지는 않을 것이다(러브크래프트는 종종 암시적인 단서를 쫓아서, 직접 결과를 내려는 입체파적 시도를 한다). 그러나 가끔 이러한 일들은 묘사하지 않고 내버려두는 편이 낫다. 이러한 추측들은 서술되지 않은 모호함과 더불어, 애클리가 윌머스에게 덱스터 교수나 다른 이와 상의하지 말라고 했기 때문에 전문가의 조사로부터도 안전하다. 표면적으로는 추측의 신뢰도를 낮추는 듯하지만, 주어진 상황에서 그것이 최상의 지식처럼 보이게 함으로써 그것을 보다 선호하게 만든다. 이는 또한 문학적 측면에서, 이야기를 지배하는 애클리와 윌머스로 촘촘하게 구성된 2인조 쇼를 귀찮은 외부자들이 방해하지 못하게 한다.

43. 저주스러운 웅웅거리는 소리

"하지만 정말 중요한 것은 두 번째 목소리였다. 왜냐하면 훌륭한 영어 문법과 학자다운 억양으로 인간의 단어를 말했음에도, 그것은 인간과는 어떤 유사점도 없는 그 저주스러운 **웅웅거리는** 소리였기 때문이었다."(WD 432)

"희미하지만 꺼림칙하게 암시적인" 성격을 가진 사진이 보여 주는 암시 속의 암시를 묘사하는 데 성공한 후에, 러브크래프트는 이제 축음기에 녹음된 것으로 고개를 돌린다. 애클리가 그 생명체들의 목소리를 녹음할 정도로 몰래 가까이 갔다는 것은 거의 말도 안 되는 듯하고, 아마도 그 이유로 축음기를 마지막에 다루는 것일 수 있다. 우리가 축음기를 신중하게 여기도록 준비한 것이다. 이제, 축음기 음반은 대화의 직접적 증거로 인정받아야만 하고, 따라서 전혀 "모호"하거나 "암시적"이지 않게 보일 수 있다. 그러나 러브크래프트는 효과적으로 녹음의 신뢰성을 축소시켜, 사진과 같은 암시-속-암시 구조를 갖도록 만든다. 우선, 윌머스가 기계를 직접 소유하지 않고 대학 행정실에서 빌려와야 했다는 사실은, 그가 축음기 작동에 다소 익숙지 않다는 점을 암시한다. 다음으로 우리는 애클리의 "녹음용 축음기와 구술 녹음기가 똑같이 제대로 작동했던 것은 아니었다"는 말을 듣는다. 게다가 "멀리서 벌어지고 알아듣기 어려운 제의를 엿들은 것이기 때문에 … 실제로 녹음된 대화는 매우 파편적이었다."(WD 432) 이 점은 애클리가 준비한 녹음의 녹취록에 자주 등장하는 말줄임표로 강조된다.

희미하면서 꺼림칙하게 암시적인 사진들은 검은 돌의 괴물스럽게 암시적인 기하학으로 가는 통로로 작동한다. 마찬가지로 축음기의 "멀리서 벌어지고 알아듣기 어려운" 특성은 의심의 구름을 만들어 내고, 그 안에서 우리는 기이하게 조각된 돌보다 훨씬 더 좋지 않은 무언가를 마주한다. 바로 인간 언어의 단어로 형성된 웅웅거리는 소리다. 우리는 이미 윌버 와틀리의 목소리에서 심각한 의심을 자아내는 비정상성을 경험했다. 그러나 윌버의 경우, 목소리의 변조는 문법과 방언의 조잡함을 동반하였다. 반면 이번 경우는 그와 달리, 혐오스럽게 웅웅거리는 목소리가 "훌륭한 영어 문법과 학자다운 억양"으로 말한다. 단순히 말하자면, 목소리의 외적 특성은 사회적으로 전혀 흠이 없다. 순수 영국 영어를 쓰고, 통상적으로 보통의 목소리에서 듣게 되는 것보다 더 높은 수준으로 교육받았음을 드러낸다. 대부분의 상황에서 학자들이 육체적으로 위협적인 행동을 하지 않는다는 점을 고려한다면, "학자다운 억양"은 훨씬 더 믿음을 주있어야 한다. 그러나 여기에는 작은 문제가 있다. 세련된 문법과 억양에도 불구하고, 목소리가 "상상할 수 없는 외계의 지옥으로부터 상상할 수 없는 심연을 넘어 날아온 흉측한 메아리"처럼 들린다는 점이다.(WD 434) 그것이 웅웅거리는 생명체에게 "나긋나긋한 보스턴식 목소리"로 다음과 같이 응답한다는 점도 전혀 도움이 되지 않는다. "이야! 슈브-니구라스! 천 마리의 자손을 거느린 염소!"(WD

434) 훌륭한 억양과 문법을 온화한 내면의 페르소나와 은밀하게 연결시키는, 그리고 보스턴 억양을 냉철하고 실용적이지만 기본적으로는 이로운 뉴잉글랜드의 지성인과 연결시키는 통상적인 결속은 이제 완전히 깨졌다. 우리는 외적으로 훌륭한 목소리의 침착함이, 상상할 수 없는 외계의 지옥에서 온 음산한 메아리와 연결될 수 있음을 깨닫는다.

44. 혐오스러운 거대한 곤충의 웅웅거리는 소리

"그 목소리가 항상 귓속에 맴돌지만, 나는 여전히 그것을 상세하게 묘사할 수 있을 정도로는 분석하지 못했다. 그건 마치 혐오스러운 거대한 곤충의 웅웅거리는 소리가 외계인의 또렷한 말로 힘겹게 만들어진 것 같았다. 그리고 그 소리를 내는 기관이 인간의 음성기관이나 혹은 실제로 그 어떤 포유류의 음성기관과도 아무런 유사성을 가질 수 없다고 완전히 확신한다."(WD 434)

목소리에 대해서는 할 말이 더 있다. 목소리를 묘사하기가 완전히 불가능하지는 않다. 왜냐하면 우리는 이미 그것이 웅웅거리는 소리와 유사하다고 들었기 때문이다. 그러나 이제 러브크래프트는 훨씬 더 정확해진다. 혐오스럽고 거대한 곤충은 이미 끔찍한 이미지이지만, 훨씬 더 끔찍한 것은 이 곤충의 "웅웅거리는 소리"가 외계인의 또렷한 말로 "힘겹게 만들어진" 것을 상상하는 일이다. "힘겹게"라는 단어로 그렇게 만들기가 쉽지 않다는 것을 알고, 웅웅거리는 소리를 외계인 말로 번역하는 것이 정확하지 않아 보이기에, 우리는 글을 읽으면서 둘 사이의 긴장을 거의 다 느낄 수 있다. 그 말에서 웅웅거리는 소리와 같은 침전물이 아른거린다. 더 나아가 말은 인간보다는 **외계인의** 것으로 묘사되고, 웅웅거리는 생명체와 표면적인 인간성 간의 불완전한 번역이라는 또 다른 층위를 만든다. 정확한 영어 문법과 학자적인 억양에도 불구하고, 그 목소리는 웅웅거리는 배음과 외계의 지적 존재에 관한 개별적 단서들을 담고 있다. 외계 존재가 우리의 문법과 학자들의 성조를 모방하는 능력은 지구에 사는 인간 목소리의 기본음을 복사하는 능력과 분명히 같지 않다.

월머스를 공포에 빠뜨리는 것은 정확히 이 사실이다. 그는 위의 구절에 이어서, 웅웅거리는 목소리의 "음색, 음역, 배음의 특이함은 이 현상을 완전히 인간과 지구 생명체의 영역 밖에 위치시켰다"고 말한다.(WD 434) 〈던위치 공포〉의 마지막에서 들었던 "끔찍한, 저음 아래의 음색"이, 실제로는 색이 아닌 색처럼 실제로는 소리가 아닌 소리를 냈다면, 여기서 우리는 좀 더 현실적인 변형을 마주한다. 웅웅거리는 소리는 대부분 분명히 소리의 범주 안에 들어간다. 월머스는 절대로 이 점을 의심하지 않는다. 그러나 분명히 소리임에도, "음색, 음역, 배음의 특이함"으로 인해 여전히 공포스럽다. 이는 러브크래프트의 대표적 제스처 중 하나이다. 목소리와 그 특성들의 정상적 관계를 끊으면서 절대로 인간에게 속할 수 없는, 사실 그 어떤 포유류에도 속할 수 없는, 그 특성들의 기이한 변종을 만들기 때문이다. 처음에 조심스럽고 제한되었던 주장("**포유류**는 그런 소리를 낼 수가 없었다! 나는 이 점을 확신한다!")은 그 웅웅거리는 목소리가 "완전히 인간과 지구 생명체의 영역 밖에" 있다는 주장으로 빠르게 확장된다. 웅웅거리는 목소리의 두 번째 긴 발췌본을 들었을 때,

윌머스는 "이전의 더 짧은 문장들에서 느껴졌던 불경스러운 무한에 대한 감정이 갑자기 강해졌다."(WD 435) 이어서 윌머스는 멍하게 앉아서 앞을 내다본다. 그리고 녹음은 희극적으로 "보스턴 억양을 한 인간 목소리의 유달리 명료한 대화 중에"(WD 435) 끝난다. 앞서 우리는 이 목소리가 대부분의 버몬트 지역 주민보다 "교양 있는 남자"(WD 432)에 속한다고 들었다.

45. 기억의 확신

"아래에 내가 기억하는 대로 전부 제공할 것이다. 내가 그걸 정확하게 기억한다고 정말 확신한다."(WD 445)

이야기 전체에서 증거가 제시되고 참조된다. 편지, 사진, 축음기 녹음본, 녹취록, 심지어는 검은 돌까지 그러하다. 그러나 역설적인 점은 이야기 끝에서 이 중 그 무엇도 윌머스의 소유로 남아 있지 않는다는 것이다. 유고스에서 온 균류는 분명히 애클리를 잡거나 혹은 굴복시키는 데 성공한다. 그리고 윌머스를 속여서 브래틀버러에 오게 만들고, 협의를 위해 필요하다는 전제 아래 증거를 모두 가지고 오게 한다(하지만 윌머스가 함정에 빠지고 있다는 것을 이미 알기에 독자는 속지 않는다). 이 장치는 이야기가 결말에 이르면서 경찰과 언론이 개입하는 것을 막는 데 필요하다. 하지만 더 이상 존재하지 않는 증거를 그대로 이야기한다고 추정했을 때, 어떻게 이야기가 이 추정에 근거할 수 있느냐는 문제가 생긴다.

유일하게 가능한 일은 윌머스 자신이 모든 것을 정확히 기억하며 이를 절대적으로 확신한다고, 독자에게 반복해서 확인시켜 주는 것이다. 예를 들어, 애클리가 쓴 첫 번째 편지의 놀라운 내용이 전해지기 전에, 우리는 이런 글을 읽는다. "이제는 가지고 있지 않지만 그 엄청난 내용의 글자 하나하나가 거의 전부 내 기억에 남아 있다."(WD 422) 그리고 곧바로 애클리의 정상적 정신 상태를 확인하는 얘기로 넘어가기에, 우리는 그의 기억력을 의심할 기회를 더 얻지 못한다. 이후 축음기 녹음 녹취록을 보여 주기 전에, 윌머스가 우리에게 이렇게 말한다. "아래에 내가 기억하는 대로 전부 제공할 것이다. 내가 그걸 정확하게 기억한다고 정말 확신한다. 필사본을 읽어서일 뿐만 아니라 레코드 자체를 반복해서 들었기 때문이다. 그건 누구도 쉽사리 잊을 내용이 아니다!"(WD 432-433) 또한 섬세하지만 효과적인 방식으로, 윌머스는 녹음을 틀기 전에 녹취록을 잠시 훑어보며 자신을 잠시나마 독자의 층위에 위치시킨다. 하지만 우리의 층위에 오래 머무는 것은 아니다. "하찮은 속임수나 광기만을 발견했다고 주장"하며 의심하는 이들에게 윌머스는 이렇게 답하기 때문이다. "**그들이 직접 들었다면** … 생각이 달라질 거라는 것을 나는 안다."(WD 434) 그들이 알기만 했다면, 그들이 그것을 직접 듣기만 했었다면.

46. 반응과 리듬 반응

"*단어 선택, 철자 등 모든 것이 미세하게 달랐다. 나는 학자로서 문체에 민감하기에, 가장 일반적인 반응과 리듬-반응 사이의 깊은 차이를 감지할 수 있었다.*"(WD 449)

이 문장은 그토록 바라던 희극과 비극의 소크라테스식 통합의 또 다른 좋은 예가 될 수 있다. 희극은 여기서 두 가지 다른 단계로 전개된다. 첫째로, 애클리의 최근 편지들에서 크게 달라진 점들을 인식하면서도, 윌머스는 어리석게도 브래틀버러로 여행을 떠나고 심지어는 소중한 물리적 증거를 모두 가지고 간다. 이는 아마도 자신의 훌륭한 이야기들에서, 러브크래프트가 독자를 화자보다 더 똑똑하게 만드는 가장 극단적인 사례일 것이다. 독자는 윌머스보다 외계인의 실재와 간계를 더 잘 알고 있다. 독자는 학교에서 꼭두각시 쇼를 보는 아이들과 같은 기분을 느낀다. 꼭두각시 왕자가 무대로 나와 "숲에 가서 낮잠이나 잘까 한다"고 말하고, 그러면 우리 아이들은 "안 돼! 안 돼! 숲으로 가지 마세요!"라고 부질없이 외친다. 왜냐하면 우리는 조금 전에 사악한 용이 왕자를 급습하기 위해 숲으로 들어가는 것을 보았기 때문이다. 이런 점에서 윌머스가 애클리의 농장에서 희극과는 정반대인 경험을 함에도, 그는 이미 희극적이다.

두 번째로, 구절에 터무니없을 정도로 격식을 차린 가식적인 주장이 있다. 대학의 문학 강사들이 통상적인 문장 스타일의 변화에 평균보다 높은 감수성을 가지고 있다는 것은 사실일 수 있다. 하지만 이는 너무도 섬세한 일이라, 마치 저글링을 하거나 맛있는 칠리를 요리하는 능력과 확실히 비교 가능하다는 듯이 자명하게 받아들일 수 없다. 좀 더 세세하게는, 우리가 "[누군가의] 가장 일반적인 반응과 리듬-반응 사이의 깊은 차이를 감지"하는 능력을 가질 수 있는지 의심할 뿐만 아니라, 이 차이가 확정적인 무언가를 의미하는지 의심할 수도 있다. 혹은, 이는 완전히 "의미 없는" 주장이 아니라, 그저 비유적으로 색인 색을 맨눈으로 직접 본다는 주장과 유

186

사한 것일 수 있다. 개인의 글 스타일은 보통 글이 전시하는 특성들의 다발로 판명된다. 하지만 여기서는 스타일과 특성들 사이의 관계가 무너진다. 이 편지에서 "애클리"의 스타일을 연상시키는 "반응과 리듬 반응"에서 "깊은 차이"가 보이는 것이다. 그러나 역설적으로 독자는 문장 스타일의 변화에 윌머스보다 훨씬 더 민감하기에, 그런 편지를 읽은 후 누구도 브래틀버러에 가지 않을 것이다. 아마도 모든 독자가 의심하듯이, 애클리는 제압당했거나 붙잡혔고, 편지는 (처음으로) 타자기로 작성되었을 것이다. 그 이유는 분명 그 생명체들이나 그들의 오염된 인간 종복들이 애클리의 스타일을 그럴듯하게 모사할 수 없기 때문일 것이다.

47. 은밀한 비밀과 태곳적부터 존재한 무언가

"우리가 브래틀버러에서 나오자 나는 더 긴장하고 걱정했다. 언덕이 많은 시골의 모호한 특성, 그리고 높고, 위협적이고, 바싹 가까워진 녹색과 대리석 경사면이 인간에게 호전적일지도 모르는 은밀한 비밀과 태곳적부터 존재한 무언가를 암시했기 때문이었다."(WD 454)

러브크래프트는 솜씨 좋은 언어의 풍경화가다. 하지만 명백한 이유로 그가 표현하는 색의 범위는 다양한 색조의 어둠으로 제한되어 있다. 〈던위치 공포〉를 시작하는 여행기에서, 〈광기의 산에서〉의 남극 장면에서, 그리고 인스머스 주변의 외딴 늪 지형의 묘사에서, 러브크래프트는 임박한 공포에 알맞은 거처로서 지형학적 장소를 묘사하는 재능을 보여 준다. 그의 이야기에서 이 둘 사이의 축자적 연결을 제시하는 것은 없다. 우주로부터의 색의 부서지기 쉽게 만드는 힘에 혹시라도 오염된 것이 아니라면, 무생물 풍경은 외부 세계의 존재로 오염되지 않는다. 대신, 풍경은 단순히 곧 그곳에서 펼쳐질 사건을 위한 음산한 배경을 제공할 뿐이다.

위에서 묘사된 풍경은 평소보다 훨씬 더 러브크래프트적이다. 버몬트 시골의 "모호한 특성"으로 인해 그는 제약을 받고 이에 불안해한다. 주변 경사지는 단순히 무언가를 "암시"한다. 그것이 암시하는 것은 해로울 수도 있고 아닐 수도 있는 "은밀한 비밀"과 "태곳적부터 존재한 무언가"다. 문장을 망치는 일에 있어서, 우리는 문장을 과하게 축자적으로 만드는 일을 연습했다. 모호한 암시는 결국 실망스러운 세부 정보로 교체되었다. 다양성을 위해서, 우리는 현재의 묘사를 다른 방식으로 망칠 수 있다. 이 묘사에서 이야기되지 않은 특성 중 하나는 윌머스가 우리와 마찬가지로 무지하다는 것이다. 언덕이 무언가를 암시하는 듯이 보이지만, 그 누구도 그게 정확히 무엇인지 모른다. 윌머스가 가짜 애클리의 요청에 따라 브래틀버러로 가겠다고 어리석게 결정한 것처럼, 러브크래프트의 소설에서도 다른 때에는 독자가 화자보다 더 현명하다. 그러나 러브크래프트적 틀에서 절대로 성공할 수 없는 것은 화자가 우리보다 **더 많이** 아는 상황이다. 다음과 같은 최악의 스타일을 살펴보자. "언덕이 많은 시골의 높고, 위협적이고, 바짝 가까워진 녹색과 대리석 경사면이 어떤 모호한 비밀을 암시하는지 나는 잘 알고 있다. 그러나 나는 이 정보를 독자와 공유하고 싶지 않다." 이러한 쓸모없고 무력한 속물근성만큼 러브크래프트적이지 않은 톤을 상상하기는 힘들다.

48. 반쯤은 상상인 듯한 리듬 혹은 진동

"그 뒤의 방은 내가 짐작했던 것처럼 캄캄했다. 방에 들어서면서 이상한 냄새가 더 강하게 난다고 느꼈다. 마찬가지로 공기 중에는 무언가 희미하고, 반쯤은 상상인 듯한 리듬 혹은 진동이 느껴졌다."(WD 459)

윌머스가 방에 들어서면서 기이한 냄새가 강해진다는 사실은 특별히 흥미롭지 않다. 왜냐하면 이는 애클리가 실제로 가짜 애클리라는 사실, 아마도 대부분의 독자가 이미 추측했을 사실에 대한 단서를 제공할 뿐이기 때문이다. 문장에서 진정 흥미로운 점은 마무리 부분인 "공기 중에는 무언가 희미하고, 반쯤은 상상인 듯한 리듬 혹은 진동"이다. 우리는 이미 목소리들의 사례에서 이렇게 소리를 의도적으로 모호하게 묘사한 것을 접한 바 있다. 윌버의 보이지 않는 거대한 형제가 내는 "끔찍한, 저음 아래의 음색", 혹은 축음기 녹음의 완벽한 문법과 학자적 억양 뒤에 숨어있는 덜 모호하지만 더 불안한 웅웅거리는 소리가 그런 경우다. 항시 스타일적 푸가를 연주하는 러브크래프트는 이제 모든 목소리에서 소리의 이상함을 분리시킴으로써 주제를 변화시킨다. (윌머스 본인은 아니더라도 독자는 인식한) 유고스에서 온 균류의 단순한 물리적 존재는 분명 공기 중에 리듬이나 진동의 감각을 일으키기에 충분하다. 이 감각이 단지 "희미"하고 "반쯤은 상상"일 뿐이라는 점을 기억하자. 비록 이야기에서 이 점이 확실히 설명된 적은 한 번도 없지만, 가짜 애클리의 1928년 9월 6일 편지에는 개념을 대충 짜맞출 수 있을 정도의 단서가 있다. 가짜 애클리는 방문한 윌머스에게 이렇게 말한다.

외계 존재들은 … 우주 전역에 퍼져 있는 종족의 일원으로, 다른 생명체들은 그저 그들의 퇴화한 변종일 뿐이죠. 그들은 동물이라기보다는 식물입니다. 그런 용어가 그들을 구성하는 물질에 적용될 수 있다면 말이죠. 그리고 일종의 균사체 구조를 가지고 있습니다. 하지만 엽록소와 같은 물질의 존재와 매우 특이한 영양 체계로 그들은 현실의 경엽 식물균사체와는 완전히 다릅니다. 실제로 그 존재는 우리 쪽 우주와는 완전히 다른 물질 형태로 구성되어 있습니다. 즉, 완전히 다른 진동률을 가진 전자로 구성되어 있는 것입니다.(WD 447)

이 구절을 읽으면서, 우리는 브래틀버러를 여행하기로 한 윌머스의 결정에 대해, 그리고 아예 오지 않았을 수도 있는 사람에게 자신들의 본성에 관해 이렇게 많이 발설하는 생명체들의 결정에 대해, 다시 한번 고개를 젓는다. 그러나 이 구절은 공기 중에 왜 이상한 리듬이나 진동이 있을 수 있는지에 관한 적절하게 "모호"하고 "반쯤은 상상"인 의미를 제시한다. 완전히 다른 진동률을 가진 전자가 답이 될 수도 있는 것이다.

49. 자비롭게 감추었던

"나는 …《네크로노미콘》이 자비롭게 아자토스라는 이름으로 감추었던, 각이 진 공간 너머 괴물스러운 핵의 카오스에 관해 듣고서 혐오감에 소스라쳤다."(WD 464)

이 문장으로 러브크래프트는 기술적으로 새로운 경지의 성취를 얻는다. 에드먼드 윌슨은 훌륭한 비평가지만, 아마도 여기서는 대안 세계들에 관해 떠들어 대는 말 외에 아무것도 보지 못할 것이다. 그러나 그러면서 그는 잭슨 폴록의 〈14번〉이 보여 주는 놀라운 회색빛 엉킴을 이해하지 못하는 낡은 예술 비평가와 같이, 무지몽매한 구석자리를 차지할 뿐이다. 비교할 만한 이전 문장을 이미 수없이 살펴봤기에, 우리는 위의 구절을 훨씬 더 심오하게 감상할 위치에 있다.

첫째로, "나는 … 혐오감에 소스라쳤다"를 따로 다룸으로써 사안을 단순화시킬 수 있다. 우리는 이제 러브크래프트의 반-윌슨적인 감탄사에 매우 익숙하다. 감탄사는 항상 이중 구조를 가진다. 우선, 그것은 얼마나 기이하든 상관없이 논의 중인 소재를 믿게 만든다. 왜냐하면 감탄사를 사용해서 화자 자신도 그것들을 이상하거나, 끔찍하거나, 완전히 불가능하다고 생각하면서도 여전히 어쩔 수 없이 믿는다는 것을 확인시켜 주기 때문이다. 다음으로, 감탄사는 화자 본인의 정신 상태를 조명하는데, 그것은 행위자의 진정성이 우리보다 더 강하다는 점에서 희극적이고, 화자를 그처럼 불안한 감정의 지형으로 내몬 우주를 위협하는 정보를 우리가 힘께 경험한다는 짐에서 비극적이다.

이제 우리에게 남은 것은 "《네크로노미콘》이 자비롭게 아자토스라는 이름으로 감추었던, 각이 진 공간 너머 괴물스러운 핵의 카오스"라는 문구이다. 여기서 러브크래프트는 소설의 스타일리스트로서 마술을 보여 준다. 두 개도 아니고, 세 개도 아니고, 무려 **네 개**의 암시를 한 문장에 쌓는 것이다. 목록의 형식으로 이것들을 하나씩 살펴보자.

1. 미친 아랍인 압둘 알하즈레드의 두렵고, 끔찍하고, 금지된
《네크로노미콘》이 자비의 행위자가 될 수 있다는 생각은 정말 놀
랍다. 만일 그렇다면, **자비롭지 않은** 책은 과연 어떻게 생겼을까?
어쨌거나 우리는 이 사악한 허구의 책이, 외계 존재들의 설명서
로서 그들이 파괴하고 싶어 하는 소중한 행성으로 그들을 소환할
방법에 관한 단서가 담겨 있는 이 책이, 실제로 훨씬 **더 어두운** 진
리로부터 우리를 보호하는 자비로운 위로자임을 믿으라고 요구
받는다. 여러 이야기에서 《네크로노미콘》이 언급될 때마다 우리
가 소스라치게 놀라도록 온갖 노력을 다한 후, 이제 러브크래프
트는 이 책이 현존하는 악의 "가장 사소한 주변부"라고 알리는
것이다.

2. 궁극적인 공포는 《네크로노미콘》이 "아자토스"라는 이름 아래
"자비롭게 감추었던" 것임을 우리는 깨닫는다. 이 이름에는 자비
가 거의 없고, 정보는 훨씬 더 없다. 〈마녀 집의 꿈〉에서 우리는
더 많은 정보와 더 적은 자비를 마주한다. 왜냐하면 거기서 우리
는 아자토스가 "가느다란 플루트가 정신없이 노래하는 카오스의
왕좌"(WH 664)에 있고, "정신이 없는 개체인 아자토스가 … 카
오스 중심의 신비롭게 둘러싸인 검은 왕좌에서 모든 시공간을 지
배한다"(WH 674)는 내용을 읽기 때문이다. 더 나아가, 같은 이
야기는 "정신이 없는 악마-술탄 아자토스가 지배하는 카오스의
궁극적 공허 속 나선형의 검은 소용돌이"(WH 686)에 관해 말한
다. 상당히 후기 작품인 〈어둠의 출몰자〉에 등장하는 황홀한 글

192

의 최종적 격정 속에서, 러브크래프트는 "궁극의 카오스, 그 중심에는 눈먼 백치 신 아자토스, 사물의 군주가 누워 있다. 그는 의식도 형체도 없이 펄럭거리는 무희들에 둘러싸여 있고, 이름 없는 앞발에 들려 있는 악마의 플루트가 가늘고 단조로운 소리로 그를 달래고 있다"(HD 802)고 말한다. 이런 격렬한 러브크래프트적 분출조차도 여전히 우주적 진리의 "자비로운" 버전으로 포장되어 있다는 점을 기억할 필요가 있다.

3. 이 모든 것이 "각이 진 공간 너머"에 존재한다. 둔각처럼 행동하는 예각보다 훨씬 더 시각화하기 힘든 암시다. 왜냐하면 그런 개체들은 개념적으로, 외형과 행위 사이에 어떠한 불일치가 있다고 해도, 여전히 감각하고 감지할 수 있는 기하학적 각도의 영역에 속해 있기 때문이다.

4. 의식도 형체도 없이 펄럭거리는 무희들에 둘러싸인 눈먼 백치 신을 지나서, 각이 진 공간을 전부 지나서, 그리고 말할 수 없는 《네크로노미콘》에 의한 이러한 현실들의 모든 "자비로운 감추어짐"을 지나서, 우리는 마침내 "괴물스러운 핵의 카오스"에 도착한다. 이것이 무엇인지에 대해, 우리는 핵이 어떻게 기능하는지에 관한 초등학교 수준의 평균적 이해를 바탕으로 모호하게 추측할 수 있을 뿐이다. 그러나 숨겨진 혼란스러운 실재를 아자토스 전설이 자비롭게 감춘다는 점에서, 우리는 그러한 비유로 인해 몸서리치게 된다.

겉으로는 아무리 제 멋에 취한 청소년의 글처럼 보인다고 하더라도, 러브크래프트는 몇 편의 주요한 이야기를 거친 후에야 이처럼 세련되게 복잡한 문장을 쓸 수 있게 되었다. 러브크래프트가 프루스트나 조이스(윌슨이 좋아하는 두 사람) 등에 비해 열등한 스타일리스트라는 의견에 나는 동의할 수 없다. 반대의 주장이 좀 더 진실에 가까워 보인다.

50. 추론의 공포

"전에 말했듯이 그 물체는 사실 겉보기에는 무섭지 않았다. 문제는 그것들로 인해 추측되는 것이었다."(WD 479)

이 구절의 명백한 매력은 러브크래프트가 작가로서 자기 자신의 능력과 기법을 관조하는 것으로 해석할 수 있다는 점이다. 실제로 러브크래프트의 작품에는 곧바로 감지되는 공포의 사례들이 있다. 그저 비유적으로 색인 색, 실제로는 소리라고 부르면 안 되는 저음 아래의 음색 등이다. 하지만 우리가 좀 더 자주 발견하는 사실은, 인식의 표면에서 진동하는 느슨한 특성들이, 오직 모호하게만 이름 붙일 수 있는 깊이 숨겨진 개체에 묶여 있음을 알린다는 점이다.

현재의 경우에, 문제가 되는 추측은 다소 실망스럽다. 최종 추측의 근거인 마지막 문장은 다음과 같다. "왜냐하면 의자에 있는 것들은 세밀한 유사함으로 아주 미세한 부분까지 완벽한, 헨리 웬트워스 애클리의 얼굴과 양손이었기 때문이다."(WD 480) 윌머스는 애클리의 집에서 밤을 보내며 그와 대화한다. "애클리"는 병든 모습으로 의자에 움직임 없이 앉아서, 그저 속삭이듯이 말한다. 애클리 주변에는 다른 곳보다 훨씬 더 이상한 냄새가 강하게 나고, 공기 중에는 이미 언급한 리듬 혹은 진동이 있다. 이후 윌머스는 이층에서 좀 더 긴 대화를 엿듣는데, 대화는 지구 밖으로 운송되기 위해 몸에서 제거된 애클리의 뇌가 금속 통에 담겨서 말하는 중임을 암시한다. 이 모든 것들로 인해 독자는 이야기가 끝나기 한참 전에 애클리가 사실은 가짜 애클리라고 결론짓는다. 이런 점에서, 윌머스의 끔찍한 추론은 우리에게 겁을 주기에는 너무 늦게 등장한다. 러브크래프트 는 이미 우리보다 윌머스를 더 회의적이고 순진하게 만드는 기법을 사용해서, 우리가 화자보다 더 열렬히 기이한 일을 지지하도록 했다. 그렇기에 이제 러브크래프트는 양다리를 걸치며 우리에게 윌머스와 **똑같이** 놀라라고 요구할 수 없다. 이 설득력 없는 결말은 드물게 약한 이야기 첫 문단과 불행한 한 쌍을 이룬다. 서두에 윌머스는 애클리의 집에서 갑작스럽게 탈출하고, 그의 농장을 떠났던 일에 관해 히스테리컬한 맥락 없는 서술을 연이어 전한다. 이 중간에서 **시작하는** 기법은 다소 볼품이 없고, 대신 이야기를 진지하고 뛰어난 두 번째 문단으로 시작할 좋은 기회를 놓치게 만든다. "내게는 이 모든 일이 1927년 11월 3일에 일어난, 역사적으로 전례 없는 규모의 버몬트 홍수로 시작했다. 지금과 마찬가지로 당시 나는 매사추세츠 아캄의 미스케토닉 대학의 문학 강사였고, 뉴잉글랜드 민속을 일정적으로 탐구하는 아마추어 학자였다."(WD 415) 이 문장은 러브크래프트의 가장 훌륭한 첫 문장 중 하나가 되었을 것이다. 만약 그것이 첫 문장이었다면 말이다.

그러나 좀 더 일반적으로 이 절 서두의 구절은 작가로서 러브크래프트가 행하는 모든 절차의 요약이라고 볼 수 있다. "내가 이전에 말했듯이, [객체에 관해서 실제로 눈에 보이는 공포에는 아무 문제가 없다. 문제는 그 객체로 인해 독자가 무엇을 추측하는가이다."
그러나 추론조차도 축자적 형식에 담길 수는 없다. 표면의 특성들
은 숨겨진 개체를 모호하게 암시한다. 그러나 이 개체 자체가 모호
한 것으로 판명되면서, 이들은 종종 더 깊고 어두운 진실을 자비롭
게 감춘다. 우리는 러브크래프트가 설계한 공포의 마지막 층위에 절
대 다다를 수 없다. 왜냐하면 심지어 아자토스라는 이름으로 감춰진
"괴물스러운 핵의 카오스"조차도 우리가 이해할 수 있는 것이 아니
기 때문이다.

광기의 산에서

이 이야기는 1931년 초반에 쓰였지만, 이전까지 러브크래프트에게 우호적이었던 《위어드 테일스》에 의해 반려되었다. 결국 1936년에 《어스타운딩 스토리즈Astounding Stories》에서 연재 형식으로 출간되었고, 덕분에 러브크래프트는 적어도 생전에 출판물을 볼 수 있었다. 이것은 음울한 남극 배경과 과학적으로 묘사된 공포들의 목록 덕분에, 많은 독자들이 가장 좋아하는 러브크래프트 작품이다. 흔쾌히 나의 최애 작품이라고도 할 수 있지만, 매우 좋지 않은 시도처럼 보이는 이야기 후반부는 전부 제외해야 할 것이다. 내 생각에, 이야기는 다이어와 댄포스가 공중에서 키클롭스식 도시를 목격하고 두려움에 히스테리컬한 상태로 캠프장으로 돌아가는 장면에서 끝났어야 했다. 도시 담험에 관한 마지막 60쪽은 너무 세세하기에 도시 건축의 본질적인 공포를 폄하한다. 또한 생명체에 관한 지나치게 자세한 역사적 기록이 되면서, 누군가의 롤플레잉 게임 작전을 위한 배경 이야기와 매우 유사하게 들린다. 도시 탐험의 최종 교훈은 엘더 씽스가 생각했던 것보다 더 우리와 유사해 보인다는 것이다. 그들 또한 번영과 퇴락의 역사적 순환을 겪고, 그들 또한 살인의 피해자가 될 수 있다. 그러나 이 모든 세부 사안들은 러브크래프트가 지닌 최고의 재능, 자신의 생명체들을 알 수 있음의 경계선에 영원히 위치시키는 재능을 약화시킨다.

반대로 이야기의 앞부분은 아마도 러브크래프트가 쓴 글 중에 가장 뛰어난 부분일 것이다. 미스캐토닉 대학 교수와 대학원생으로 구성된 팀이 남극 원정을 위해 모인다. 지질학과의 파보디 교수가 개발한 기발한 드릴 덕분에 이전에 남극을 원정했을 때보다 더 깊이 천공할 수 있다. 얼마 지나지 않아 레이크 교수(생물학)는 자신이 기이하다고 믿는 발자국 화석을 발견한 후에 거의 반란을 일으킬 태세를 보인다. 그러나 원정 대장인 다이어 교수(지질학)는 자신의 분야에서는 그것이 이미 알려진 발자국과 다르지 않은 정상적인 발자국이라고 무시한다. 레이크는 다이어의 의구심에 반발하면서 자신의 직감이 맞다고 주장하고, 비행기를 타고 베이스 캠프에서 수백 마일 떨어진 곳으로 원정을 간다. 처음에는 놀라운 과학적 발견이 이어지면서 그의 도박이 보상받는다. 그는 히말라야보다 훨씬 더 높은 산맥을 발견하기도 한다. 그러나 훨씬 더 중요한 발견은 불가능할 정도로 이른 시기에 만들어진 경이로운 화석이다. 그 중 다수가 거대한 통 모양을 띠는데, 레이크는 이것들을 매우 진보된 해양 방사대칭동물이라고 생각한다. 이러한 발견은 세 개로 분리된 원정팀 간의 무전기 대화를 통해 극적으로 전해진다. 레이크는 놀라고 흥분하며 다소 두려워하는데, 통 모양의 유기체가 동물계와 식물계 사이에 있는 듯이 보이고, 이야기 초반에 발견했던 이상한 발자국을 만든 존재임을 알게 되기 때문이다. 그 표본을 캠프로 가져오자 개들은 화석을 견딜 수 없다는 듯이 맹렬히 짖는다(이는 러브크래프트 이야기에서 항상 나쁜 신호다). 그러고는 끔찍한 폭풍이 발생하고, 긴 시간 동안 무전기가 잠잠하다. 다이어와 남아 있던 팀은 이러한 침묵을 조사하기로 결심하고, 레이크 교수의 캠프로 날아간다. 그곳에서 사라진 듯이 보이는 한 명의 인간과 개를 제외하고는, 모든 인간과 개가 살해된 것을 발견한다. 인간의 죽음은 특히 처참한 방식으로 행해진 것 같다. 그들의 내부 조직이 벗겨져 있으며 그 자리에 소금이 뿌려져 있는 것이다. 언제나처럼, 독자는 화자보다 훨씬 이전에 진실을 추측한다. 왜냐하면 이후에 그 "방사대칭동물"이 살인자로 판명되기 때문이다. 그리고 이들이 전형적인 러브크래프트적 존재인 엘더 씽스인 것을 깨닫는다. 다이어와 대학원생인 댄포스는 이후 항공 원정을 하는데, 처음에는 공중에서 본 건축물의 놀라운 묘사가 나온다. 그러고는 내가 지겹고, 산만하고, 유감스럽다고 이미 비판했던 세세한 탐사 이야기가 이어진다.

51. 기법의 이상함

"지금까지 숨겨 왔던 사진들은, 내가 좋아하는 평범한 사진과 공중사진이다. 왜냐하면 지나치게 생생하고 상세하기 때문이나. 그럼에도 매우 기발하게 위조가 만들어질 수 있기 때문에, 사진들은 의심받을 것이다. 물론 잉크 그림은 명백한 사기라고 비웃음을 살 것이다. 예술 전문가들이 분명 주목하고 의아해할 기법의 이상함에도 불구하고 그럴 것이다."(MM 481)

이 문장은 스타일상으로 분명히 〈어둠 속에서 속삭이는 자〉에 등장한 "모호하지만 꺼림칙하게 암시적인" 사진의 후손이다. 심지어 단어도 비슷하다. 왜냐하면 다이어는 그의 남극 사진이 "지나치게 생생하고 상세하다"고 묘사하기 때문이다. 그러나 기이하게도 운명이 뒤바뀌어, 사진은 단순한 잉크 그림보다 덜 가치 있는 증거로 판명된다. 어쨌거나 사진은 항상 진짜처럼 보이기 위해서 "기발하게 위조"될 수 있다. 잉크 그림은 처음에는 더 약한 위치에 있는 듯하다. "명백한 사기라고 비웃음을 받을" 가능성이 있는 것이다. 그러나 이 그림은 사진이 가지지 못한 유리한 무언가를 가진다. 바로 "기법의 이상함"이다.

많은 잉크 그림의 **기법은** 이제 그림의 내용이나 사진의 어떤 측면보다 진실을 더 강력히 증명하는 것처럼 보인다. 정상적으로 그림의 "기법"과 그것이 묘사하는 것 사이에는 즉각적인 결속이 있다. 그러나 다이어의 경우에는 이 결속에서 무언가가 빠진 듯이 보인다. 우리는 우선 그림의 이상하지 않은 기법이 소재와 어떤 관계가 있을지 궁금하게 된다. 정상적인 잉크 작업의 **기법에는** 그것을 본질적으로 사진보다 덜 믿게 만드는 무언가가 숨겨져 있는 것일까? 그것이 직접적인 시각 이미지라기보다는 잉크라는 단순한 사실 외에 무언가가 있을까? 그렇다면 이 새롭고 낯선 기법은 어떻게 의심의 씨앗을 가르고, 우리는 어떻게 바로 그 기법에만 근거해서 명백한 사기가 진실로 입증되었다고 인정하게 되는 것일까? 결국, 그림의 기이한 기법은 외계 종족의 것이 아니고, 심지어 아방가르드한 인간 예술가의 것도 아니다. 그저 지질학 교수와 그의 대학원생 한 명의 기법이다. 그들의 펜 기법은 예술적 개혁을 향한 열망이나 사기를 저지르려는 의도에 영향을 받은 것이 아니다. 대신에, 실재의 단순한 압력자체가 그 기법을 기이한 방향으로 이끈다. 다이어는 그것에 대해 "예술 전문가들이 분명히 주목하고 의아해할" 거라고 지적한다. 일반적으로 증거를 다루는 절차가 매우 기이하게 역전되면서, 남극 보고서의 진실은 생물학자나 사진 조작을 알아볼 수 있는 탐정이 아니라 예술 역사가에 의해 결정될지도 모른다.

52. 물결 효과와 다르지 않은

"이 [석판] 조각은 퀸 알렉산드라 레인지 근처의 서쪽 지점에서 온 것이었다. 레이크는 식물학자로서 조각의 신기한 표식이 특별히 당혹스럽고 도발적이라고 생각하는 듯했다. 하지만 나의 지질학적 시각에서, 그 표식은 퇴적암에 있어서 꽤 흔한 물결 효과와 다르지 않은 것 같았다."(MM 488)

러브크래프트의 이야기에서 보통 과학자들의 역할은 아무런 답을 내지 못하는 실험을 한 다음 의아해하며 어깨를 들썩이는 것이다. 그는 과학자들이 일반적으로 올바른 방향으로 간다고 묘사한다. 그러니 다양한 하위 계급 인간들(외국인 선원들, 신지론자, 마녀, 미친 아랍인)보다 앞서가는 일은 좀처럼 드물다. 어떤 연유에서인지 하위 계급 인간들은 실재에 관해 좀 더 직접적인 통찰력을 가진다. 위의 문장에서, 우리는 무언가 다른 점을 마주한다. 여기서 처음으로 그리고 아마도 유일하게, 러브크래프트는 이야기 한가운데서 과학적 논쟁을 시연한다. 생물학자는 돌에서 움직이는 생명체의 흔적을 감지한다. 반면 지질학자는 그것이 일반적인 점판암 형성물로 보인다고 하며 그다지 놀라지 않는다. 결국 생물학자가 옳았음이 밝혀지지만, 과학적으로 이를 입증하다가 그는 처참히 생명을 잃는다.

철학자 브뤼노 라투르는 과학계에서 벌어지는 논쟁에 관해 길게 글을 썼다.[74] 일단 사실이 명백히 확정되면, 그것은 내부적 요소들도 없고 역사도 없는 매끈하고 단단한 '블랙박스'로 다루어진다. 라투르는 이렇게 묻는다. "물의 원자기호인 H_2O를 쓸 때, 누가 라부아지에의 논문을 언급하는가?"[75] 물의 화학식은 이제 매우 명백한 정보로 확립되었다. 돌에 관한 지질학적 지식 대부분도 마찬가지다(비록 지질학은 오랫동안, 심지어 과학으로 존재하지도 않았고, 처음에는 대부분 라이엘에 의해 창안되어야 했지만 말이다[76]). 특정한 의학적 증상들은 특정한 질병을 곧장 가리킨다. 특정한 풍미의 미묘함이 귀한 와인과 '싸구려 와인'을 구분하는 것처럼 말이다. 통상적으로 객체와 특성 간에는 즉각적인 결속이 있다. 그리고 이것이 바로 정상적인 과학이 발전하는 방법이다. 주어진 객체와 연관된 서술 가능한 특징들의 목록을 세세하게, 더 잘 숙련시키는 것이다.

과학적 논쟁은 이와 다르다. 여기서, 도전적인 새로운 객체나 현상과 직면할 때, 우리는 주어진 사물과 그것의 특성 간의 관계 자체를 다시 생각해야만 한다. 지금의 경우에, 문제가 되는 것은 돌에서 보이는 표식에 대한 논쟁이다. 이는 "신기한 표식"이라고 묘사되고, 앞에서는 더 길게 "특이한 삼각형의 줄무늬 표식으로 가장 큰 지름이 30센티미터 정도"(MM 488)라고 묘사된다. 다이어에게 이 표식은 전혀 특별하지 않다. 흔히 "물결 효과"로 알려진 것에 속하는 듯 보이기 때문이다. 실제로, 죽을 운명인 레이크 교수는 은유와 비슷한 작업을 실행한다. 보통은 지질학적 과정에 속하는 특성들을 취합하여, 희미하게 감지된 기저의 인과적이고 비-지질학적인 물질로 옮기는 것이다. 베를렌의 "당신의 영혼은 화가의 풍경화 같다"라는 구절 대신에, 레이크는 "알려지지 않은 생명체의 발자국은 ⋯ 물결 효과와 같다"고 말한다. 지질학자에게 이 특성들은 익숙해 보이지만, 그의 상대편은 여전히 알려지지 않은 다른 객체로 특성들을 전환한다. 쿤이 '정상 과학'이라고 부르는 것이 멈춰지고, 대신 그가 패러다임 전환이라고 부르는 것의 문턱에 우리는 서 있다.[77] 새로운 객체가 기존 과학의 심장을 뚫고 나오면서, 일상적인 질적 향상이라는 단조로운 흔들림이 멈추는 것이다.

레이크의 집착은 줄어들지 않을 뿐 아니라 완벽히 정확하다. 러브크래프트를 아는 사람들에게 다음 문장은 이미 경고 신호다. "[레이크는] 점판암의 삼각형 줄무늬 표식에 관해 놀랍도록 급진적이고 과감한 방식으로 상당히 오래 숙고했던 것처럼 보인다. 그는 그 안에서 자연과 지질학적 시대의 특정한 모순을 읽어 내며 궁금증을 최대로 끌어올렸다."(MM 489) 레이크는 추가적인 "천공과 폭발"(MM 489)을 깊이 고려했고, 결국 다이어는 물러서서 그가 마음대로 하도록 내버려 둔다. 하지만 표식을 보이는 돌은 "엄청난 고대의 것이었고, 이는 실제로 선캄브리이기기 이니리면 적어도 캄브리이기의 것이었다. 그래서 고등한 생명체일 가능성이 배제될 뿐만 아니라, 단세포 혹은 삼엽충 단계 이상의 생명체일 수조차 없었다."(MM 490) 여기서 두 과학자는 대비된다. 다이어는 표식과 그것의 원인이라고 추적된 것 사이의 관계를 '블랙박스' 내에 둔다. "점판암은 침천층이 압축된 변성의 형성물일 뿐이다. 그리고 압력은 존재하는 어떤 표식에라도 기이한 변형 효과를 자아내기에, 나는 이 줄무늬로

오목한 표식에 과하게 놀랄 이유가 없다고 생각했다."(MM 488) 반대로 레이크는 객체와 특성 사이의 틈에 대해 좀 더 전형적인 러브크래프트적 경험을 한다. 하지만 그는 느리고 머뭇거리는 방식으로, 직감에 따라 작업하면서 그 틈을 경험한다.

53. 멀리 떨어진 베이스

"아침에 나는 멀리 떨어진 베이스에 있는 레이크, 그리고 더글러스 대위와 삼자 무선 대화를 가졌다."(MM 494)

〈어둠 속에서 속삭이는 자〉에서 벌어지는 사건 대부분은 우편을 통해서, 애클리와 윌머스의 흥미로운 서신으로 이루어졌다. 러브크래프트는 그들의 서신을 뛰어나게 다루었다. 그러나 그에게는 물론 수많은 모델을 제공했던 서간체 소설이라는 긴 전통이 이미 있었다. 예를 들어, 브램 스토커의 《드라큘라》가 있다.[78] 〈광기의 산에서〉가 새로운 이유는 이야기의 주요한 정보 대부분이 세 명의 무전 대화로 공유되기 때문이다. 독자는 화자인 다이어와 함께한다. 레이크는 추가로 화석을 찾으려는 불운한 탐사를 위해 서북쪽으로 수백 마일을 날아갔다. 그 사이, 맥머도 만에서는 더글러스 대위와 그의 부하들이 **아캄** 호를 운행하고 공급 저장고를 지킨다. 맥머도 만으로부터, 원정에 관한 보고가 넓은 세상으로 전해진다. 대중들이 여정에서 일어난 모든 일을 어느 정도 볼 수 있게끔 제공하는 것이다(하지만 좀 더 좋지 않은 사건 일부는 이후에 삭제된다).

레이크가 무전으로 보고한 발견들은 점점 더 흥미로워지고 경이로워진다. 우리는 레이크가 그 아래에 캠프를 세운 산이 높이에 있어서 히말라야에 견줄 만하다고 이미 들었다.(MM 491) 그 산에서 그들은 "기이한 스카이라인 효과-가장 높은 봉우리에 정육면체의 균형 잡힌 단면이 붙어"(MM 492) 있는 것을 목격하고, 독자는 이것이 자연적으로 형성된 것이 아님을 정확히 감지한다. 산은 "선캄브리아기의 점판암"(MM 492)처럼 보이고, 새로운 발견은 엄청난 고대의 것이라는 느낌을 준다. 그러고는 더 나아가 생물학적 발견들이 등장하는데, 이는 다음 절에서 다룰 것이다. 무전기가 끊기고, 이는 처음에 레이크의 캠프와 마찬가지로 다이어 캠프를 덮친 극심한 남극 폭풍의 결과로 여겨진다. 그러나 조사 결과, 레이크의 팀 모두가 죽은 것으로 드러난다.

편지가 분명히 간접적인 소통 형식인 반면에 무전기는 역설적으로 직접적 통신과 간접적 통신 사이 어딘가에 있다. 어떤 면에서 무전은 빛의 속도로 전달되며, 대화는 실시간으로 이루어진다. 그러나 다른 면에서 그것은 필연적인 지직거림과 중간에 섞이는 모호한 진동음 때문에 기이한 매체가 된다. 어린 시절 밤에 장파 라디오 쇼를 들으며 잠이 든 사람이라면 알 것이다. 무선 대화는 레이크의 과학적 발견을 즉각 바깥 세계에 알리는 한편, 무진기로 도달 가능한 거리는 레이크 팀이 맞이한 끔찍한 운명으로부터 생존자들을 보호한다. 흥미로운 점은 러브크래프트의 이야기 대부분에서 증거가 비웃음을 사거나 믿을만한 외부의 권위자들에게 의심받는 반면에, 여기서는 그런 일이 거의 일어나지 않는 듯하다는 것이다. 실제로 다이어는 이야기의 첫 쪽부터 매우 걱정한다. "나와 내 동료처럼 비교적 잘 알려지지 않은 사람들, 그저 작은 대학에 소속된 우리가 엄청나게 기이하거나 매우 논쟁적인 성격의 일들에 있어서 별다른 인상을 남기지 못한다는 사실은 불운한 일이다."(MM 481) 그러나 독자는 어떤 이유에서인지 수집된 증거가 완벽히 믿을 만하다고 느낀다. 다이어의 말처럼 제한적인 서술은 남극에서 목격된 사건들이 지닌 매우 기이한 성격을 강조한다. 그러나 독자로서 우리는 미스캐토닉 원정팀의 보고서가 그가 걱정하는 방식으로 무시당하지 않을 거라고 진심으로 믿는다. 다이어와 댄포스의 최초 검열 정책이 인정한 것처럼, 정확히 그 반대다.

54. 생물학에서 아인슈타인 같은 인물

"언론에 발견의 중요성을 강조할 것. 수학과 물리학에서 아인슈타인이 중요했던 것과 같이 생물학에서 중요함."(MM 497)

1905년에, 스위스의 젊은 특허청 직원인 알베르트 아인슈타인은 종종 '놀라운 해annus mirabilis'라고 묘사되는 일을 겪는다. 《물리학 연보Annalen der Physik》에 네 편의 혁명적인 논문을 출간한 것이다. 첫 번째 논문에서 아인슈타인은 광전 효과와 흑체 복사로 알려진 것을 설명하면서 빛이 작은 묶음 혹은 콴타quanta 형태로 존재한다고 제안한다. 그럼으로써 열이론에 관한 막스 플랑크의 이전 작업을 확장하고, 전자 궤도에 관한 닐스 보어의 양자이론을 위한 토대를 마련했다. 두 번째 논문에서, 브라운의 액체 운동에 관한 아인슈타인의 논의는 은원자의 존재에 대한 믿을 법한 증거를 제시하였다. 원자의 존재는 그때까지 과학계에서 소수의 원자론자 집단만이 옹호하던 것이었다. 세 번째 논문에서 아인슈타인은 자신의 특수상대성이론을 제시했고, 더 나아가 이를 통해 빈 공간을 채우는 '에테르'의 존재를 부정했으며, 또한 빛의 속도를 모든 좌표계에서 상수로 확립시켰다. 중력의 경우 원격작용이 가능하다는 아이작 뉴턴의 전제에 직접적으로 도전한 것이었다. 네 번째 논문에서 아인슈타인은 그 유명한 방정식인 $E=mc^2$를 제안하며, 물질과 에너지의 등가 원칙을 보여 줌으로써 이후 원자폭탄 개발의 씨앗을 심었다. 1916년에, 십 년간의 추가적인 노력 끝에 아인슈타인은 일반상대성이론을 출간하여 뉴턴의 고전 《프린키피아》에서는 설명하지 못했던 수성 궤도의 중대한 특이점을 설명했다. 이는 중력이 공간의 곡선으로 재정의되는 좀 더 광범위한 이론으로 이어졌다. 아서 스탠리 에딩턴 경이 1919년 개기일식에서 이 이론을 입증하는 관찰을 했고, 아인슈타인을 세계적 명사로 만들었다.

아인슈타인의 업적에 관한 간략한 요약은 물리학의 여러 분야에서 그가 보여 준 통찰력의 혁명적인 영향력을 조명한다(그러나 앞선 문장에서 레이크 교수의 잘못된 주장에도 불구하고, 수학에서는 그렇지 않았다). 아인슈타인 이후의 물리학 세계는 1904년의 세계와 매우 달랐다. 우리가 다루는 이 구절에서, 레이크 교수는 임묵적으로 자신을 생물학의 아인슈타인으로 생각해 달라고 요구한다. 찰스 다윈이 이미 그 위치를 점유할 정당한 자격을 갖췄으며, 학계를 뒤바꾼 그의 진화론은 자신이 생물학 분야의 새로운 아인슈타인이라고 주장하는 다른 이들에게 매우 높은 기준을 세웠다. 그러나 독자는 레이크의 주장을 단 한 순간도 의심하지 않는다. 무전으로 전해진 보고서는, 앞서 고대의 점판암에서 발견된 "삼각형의 줄무늬"(MM

497)가 훨씬 이후인 코만치의 사암과 석회암에서 똑같은 형태로 발견된다는 점을 그의 팀원인 파울러가 밝혀냈음을 알려 준다. 단일 종의 비-다원적 내구성이 끔찍할 정도로 긴 지질학적 시간 동안 유지되었음을 암시하는 것이다. 그러한 주요한 발견에 있어서 자신의 훌륭한 업적을 확인하려는 듯이, 레이크는 전보로 건조하게 "나의 이전 연구와 조합하여 결론을 강화시킨다"(MM 497)고 전한다. 이 발견의 결말은 "내가 의심했듯이, 지구에는 시생대 세포로 시작했다고 알려진 것 이전에 유기 생명체의 주기들 또는 전체 주기가 있었던 것으로 보인다"(MM 497)는 것이다. 이에 어떻게 그러한 초기 시대에, 다소 원시적인 상태였던 지구에서 그처럼 월등한 진화가 그토록 빠르게 일어났는지를 묻는 질문을 덧붙인다. 그러면서 가장 초기 시대의 지구 생명체는 분명히 외계에서 근원한다는 것을 희미하게 암시한다. 이러한 결론을 감안한다면, "언론에 발견의 중요성을 강조하라"는 레이크의 요구를 아무 내용도 없는 자기 과시라고 할 수는 없을 것이다.

그럼에도, 아인슈타인의 지위에 대한 이러한 주장은 최종적이며 가장 섬뜩한 발견 **이전에** 나온 것이다. 오후 10시 15분에, 레이크는 "괴물과 같은 통 모양의, 성격을 전혀 알 수 없는 화석"을 발견했다고 선언한다. "무성히 자란 알 수 없는 해양 방사대칭동물이 아니라면 아마 식물일 표본"(MM 498)을 발견한 것이다. 한 시간 후에 최고의 아인슈타인적 순간이 발생한다. "오후 11시 30분. 다이어, 파보디, 더글러스 앞. 가장 최고로, 어쩌면 모든 것을 초월할 정도로 중요한 사건. **아캄 호**는 곧바로 킹스포트 헤드 스테이션에 전할 것. 통 모양의 낯선 생명체는 돌에 발자국을 남긴 시생대 존재다."(MM

498) 후자는 아마도 이론적 발견이라기보다는 끔찍한 현실적 발견일 것이다. 왜냐하면 통 모양의 생명체(다시 말해서 엘더 씽스)는 곧 레이크와 그의 팀 전체를 죽일 것이기 때문이다. 이는 아인슈타인이 물리학에, 그리고 다윈과 레이크가 생물학에 그랬던 만큼이나 정치와 군사학에 중요했을 것이다.

55. 가죽처럼 튼튼하지만 유연한

"*오후 10시 15분. 중대한 발견. 오렌도프와 왓킨스가 불을 켜고 지하에서 작업하다 완전히 알려지지 않은 성격의 괴물스러운 통 모양 화석을 발견함. 무성히 자란 알 수 없는 해양 방사대칭동물이 아니라면 아마 식물일 것 … 가죽처럼 튼튼하지만 곳곳에 놀라운 유연성이 유지됨.*"(MM 498)

여기서 관심이 가는 것은 "가죽처럼 튼튼하지만 곳곳에 놀라운 유연성이 유지됨"이라는 마지막 문장이다. 우리는 러브크래프트적 분절을 여러 번 보았다. 예를 들어 "무의미한 킬킬거림 혹은 속삭임"이 있다. 이러한 시례로 논의된 것처럼, 리브그래프트의 분절은 절대로 두 개의 다른 대안 사이에서 깔끔한 선택지를 주지 않는다. 대신 주어진 두 단어로 파악하기 힘든 중간 지점에서 만들어지는, 거의 묘사가 불가능한 세 번째 선택지에 집중하도록 한다. 예를 들어 새롭게 미쳐 버린 나홈의 막내아들이 내는 목소리는 그게 무슨 의미든 간에 킬킬거림과 속삭임 사이의 무언가다. 그리고 그 이상은 무의미하다. 그러나 앞선 구절의 마지막 문장은 좀 더 명백한 조합으로 이루어진다. 가장 단순한 형태로, 문구는 이렇게 축소될 수 있다. "튼튼하고 유연함." 이 문구를 "튼튼**하지만** 유연함"으로 바꿈으로써, 러브크래프트는 이 두 형용사 사이에 존재하는 역설적인 대조의 정신을 고려하라고 요청한다. 결과적으로 우리는 무의미한 킬킬거림 혹은 속삭임과 별반 다르지 않은 상황에 부닥친다. 통모양의 화석이 "무의미한 튼튼함과 유연성"을 보여 준다고 말할 수있는 것이다. 마찬가지로 나훔의 아들에 대한 묘사는 이렇게 다시 쓰일 수 있다. "그는 킬킬거리지만 속삭이는 방식으로 말했다."

"튼튼하지만 유연함"은 이후에 좀 더 설명된다. "가죽처럼 튼튼함"은 매우 높은 기준의 튼튼함처럼 들린다. 하지만 우리는 이것이 완전히 고대의 화석이기에, "가죽" 질감처럼 느슨하다는 말이 젤라틴처럼 부드럽다는 의미로 들린다는 점을 떠올린다. 문장의 두 번째 부분에 관해서, 유연성이 "놀랍다"는 말은 러브크래프트의 소설에서 놀라움을 표현하는 모든 형용사가 갖는 통상적인 이중 기능을 수행한다. 이 형용사는 불가능해 보이는 일을 믿을 법하게 만든다. 왜냐하면 우리를 대신해 화자가 놀라움을 표현하게 하면서, 동시에 레이크 교수의 정신 상태를 우리에게 알리며 그를 진중한 의도를 가진 행위자로 보이게 만들기 때문이다(이 경우에는 희극적이라기보다는 비극적이다). 마지막으로, 추가된 단서인 "곳곳에 놀라운 유연성이 유지됨"은 세심한 정확성을 더한다. 화석의 튼튼함과 유연성이라는 불가능한 조합을 물리적으로 제한된 규모에 국한시킴으로써 좀 더 믿을 수 있게 만드는 것이다.

56. 신기하게 식물과 유사한 대칭

"동물계인지 식물계인지 아직 정확하게 결정할 수 없음. 그러나 현재 동물 쪽에 더 가깝다. 아마도 방사대칭동물이 원시적 특징들을 잃지 않은 채 엄청나게 발달하고 진화한 것으로 보임 … 대칭은 신기하게 식물과 같고, 동물의 선후 구조보다는 식물의 본질적인 상향 구조를 암시한다."(MM 500)

괴물스러운, 통 모양의 화석들이 남극 지하에서 발견된다. 심지어 화석은 원시 생물학에서 가장 오래된 원생동물보다 더 오래된 것임에도 가죽처럼 튼튼하지만, 이는 다소 유연한 종류의 가죽이다. 이제 우리가 좀 더 알게 된 점은 생명체의 정체성이 동물계와 식물계 중간에서 왔다 갔다 한다는 것이다. 하지만 이는 "동물 쪽에 더 가깝다"는 상상할 수 있는 가장 미약한 방식으로 표현된다. 기이한 일은 이 불확실성이 단지 해부학적 구조를 눈으로 관찰한 것에만 기반하는 듯하다는 점이다. 두 쪽 앞에서, 레이크는 이렇게 보고했다. "통 모양의 낯선 생명체는 돌에 발자국을 남긴 시생대 존재다." (MM 498) 화석에 남겨진 발자국은 이동과 직접적으로 연관된 듯이 보이기에, 레이크가 "현재 동물 쪽에 더 가깝다"고 밀하는 것은 매우 꺼림칙하다. 이는 불완전한 증거에 기반한, 동물과 식물에 관한 단순한 인식론적 흔들림이 아니다. 오히려 이제 지상을 이동하는 거대한 식물을 생각할 수 있다고 암시하는 불확실성이다.

두 번째 문장은 이 놀라운 화석층을 현존하는 생물학 지식으로 재생시키려는 터무니없는 시도를 보여 준다. 우선, "방사대칭동물이 … 엄청나게 발달하고 진화한 것"은 확실히 황당한 개념처럼 들린다. 해파리나 불가사리와 같은 방사대칭 생명체가 이 집단에 속한다. 그리고 그들의 매우 원시적인 성격은 〈광기의 산에서〉 499-500쪽에서 묘사된 상당히 복잡한 해부학과는 매우 다르다. 다음 절에서 논의할 몇 쪽 뒤의 구절부터는 훨씬 더 터무니없어질 것이다. 이런 이유로, 넌지시 말하는 구문인 "원시적 특징들을 잃지 않은 채"는 최고로 희극적이다. 이는 새로운 아이스크림 맛이 "숨겨진 평범함을 잃지 않은 채, 엄청나게 발전된 버전의 바닐라"라고 말하는 것과 마찬가지다. 이와 별개로, 독자는 이 생명체가 매우 복잡한 해파리보다도 훨씬 더 좋지 않은 무언가가 될 수 있다는 점을 잘 안다.

세 번째이자 마지막 문장은 객관적인 과학적 묘사를 스타일리쉬한 공포의 매개로 사용하는 러브크래프트의 재능을 보여 주는 좋은 예다. 우선, 이 문장은 **정보를 준다**. 식물과 동물의 대칭 사이에 기본적 차이가 있다는 사실을, 식물학 혹은 동물학 교육을 받은 이를 제외한 대부분의 독자는 전혀 몰랐을 것이다. 그러나 이 사실은 그처럼 객관적으로 서술되자마자 곧바로 당혹스러운 것이 된다. 왜냐하면 우리는 고대의 화석에 남겨진 줄무늬 발자국 덕분에 통 모양의 개체들이 이동할 수 있는 힘을 가진 것으로 보인다는 점을 이미 알고 있기 때문이다. 기본적으로 식물의 대칭을 가진 생물체, "동물의 선후 구조"가 없음에도 지상을 이동하는 생물체라는 아이디어는 생각하기에 끔찍한 이미지다.

57. 어떤 면에서는 과도하게 원시적이고 고대적인

"신경 체계가 너무도 복잡하고 매우 진화했기에 레이크는 경악

했다. 비록 어떤 면에서는 과도하게 원시적이고 고대적이었지만, 그것은 특수한 진화의 극단을 주장하는 교감신경 센터와 종연합 신경을 가지고 있었다. 다섯 개의 뇌엽은 놀라울 정도로 발달하였다…"(MM 503)

이 구절은 그 자체뿐만 아니라 이후에 나오는 내용 때문에도 흥미롭다. "방사대칭동물이 … 엄청나게 발달하고 진화한 것"은 실제로 너무도 발달했기에, 신기하게 식물과 같은 형태로 대칭임에도 불구하고 다섯 개의 뇌엽을 가지고 있다. 과학적 이야기는 독자에게 유난히 무겁게 다가온다. 식물과 유사할 확률이 높은 화석의 구조에도 불구하고, "그것은 특수한 진화의 극단을 주장하는 교감신경 센터와 종연합신경을 가지고 있었다." 여기서 "주장하는"이란 단어는 교감신경 센터/종연합신경이라는 가시적 현상과 특수한 진화의 극단 사이에 작은 틈을 만든다. 하나가 다른 하나로 명백하고 즉각적으로 이어진다기보다는, 합리적인 암시와 추측으로 이루어진 좀 더 미묘한 연결에 가깝다. 현상과 결론 사이의 절대적 연결을 해체하는 일은 흥미롭기까지 하다. 식물처럼 보이는 유기체 안에 교감신경 센터와 종연합신경이 있다는 말을 듣고도 우리가 끔찍하게 지능이 높은 생명체를 마주하고 있다는 점을 의심할 사람은 없을 것이기 때문이다.

그러나 훨씬 더 큰 문제는, 신경 체계의 물리적 구조가 레이크에게, 이 생명체들이 우리가 아는 그 어떤 존재와도 다른 감각-인지 구조를 가졌던 것이 분명하다고 암시한다는 점이다. 레이크의 발견을 다이어는 이렇게 요약한다. "감각 도구의 흔적이 있었고 … 그 어떤 지상의 유기체와도 다른 요소들을 가졌다. 어쩌면 오감 이상을 가지고 있었을 수 있다. 따라서 그것의 습성은 현재의 그 어떤 비유로도 추측할 수가 없었다."(MM 503) 우리는 그저 비유적으로 색인 색부터 모든 비유를 벗어나는 방식으로 감각하는 생명체까지 왔다. 남극의 해부 탁자 위에 그 생명체가 절개된 채로 있기에 그것의 신경 체계를 바로 볼 수 있음에도 말이다. 해부 장면은 더 견디기 힘들어진다. 왜냐하면 다이어가 불필요하게 이렇게 덧붙이기 때문이다. "레이크는 이것이 원시적 세계에서 예리한 감각과 예민하게 구분된 기능을 가진 생명체임이 틀림없다고 생각했다. 오늘날의 개미나 벌과 매우 비슷하다."(MM 503) 개미와 벌에 관한 마지막 말은 상황을 훨씬 더 안 좋게 만든다. 이 통 모양 괴물들의 사회에도 떼나 군집과 유사한 것이 있을 거라고 모호하게 암시하기 때문이다.

분류학적 모순들이 쌓이기 시작하는데, 이는 분명 문학에서는 선례가 없는 방식이다. "이 단계에서 [그 화석에] 이름을 붙이는 것은 그저 어리석은 일이다. 그것은 방사대칭동물처럼 보였지만, 분명히 그 이상이었다. 부분적으로 식물이지만 동물의 본질적 구조 요소를 3/4 정도 가졌다."(MM 503) 그것의 대칭과 "다른 특성들"(MM 503)로 판단하면, 그게 무엇이든지, 분명 바다에서 기원한 듯이 보였다. 그러나 정말 터무니없는 일은, 명백히 바다에서 기원했다는 점이 "어쨌거나, 날아다녔음을 강하게 암시"(MM 503)하는 생명체의 **날개**와 난감한 긴장 상태를 이룬다는 것이다. 최소한 그렇다! 더 나쁜 점은 이 생명체와 두려운 《네크로노미콘》에서 언급된 것들이 유사하다는 사실을 레이크와 다이어가 잘 알고 있는 듯하다는 것이다. 여전히 더더욱 나쁜 점은 그들이 〈어둠 속에서 속삭이는 자〉의

미스캐토닉 대학 동료인 윌머스와 친구이며, 우리가 처음 논의했던 이야기에 나오는 문어-용-인간 괴물도 잘 알고 있다는 사실이다. 무전을 통해 레이크는 이 모든 것을 별 특징이 없는 하나의 문장에 채워 넣는다. 화석이 "윌머스가 얘기했던 선사 민담의 존재, 즉 크툴루 컬트의 부속물 등과 같다"(MM 500)고 말하는 것이다.

비록 러브크래프트 스타일의 대부분은 모든 언어적, 지각적, 심지어는 인지적 접근에서 물러나 묘사할 수 없는 실재들을 심오하게 암시하지만, 통 모양 괴물의 묘사는 경험으로 얻은 감각 정보로 이루어져 완전히 접근 가능한 층위에서 난감함을 양산한다. 해부 보고서는 다시 입체파 그림처럼 작동한다. 수많은 혼잡한 층위들이 하나의 표면에 모이기 때문이다. 즉 이 모든 것이 완전히 가시적이지만, 전체적으로 절대로 완벽히 들어맞지 않는다. 이 때문에 나는 좀 더 널리 옹호되는 칸트적 읽기에 더해 러브크래프트의 글에 분명히 후설적인 요소가 있다고 지적했다. 어떤 의미에서 통 모양의 생명체들에 엄격히 "물자체적인" 것은 없다. 그것의 특징이 하나하나씩 정확히 묘사되지만, 조합하면 이 특성들이 너무도 괴물스럽고 양립 불가능하기에, 흉적인 특성의 저장고에서 쉽사리 묶일 수가 없다.

58. 숨어 있는 공포의 증폭된 세계

"이후에 우리 중 열 명은, 그러나 다른 누구보다 학생인 댄포스와 나는, 숨어 있는 공포가 끔찍하게 증폭된 세계를 직면하였다. 그 무엇도 우리의 감정에서 그 세계를 지울 수가 없고, 가능하다면 우리는 인류와 이를 공유하지 않을 것이다."(MM 506)

여기서 언급하는 반환점은 다이어와 나머지 아홉 명이, 폭풍우에 무전기 연결이 끊긴 레이크 팀의 캠프로 4시간 반 동안 비행한 일이다. 그 비행은 이후 실제 키클롭스식 도시로 판명될 것의 충격적인 신기루를 포함한다. 또한 야영지의 고통스러운 광경, 훼손되고 부분적으로 먹힌 사체들, 그리고 통 모양 화석의 손상된 표본이 담긴 끔찍한 일련의 직립형 눈-무덤도 포함한다.

위의 구절에서 러브크래프트는 신경쇠약에 가까운 상태를 암시하며, 여기에 신빙성을 더하고자 몇 가지 기법을 사용한다. 첫 번째로, 그는 이러한 상황을 열 명 이상의 사람들이 공유하는 끔찍한 경험으로 만들고, 그럼으로써 이를 개인이나 소규모 집단의 망상일 가능성 너머에 둔다. 두 번째로, 그는 "다른 누구보다 학생인 댄포스와 나는"이라고 덧붙이며 혼돈의 단계를 만든다. 집단에서 자신을 포함한 두 명이 마주한 특별한 감정적 시련을 지칭함으로써, 열 명이 함께하는 광기에 내부적 대비를 더하는 것이다. 궁극적으로, 우리는 다이어 없이 혼자 목격한 마지막 장면으로 인해 댄포스가 훨씬 더 극단적으로 쇠약해진 정신 상태에 몰리게 되었다고 듣는다. 세 번째로, 위의 구절 직전에 다이어는 비행에 관해 이렇게 말했다. "외부 자연과 자연법칙의 익숙한 개념을 통해 정상적인 정신이 가졌던 평화와 균형을, 내가 54세의 나이에 모두 상실했다는 의미다." (MM 506) 학생인 댄포스처럼 매우 쉽게 긴장하고 자극받는 젊은 이가 아닌 다이어는 지상에서 54년을 잘 살았다. 이야기의 첫 쪽에서 자신이 직업적 측면에서는 잘 알려지지 않았다고 주장한 점을 감안한다면, 그의 성인기는 추정컨대 대체로 규칙적인 학교 일로 구성되었을 것이다. 이 정상적이고 온전했던 54년의 대부분이 비행에서 겪은 사건들로 무너졌다. 훨씬 더 거대한 인간 경험, 수십억의 개인들과 수천 년의 동물학적으로 터무니없지 않은 집단적 역사로 구성된 그 경험이, 남극의 황무지에 관한 다이어의 긴 공문서로 무너질 것이다. 다이어는 "가능하다면 우리는 인류와 이를 공유하지 않을" 거라고 한다. 그러나 불운하게도 이는 가능하지 않다. 왜냐하면 "조만간 스타크웨더-무어 원정단"이 "내가 남극에서 돌아온 이후에 한 경고에도 불구하고"(MM 483) 그 지역으로 돌아갈 계획이기 때문이다.

그러나 문장에서 가장 중요한 구문은 "숨어 있는 공포가 끔찍하게 증폭된 세계"다. 우리는 이미 "끔찍하게"라는 단어를 감별하고 그것을 비-윌슨적인 방식으로 다룰 정도로 연습했다. 이로써 우리에게는 다듬어진 나머지, 즉 "숨어 있는 공포가 증폭된 세계"가 남는다. 이는 형용사가 대부분의 작업을 **해야만 하는** 경우다. 형용사가 없다면 다음과 같이 평범하고 무력한 서두만 남기 때문이다. "이후에 우리 중 열 명은, 그러나 다른 누구보다 학생인 댄포스와 나는, 공포의 세계를 직면하였다. 그 무엇도 우리의 감정에서 그 세계를 지울 수가 없고⋯" 그들이 "공포의 세계"를 직면했다고 말하는 것으로는 독자의 상상력을 움직일 수가 없고, 심지어 이는 펄프에 나오는 단순한 주장과 비슷하다. 그러나 우리를 구원할 형용사가 딱 한 번 등장한다. 공포가 "숨어 있다"는 사실은 그것이 남극에서 최근 벌어진 불쾌한 사건이면서도, 인간 역사의 시작부터 은밀히 우리와 함께했던 숨겨진 배경적 위협임을 보여 준다. 그리고 공포가 구성하는 세계가 "증폭된다"는 사실은 공포의 흔적이 이미 우리 가운데 희미하게 드러났고, 이제 점차 명확해질 뿐이라는 것을 암시한다.

59. 잘린 원뿔들

"잘린 원뿔들은 가끔 계단식이거나 세로로 홈이 새겨져 있었다. 그 위에는 여기저기 볼록하게 부풀어 있거나, 종종 얇은 부채꼴 모양의 원반 층으로 덮인 큰 원통형 막대기가 올려져 있었다. 낯선 모습의 돌출된 탁자와 같은 구성물은 수많은 직사각형 석판 혹은 원형 판 혹은 오각형 모양의 별 더미가 서로 그 아래 것과 겹쳐 있음을 암시했다."(MM 508-9)

이 문장은 러브크래프트가 쓴 최고의 문장 중 하나다. 그의 기이한 스타일에서 주요한 기술 두 가지, 즉 (a) 심오한 암시와 (b) 표면의 미칠 듯한 어지러움을 조합한 것이다. 엘더 씽스의 다양한 동물적 그리고 식물적 특성들이 이루는 세세한 균형과 매우 비슷하게, 여기서 **주요한** 작업은 감각적 그리고 언어적 세계 너머 심해에 숨어 있는 신비로운 존재를 가리키는 일이 아니다. 대신 러브크래프트는 그와 정반대인 그리고 본질적으로 입체파/후설적인 테크닉을 사용한다. 실재의 표면을 통제할 수 없는 수많은 세부 사항과 묘사로 가득 채우는 것이다. 이런 식으로, 문제가 되는 객체가, 비록 결코 인지할 수 없는 영역에 숨어 있거나 물러나 있지 않지만, 특성들의 총량 이상임을 우리는 깨닫는다. 왜냐하면 같은 장면을 흠처럼 다루는 것만큼 터무니없는 일은 없을 것이기 때문이다. "키클롭스식 남극 도시를 생각할 때, 우리는 다섯 개의 일관적인 아이디어를 결합할 뿐이다. 이 아이디어에 우리는 이미 익숙하다. **잘린 원뿔, 큰 원통형 막대기, 얇은 부채꼴 모양의 원반, 돌출된 탁자 모양의 구성물, 수많은 직사각형 석판.**"

여기서 흄이 실패하는 이유는 이러한 요소들의 하위 성분들을 더 분석할 필요가 있기 때문만은 아니다. 좀 더 중요한 이유는 그 도시가 건축적 하위 구성단위의 총합만으로 환원할 수 없는 총체적 효과를 갖기 때문이다. 그렇다 하더라도, 너무 많은 이미지가 서로 부딪치며 깔끔하게 한 묶음으로 조합되지 못하는 입체파적 표면 효과와 더불어, 우리는 또한 묘사된 요소들 각각이 스스로 묘사할 수 없는 무언가를 가리킨다는 점을 반드시 언급해야 한다. 위의 구절을 다음과 같이 과감하게 잘라 낸다고 상상해 보자. "원뿔, 작대기, 원반, 판, 석판 등이 있었다." 다른 상황이라면 이러한 미니멀리즘이 우아해 보일 수도 있다. 그러나 이것은 확실하게 러브크래프트적 문장이 아니다. 미니멀리즘은 우리가 보는 것이 전부라고 인정한다. 그러나 러브크래프트의 경우에, 우리는 보는 것보다 훨씬 더 많은 것을 마주한다. 그래서 거의 시각화할 수 없는 히스테리아가 다음의 구문들에서 나타난다. "잘린 원뿔들은 가끔 계단식이거나 세로로 홈이 새겨져 있었다", "얇은 부채꼴 모양의 원반", 그리고 이 중 최고는 "낯선 모습의 돌출된 탁자와 같은 구성물은 수많은 직사각형 석판 … 을 암시했다"이다. 주의할 점은, 이 낯선 모습의 돌출된 탁자 같은 구성물은 수많은 직사각형 석판 더미를 단지 **암시할** 뿐이라는 것이다. 만약 당신이 그런 직사각형 석판을 직접 찾기를 기대했다면, 엉뚱한 곳에 온 셈이다. 새 이야기마다, 러브크래프트는 섬망 상태로 치닫는 묘사 효과를 쌓아 가는 데 있어서 더 복잡해지고 과감해진다.

60. 단서로 실제 사실을 대신하기

"엄청난 망설임과 반감을 품으며, 나는 레이크의 캠프와 그곳에서 우리가 실제로 발견한 것을 다시 생각했다. 그리고 두려운 산의 벽 너머에 있는 다른 것도. 나는 세부 사안을 피하고, 단서로 실제 사실과 불가피한 추론을 대신하게 하려는 유혹에 계속 빠졌다."(MM 514)

어떤 의미에서 이 구절은 다소 희극적이다. 왜냐하면 다이어가 "유혹"이라고 묘사한 것은 오래전에 기정사실이 되었기 때문이다. 러브크래프트의 작품에서 화자가 세부 사안을 피하고 "단서로 실제 사실과 불가피한 추론을 대신"하지 **않은** 적이 있는가? 실제로 유일하게 이런 일이 **일어나지 않은** 경우는 반대의 기법이 사용된 앞선 건축적 묘사 같은 사례뿐이다. 단서가 아니라, 통상적인 간편한 방식으로는 통합될 수 없는 과도하고 구체적인 묘사들의 강력한 힘을 사용하는 것이다.

〈어둠 속에서 속삭이는 자〉의 말미에서 우리는 또한 직접 접근 가능한 끔찍한 주제 대신에, 추론이 진정한 공포가 되는 방식을 보았다. 의자에 놓인 애클리의 얼굴과 손의 복사본을 보는 일이 두려운 것이 아니다. 윌머스가 초저녁에 진짜 애클리와 이야기한 것이 아니라, 실제로 애클리로 변장한 균류 생명체와 대화했다는 추론이 두려운 것이다. 이런 측면에서, 단서는 일반적으로 실제보다 훨씬 **더** 끔찍하다. 이에 따라 서두의 구절에 나온 다이어의 말에 역설적 의미가 더해진다. 왜냐하면 사실과 추론을 단서로 교체함으로써 훨씬 더 소름 끼치는 상황이 이어질 수 있기 때문이다. 대화 치료 전에 느꼈던 고통스러운 신경증적 증상이, 3살 때 유모에게 유혹당했음을 실제로 **아는 것**보다 더 힘겨울 수 있는 것과 같다. 실제로 다이어가 정반대로 주장하게 함으로써 이 구절을 좀 더 사실적으로 쓸 수도 있다. "나는 완벽한 세부 사안을 제공해서, 실제 사실과 불가피한 추론으로 단서와 암시를 대신하게 하려는 유혹에 계속 빠졌다." 어떤 면에서, 정신이 뇌의 물리적 메커니즘일 뿐이라고 말하는 호전적인 물질주의적 교리만큼 **덜** 소름 끼치는 것은 없다.

61. 말도 안 되는 방식으로 열린 양철 깡통

"그리고 또한 식품 저장소가 어지러워졌고, 먹거리가 사라졌고, 가장 말도 안 되는 방식으로 가장 말도 안 되는 곳이 열린 양철 깡통이 부조화하게 희극적으로 쌓여 있었다."(MM 517)

우리는 러브크래프트가 색과 소리 인지의 가장 기본적 특징에 관한 우리의 정상적인 전제를 깨부수는 사례를 이미 보았다. 직접 볼 수 있는 물리적 증거보다는 모호하지만 "지나치게 암시적인" 이미지를 양산하기 위해서, 그기 사건과 음성 녹음에 의힌 재현의 기장 기본적인 특징에 불확실성을 도입하는 것도 보았다. 위의 구절에서, 러브크래프트는 이 특징을 실용주의적인 행위의 영역으로 확장시킨다. 인간 정신의 본질적 특성 그리고 훈련과 습관에서 비롯되는 순수한 힘의 조합을 통해, 양철 깡통이 어떻게 열려야 하는지는 우리 모두에게 분명해 보인다. 정상적으로 깡통에는 열려야 할 뚜껑이 분명 하나 있다. 혹은 최악의 경우에 우리는 원통의 한쪽이나 다른 쪽 사이에서 무심하게 선택할 수도 있다. 엘더 씽스를 레이크의 불운한 캠프에서 발견된 실제 상품의 영역으로 끌어들임으로써, 러브크래프트는 현실의 객체를 다루는 방식에 잠재적으로 무한한 수의 대안이 있다는 가능성을 높인다. 비인간적인 대학살의 장면에도 불구하고, 가장 폭력적인 우주의 존재조차 양철 깡통을 비효율적인 방식으로 연다는 생각은 독자에게 즉각 희극적으로 느껴진다. 자신의 통상적인 기법을 이어가면서, 러브크래프트는 묘사되는 것에 대해 독자가 표할 수 있는 반응에 동질감을 표현함으로써 독자를 설득하고자 한다. 왜냐하면 그 자신도 도살된 양철 깡통 더미가 "부조화하게 희극적"이라고 말하기 때문이다. 현명한 작가로서 그는 양철 깡통을 여는 일이 **어떻게** "가장 말이 안 되는 방식으로 가장 말도 안 되는 곳에서" 발생했는지 정확히 말하지 않기로 결정한다. 왜냐하면 몇 가지 대안적 가능성 이상을 생각하기가 어렵기 때문이다. 이것들은 모두 실패하고, 빠르게 소진되며 지겨움으로 이어진다. 그러나 세부 사안을 말하지 않음으로써, 러브크래프트는 양철 깡통의 기이한 개봉이 어떻게 시도되었을지의 문제와 관련해 우리를 모호한 걱정과 놀라움 속에 남긴다.

이 주제를 확장해서, 그는 인간의 주방 기구를 이해하는 일에 괴물이 얼마나 무능한지를 보여 주는 다른 사례까지 다룬다. 예를 들어, 우리는 "종이 위 가장자리에 튀어 방울진 잉크 자국"에 대해 듣는다. 어쩌면 자신의 시대에 점차 등장하던 추상예술을 기대하며 러브크래프트가 이를 패러디한 것일지도 모르겠다. 우리는 "캠프와 굴착지에 있는 비행기와 다른 기계 장치 등을 호기심에 찬 외계인이 만지작거리고 실험했다는 증거"에 관해 듣는다. 우리는 "온전하거나, 부러지거나, 사용된 수많은 성냥이 널브러져 있는 것", 국적과 상관없이 인간의 작업이 될 수 없는 것에 관해 듣는다. 마지막으로, 다양한 텐트 천과 털옷에 "특이하고 비정상적인 칼질"(MM 517)이 되어 있는 것을 본다. 우리가 현실의 제품을 매일 다루는 일은 단순해 보일 수 있고, 심지어는 지겨움의 원인이 될 수도 있다. 그러나 그런 일에 우스울 정도로 무능한 예를 창안함으로써, 러브크래프트는 객체와 평범한 기술을 가진 인간들에 의해 그 객체가 아무 생각 없이 조작되는 정상적 방식 사이에 새로운 틈을 만든다.

62. 제정신으로는 금지된 추측들

"나는 우리 각자가 제정신으로는 완전히 금지된 터무니없는 추측들을 했을 거라는 점을 부정할 정도로 순진하지 않다."(MM 518)

여기서 다시 한번, 다이어는 단서, 추측, 암시 등이 축자적 진실의 공포에 대항하는 정신의 방어막이라는 개념을 반복한다. 이는 크툴루 이야기의 첫 문장들이 표현한 철학과는 정반대다. "내 생각에, 세상에서 가장 자비로운 일은 인간이 머릿속의 모든 내용들을 연결하는 능력이 없다는 것이다. 우리는 무한대의 검은 바다 한가운데서 무지라는 평화로운 섬에 살고 있고, 멀리 여행하지 못할 운명이다."(CC 167) 이 크툴루 구절이 말하듯이, 주류 과학자와 에드먼드 윌슨 같은 비평가들이 생각하는 축자적 층위는 우리의 정신을 보호한다. 반면에 암시적인 제안과 단서는 공포의 진정한 근원이다. 이는 러브크래프트의 일반적 공포 철학을 정확히 반영한다. 정상적 정신보다는 암시가 공포의 거처라는 신념은 에드거 앨런 포와 유사한 철학이기도 하다. 〈어둠 속에서 속삭이는 자〉에서도 마찬가지다. 이 이야기에서 모호하고 지나치게 암시적인 것은 항상 축자적 진실보다 훨씬 더 좋지 않은 것으로 다루어진다.

그러나 〈광기의 산에서〉는 반대 방향으로 가는 듯하다. 다이어는 간접적인 암시가 제정신인 사람을 위한 것이고, 반면에 축자적인 것은 완전한 광기에 찬 사람을 위한 것이라고 꾸준히 주장한다. 그는 모든 것을 단서의 층위에 남기고 싶어 한다("저를 믿으세요. 남극에 가지 않는 게 좋습니다. 진실을 아신다면…"). 그러나 스타크웨더-무어 원정단이 지닌 위험한 목적 때문에, 그는 레이크의 캠프와 근처 산 너머의 도시에서 발견한 것에 관한 축자적 보고서를 제출해야만 한다. 만일 우리가 다이어의 특징적인 태도를 월머스의 태도로 바꾼다면(그들이 개인적으로 월머스를 알고 있다는 점과 다이어가 그를 "아는 체하는 그 불쾌한 민속학자 월머스"라고 부른다는 점은 희극적이다), 우리는 반대의 절차를 거쳤을 것이다. 다이어는 단서를 주고 싶지만 흉측한 진실을 그대로 전할 수밖에 없다고 말한다. 그러나 월머스는 축자적인 펄프 픽션 스타일로 자신의 이야기를 전하고 싶음에도, 스타크웨더-무어 팀이 가는 것을 막기 위해서 러브크래프트 스타일이 지닌 최고의 특징인 기괴한 암시와 단서를 사용할 수밖에 없다고 말했을 것이다. 이는 다이어의 정확한 사건 기록을 《위어드 테일스》 글쓰기의 안 좋은 예라고 해석할지도 모를 에드먼드 윌슨을 향한 이른 도전이라고 볼 수 있다. 모두를 겁주어서 믿게 만들기 위해, 다이어는(즉, 러브크래프트는) 애매하지만 지나치게 암시적인 스타일리스트가 될 수밖에 없다.

63. 형체 없는 것보다 더 좋지 않은

"나는 다시 생각했다 … 렝의 악마 같은 평원을, 미고를, 혹은 히말라야의 흉측한 설인을, 인류 이전의 암시가 담긴 프나코틱 원고를, 크툴루 컬트를,《네크로노미콘》을, 형체 없는 차토구아에 대한 하이퍼보리아인들의 전설과 이러한 반-개체와 연관된 형체 없는 별의 산물보다 더 나쁜 것을."(MM 524)

첫 번째 예에서, 지금 우리가 보는 것은 러브크래프트가 현실 세계의 두 신화를 목록에 포함시킴으로써 자신의 허구적 지형에 규모와 신빙성을 더하는 경우로, 히말라야의 흉측한 설인과 고대 그리스보다 훨씬 더 북쪽에 산다고 알려진 하이퍼보리아인들의 신화다. 나머지는 러브크래프트 본인의 창작이거나, 아마도 러브크래프트와 그의 작가 친구들의 합작일 것이다. 목록에 추가로 규모를 더하는 것은 이후에 다이어와 댄포스가 이 장소 중 하나에 관해 **틀린** 추정을 위조할 수 있다는 사실이다. 렝의 평원은 중앙아시아 어느 곳에 있다고 (러브크래프트 자신의 이야기들 속에서) 보통 알려져 있지만, 다이어는 자신과 댄포스가 키클롭스식 남극 도시를 찾은 곳이 렝이라고 확정하는 듯하다. 이는 다이어가 장소 목록에 대해 취하는 태도에 약간의 과학적이고 비평적인 정신을 정립하는데, 마치 그가 모든 것을 그대로 받아들일 정도로 순진하지는 않다고 우리에게 알리는 듯하다. 러브크래프트가 다양한 이야기를 하나의 태피스트리로 엮기 위해 시작한 이 목록은 또한 이제 점차 빨라지는 과정을 지속한다. 크툴루와 윌버 와틀리가 찾아다닌 《네크로노미콘》, 즉 우리가 하버드의 저명한 와이드너 도서관에 보관된 것을 보았던 책을 포함시키는 것이다. 더욱이 러브크래프트는 좀 더 단순하거나 믿을 만한 것으로 목록을 시작하면서, 매우 정신없는 마지막 구문을 그만큼 더 신중하게 다루도록 이끈다. 바로 "형체 없는 차토구아에 대한 하이퍼보리아인들의 전설과 이러한 반-개체와 연결된 형체 없는 별의 산물보다 더 나쁜 것을"이다.

사실 이 구문은 좀 더 자세히 살펴봐야 한다. 우선 차토구아 전설은 러브크래프트가 직접 구성한 것이 아니라, 역사상 이르게는 헤로도토스 시대에 언급되었던 하이퍼보리아인들이 만들었다고 한다. 이렇게 하지 않았다면 스타일적으로는 희극적이었을 문장에, 적절한 규모와 신뢰성이 더해진다. "형체 없는 차토구아"는, 러브크래프트의 "눈먼 백치 신 아자토스"와 모호하게 닮은 탓에 매우 좋지 않아 보인다. 그러나 형체 없는 차토구아는 "반-개체"라는 섬뜩한 방식으로 묘사됨에도 불구하고, 어둠의 가장 주변부에서 정신을 지키는 기둥처럼 들린다. 왜냐하면 차토구아는 그와 연결된, **형체 없는** 별의 산물보다 **더 나쁜** 것에 비해서, 그저 온순한 늙은 삼촌 같기 때문이다. 더 나쁜 이 생명체는 세 가지 이유로 "모호하지만 지나치게 암시적이다." 첫째로, 그들은 반-개체와 연결되어 있다. 두 번째로, 반-개체는 단순히 형체가 없는 반면에, 그들은 형체 없는 것보다 "더 나쁘다." 세 번째로, 그들은 기이하게 "별의 산물"이라고 묘사되고, 독자는 이를 단지 "다른 태양계에서 온 것"이라는 은유적 의미로 받아들여야 할지, 아니면 말 그대로 마치 그들이 실제로 화학

원소들과 같은 방식으로, 별에 의해서 **생성**되었다고 받아들여야 할지 알 수 없다.

인스머스 위의 그림자

조시는 이 이야기에 관해 다음과 같이 적절하게 말한다. "러브크래프트는 〈인스머스 위의 그림자〉에서만큼 사악하고 부패한 분위기를 성취한 적이 없었다. 이야기의 감정을 자아내는 글에서 우리는 거의 생선의 강력한 악취를 맡을 수 있고, 거주자들의 신체적 이상함을 보고 한 세기에 걸친 마을 전체의 쇠락을 감지할 수 있다."[79] 이야기는 1931년에 쓰였고, 책으로는 1936년에 처음 출판되었다. 책에는 팝 입체파의 흔적이 조금 보이는 팝 표현주의 스타일로 된, 프랭크 우파텔의 실망스러운 판화 네 편이 같이 실렸다.

젊은 화자는 오벌린 대학에서 3학년을 막 마쳤고, 뉴잉글랜드를 여행 중이다. 그는 (현실의) 뉴베리포트에서 (허구의) 아캄으로 여행하고 싶어 하지만, 기차 요금이 너무 비싸다고 생각한다. 역장은 그에게 버스를 타라고 제안하면서도, 버스가 뉴베리포트 거주인들이 오랫동안 피해 다닌 곳인 인스머스를 지나간다고 경고한다. 화자는 역장에게서 인스머스에 관한 다양한 흥미로운 점을 배운다. 그러고는 도서관과 지역의 역사관을 방문해서 좀 더 배운다. 역사관에서 그는 인스머스에서 왔다고 전해지는, 바다와 관련된 사악한 문양의 돋을새김으로 장식된 기괴한 황금 티아라를 본다. 다음날 그는 인스머스로 가는 버스에 혼자 탄다. 일종의 생물학적 퇴화를 암시하는 신체적 기형을 가진 조 사전트가 버스를 몬다. 결국 화자는 인스머스 인구의 상당수가 유사하게 퇴화한 특징을 가지고 있음을 발견한다. 그는 이를 "인스머스 생김새"라고 부른다. 마을을 좀 돌아다닌 후에 화자는 결국 마을 주정뱅이인 자독 앨런을 꼬드겨 바닷가로 간다. 거기서 두 시간 동안 밀주로 노인의 경계를 푼다. 마침내 앨런은 오베드 마시(초창기 인스머스의 주요 인물)와 태평양 군도의 기이한 집단 간 협약에 관한 엄청난 역사를 전해 준다. 마시는 마을 사람들을 설득해 기독교를 버리고 다곤의 비밀 교단이라고 알려진 이교도 컬트를 믿게 하고, 상당수의 가족에게 특정한 하이브리드 해양 생명체들과 교배하라고 명령한 것으로 보인다. 갑자기, 올드 자독은 그들의 대화가 해변 멀리 있는 산호초에서 목격되고 있었다고 소리 지르며, 화자에게 도망치라고 경고한다.

우리의 화자는 올드 자독의 이야기를 믿으려 하지 않는다. 그러나 버스 정거장으로 돌아오자마자 버스가 고장 났으며, 그리하여 인스머스의 음울한 호텔인 길먼 하우스에서, 즉 과거의 방문객들이 이상한 대화들을 엿들었던 곳에서 하룻밤을 보내야만 한다는 말을 듣고 믿기 힘들어한다. 그날 밤, 화자의 호텔 방에 누군가 들어오려고 시도한다. 그는 옆에 이어진 두 개의 방을 지나 간신히 도망치고, 아래쪽 창고 지붕으로 뛰어내린다. 거기서 그는 인스머스에서 도망치는 데 성공한다. 처음에는 지역 주민의 "어기적거리는" 발걸음을 따라 하고, 이어서 버려진 철로를 따라가고, 다리의 위험한 틈을 뛰어넘어 간다. 마을 밖에서 그는 많은 추격자들이 자신을 찾는 모습을 본다. 그에게서 멀지 않은 철로를 그들이 건널 때, 그들의 비인간적인 신체와

역겨운 발걸음과 의복을 제대로 본다. 화자는 기절한다. 다음날 깨어
난 후에 그는 지역을 떠나 관청에 이 사건을 신고한다. 이야기의 시
작에서 우리가 봤듯이, 연방정부가 7개월의 조사 후에 결국 마을을
급습해서 많은 건물을 부수고, 앞바다의 산호초에 어뢰를 쏜다. 수많
은 인스머스 거주자들이 집단 수용소로 사라진다. 그러나 진보 단체
조차 죄수들을 직접 볼 수 있게 되자마자 이 일에 대해 함구한다. 이
야기는 화자가 자신도 본인 가문의 한 일가였던 물고기-개구리-인
간 하이브리드의 후손이라고 결론지으며 끝난다. 시간이 흐르면서,
그의 눈은 인스머스 특유의 껌벅거리지 않는 눈을 점차 닮아간다. 그
는 자살을 고려하지만, 이야기 말미에는 연방 권력에 의해 완전히 제
거되지 않았던 물고기-개구리들과 합류하기로 결심한 듯이 보인다.

64. 수동적이고 말이 없는 진보 단체

"많은 진보 단체들의 불평에 긴 비밀 토론이 이어졌고, 대표단이
캠프와 감옥을 방문했다. 그 결과, 이들 단체들은 놀라울 정도로
수동적이고 말이 없어졌다."(SI 587)

거대한 연방 권력이 인스머스에 대규모 공습을 한다. "의심이 없는
이들은 이 사건을 술과의 전쟁 중에 일어난 돌발적인 큰 충돌 중 하
나로 여겼다. 그러나 좀 더 예민하게 뉴스를 주시하는 이들은 엄청
난 수의 검거, 검거에 투입된 비정상적으로 많은 인력, 죄수의 처리
를 둘러싼 비밀 등에 놀랐다."(SI 587) 검거된 수많은 사람들이 사
라진 듯이 보이자, 진보 단체들은 인권을 위해 항의한다. 그러나 죄

수에 관한 협의와 직접적인 조사를 위해 방문한 후로는, 이들 인권주의자들조차 침묵한다. 이 일은 이야기 도입부에 발생하고, 이는 우리가 아직 인스머스의 거주자들을 보지 못한 때이다. 이들을 보자마자 우리는 첫 문단을 떠올리며 진보 단체들의 수동성과 침묵에 더 이상 놀라지 않고, 그들이 인권운동의 한계에 다다랐다고 일절 비난하지 않는다. 실제로 우리를 놀라게 만드는 것은 검거된 이들이 총살당하지 않고 수감되었다는 사실이다. 왜냐하면 나중에 올드 자독으로부터 이 생명체들이 폭력적으로 죽임을 당하지 않으면 영생한다는 것을 알게 되기 때문이다.

대부분의 러브크래프트 이야기에서 끔찍한 진실은 아주 적은 수의 사람들에게만 알려진다. 그것은 대중을 위해 의도적으로 숨겨지거나, 혹은 대중에게 알려지지만 그들의 신뢰를 얻지 못한다(DH 394에서 연합 기자단이 던위치의 허풍을 비웃는 이야기를 보도한 경우처럼 말이다). 러브크래프트의 작품 중에서 유일하게 〈인스머스 위의 그림자〉는 정부가 공모하여 은폐를 매우 깊게, 그리고 매우 정당하게 조직하고, 심지어 진보 및 인권 단체들도 암묵적으로 집단 수용소의 활용을 용인한다. 〈광기의 산에서〉의 위험은 정부가 너무 무지한 상태이며, 너무 많이 알게 될 위험에 처해 있다는 것이나. 인스머스의 경우는 반대다. 공권력이 이미 너무 많이 알고 있고, 대중은 계속해서 아무것도 모르는 것을 선호한다.

65. 출렁거리는 듯한 목소리

"그는 그것이 외국어라고 생각했지만, 그것에 있어서 나쁜 점은

*가끔 쓰이는 목소리라고 말했다. 너무도 부자연스럽게 들렸기에,
그가 말하길, 출렁거리는 듯한 소리였기에 옷을 벗고 잠에 들 용
기가 나지 않았다."(SI 592)*

이 장면은 인스머스의 유일한 호텔인 길먼 하우스에 묵었던 공장
감시원의 섬뜩한 경험을 역원이 화자에게 전하는 장면이다. 역원의
의도는 화자도 그곳에 머물지 말라고 하려는 것이었다. 대신 그날
밤 뉴베리포트에 묵은 후에 인스머스로 가는 다음 날 오전 10시 버
스를 타고, 그리고 나서는 아캄으로 가는 오후 8시 차를 타라고 조
언한다. 이 경고로 우리는 인스머스에서 다음 날 저녁에 일어날 사
건들에 효과적으로 대비하게 된다. 조 사전트가 버스에 기계 고장
이 났다고 속인다. 화자는 어쩔 수 없이 길먼 하우스에 머물고, 그
곳에서는 그를 죽이려는 온갖 노력이 밤새 이루어진다.

  물론 이 구절에서 가장 흥미로운 개념은 "출렁거리는 듯한" 목소
리로, 인스머스 거주자들의 매우 사악한 해양적 특징과 잘 어울리는
것이다. 러브크래프트의 다른 훌륭한 이야기에서 괴물은 종종 외계
의 분위기를 보인다. 그러나 인스머스의 생명체들은 온전히 지구의
것이다. 혹은 지구의 3/4을 뒤덮는 바다의 것이다. 동물학에서 우리
가 이미 알고 있는 것으로부터 멀리 떨어져 있기보다, 이 생명체는
인간, 물고기, 개구리의 터무니없는 교배 혼종을 보여 준다. 정상적
인 교배의 측면에서는 완전히 분리된 세 개의 종이다. 화자는, 마치
뒤늦게 생각났다는 듯이, 버스 기사인 조 사전트에 관해 이렇게 말
한다. "일종의 미끈거림 때문에 나는 그가 더 싫었다. 그는 분명히
생선 선착장에서 일하거나 어슬렁거리곤 하는 사람이었고, 그곳 특

유의 냄새를 풍기고 다녔다."(SI 598) 이것과 인스머스의 전형적인 다른 특징들, 즉 깜박이지 않는 눈, 다소 타원형인 머리, 서툰 손, 거대한 발은 인스머스 사람들이 이미 생선과 개구리의 명백한 특징들을 희미하게 보이고 있음을 묘사한다.

그러나 출렁거리는 듯한 목소리는 전적으로 기술적인 스타일의 측면에서도 흥미롭다. 왜냐하면 이러한 목소리의 묘사는 실제로 "킬킬거림 혹은 속삭임"과 같은 러브크래프트적 분열을 감춘 것일 뿐이지만, 여기서는 한 가지 측면이 암시로 남아 있기 때문이다. 역원이 이렇게 말하지 않는다는 점에 주목하자. "그는 옆방의 목소리를 거의 언어로 묘사할 수 없었다고 말했지만, 그럼에도 그것은 출렁거리는 소리의 특징을 가진 듯이 보였다." 이는 이름 붙일 수 없는 것을 암시하는 러브크래프트의 대표적 예가 될 것이다. 이렇게 하는 대신에 러브크래프트는 곧장 그 목소리가 (비록 "출렁거리는 **듯한**"으로 미세하게 제한되기는 하지만) 출렁거린다고 말한다. 문제는 목소리의 특징이 너무 심오해서 묘사할 수 없다는 것이 아니라, 이 비교적 명료한 묘사가 이 상황에서 접근 가능한 다른 측면들과 잘 어울리지 않는다는 점이다. 우리가 다루는 것은 인간의 목소리인데, 이 목소리는 좀처럼 혹은 전혀 출렁거리는 베음을 갖지 않는다. 따라서 구절을 이렇게 고칠 수 있다. "그는 그것이 외국어라고 생각했지만, 그것에 있어서 나쁜 점은 말하는 것이 가끔 **출렁거리는 혹은 인간이 내는** 목소리라는 사실이었다." 여기서 우리는 러브크래프트의 대표적 분열을 마주한다. 하지만 이는 불균형한 것으로, 그 이유는 대화에서 인간의 것처럼 들리는 목소리를 엿듣는 상황은 전혀 놀랍지 않기 때문이다. 그래서 정말로 우리가 해야 하는 일은 정상적인 인간의 소리와 출렁거리는 소리 중간의 목소리 톤에 주목하는 것이다. 이는 결코 그저 비유적으로 색인 색을 상상하는 일만큼 어렵지 않다. 하지만 그럼에도 우리를 불안하게 만드는 효과를 낸다.

66. 알 수 없는 인종적 혹은 국가적 흐름

"내가 지금까지 봤던 모든 예술품은 무언가 알려진 인종 혹은 국가의 흐름에 속했거나, 아니면 알려진 모든 흐름에 대한 모더니즘의 의식적인 반항이었다. 이 티아라는 둘 다 아니었다. 분명히 무한한 성숙함과 완벽함을 가진 완성된 기법에 따른 것이었지만, 이러한 기법은 내가 지금까지 들었거나 혹은 예시된 것으로 보았던 그 어떤 것과도 매우 달랐다."(SI 592)

첫 문장은 아름답게 구성되었고, 인류의 알려진 문화 전부와 반전통적인 모더니즘 전부를 깔끔하게 같은 층위에 둔다. 대체적으로 그러한 모더니즘들은 모든 선례를 거부하는 과감한 혁명이라고 스스로를 표방하지만, 이 문장은 대신 이들이 단순한 반항의 변증법 속에서 전통과 굳게 연결되어 있음을 보인다. 이런 식으로 인류의 모든 역사에 대하여 이국적인 "타자"의 역할이 모더니즘에서 제거되고, 대신 전시관에 있는 낯선 티아라에 주어진다. 티아라는 분명 역사 속에서 완성되었지만, 지금까지 우리에게 알려지지 않은 문화에 속한다. 인류의 문화와 인류의 모더니즘적 반항은 이제 인스머스 풍의 장신구에 비하면 모두 평범해 보인다.

이는 전형적인 러브크래프트적 제스처다. 그의 이야기에서 종종,

우리는 새로움으로 인해 완전히 놀랍지만 그럼에도 특정한 외래적 스타일에 속하는 것으로 인식될 수 있는 객체를 마주한다. 그럼으로써 우리는 객체의 표면적 내용에서 관심을 돌려 그 구조에서 거의 감지하기 힘든 정상성, 즉 그 객체가 이미 완성된 전통에 속한다고 우리에게 알리는 정상성에 주목한다. 누구나 토마스 아퀴나스, 세잔 혹은 트라클의 스타일을 대략적으로 묘사할 수 있을 것이다. 그러면서 우리는 아마도, 이들이 종종 이야기하거나 시각적으로 묘사하는 것을 일부 논의할 수 있을 것이다. 뿐만 아니라 그들의 작품이 일반적으로 구성되는 방식의 기본 특징들도 논의할 수 있다. 그러나 우리가 완전히 익숙하지 않은, 심지어 외계의 내용을 다룰 경우에 이런 일은 확실히 불가능하다. 왜냐하면 어떠한 정확한 묘사도 불가능하기 때문이다. 그럼에도, 구조의 특정한 규칙을 희미하게 알아볼 수 있을지 모른다. 우리는 여행에서 비슷한 경험을 한다. 미국인으로서 나는 이집트, 일본 혹은 인도에서 첫 주를 보냈던 것이 어떤 느낌일지 정확히 알 수가 없다. 이곳들과 미국의 표면적으로 명백한 차이점 이외에도, 은연중에 준수하게 될 암묵적인 규율과 관행 등이 있다. 이처럼 모호하면서 서술되지 않은 규칙의 층위가 티아라에 체현되어 있음을 우리는 발견한다.

이 이상으로, 티아라는 본질적으로 꺼림칙하다. 우선 그것은 "거의 기이한 타원형 윤곽을 한 머리를 위해 디자인된"(SI 595) 것처럼 보인다. 다른 한편으로, 화자는 그것을 몇 분간 쳐다본 후에 "바다와 관련된 단조로운 돋을새김의 성격이 거의 사악해졌다"(SI 595)는 것을 깨닫는다. 이처럼 이해할 만한 것들이 러브크래프트적이라고 알려진 최고의 암시들로 둘러싸여 있다. 예를 들어, "문양은 전부 낯선 비밀들과 상상할 수 없는 시공간의 심연을 암시했다."(SI 595) 또한, "이 돋을새김에는 끔찍한 기괴함과 사악함을 드러내는 환상적인 괴물들이 있었다. 절반은 어류, 절반은 낙타라는 암시를 주었다. 그것들을 유사 기억이 지닌 잊을 수 없는 불안한 감정에서 분리시킬 수가 없었다."(SI 595) 이러한 잠정적인 암시들을 무릅쓰자마자, 러브크래프트는 항상 그랬듯이 우주적 공포가 내뿜는 노골적인 광기로 한 걸음 더 내디딘다. "가끔 나는 이러한 신성모독적인 물고기-개구리의 윤곽 하나하나가 알 수 없고 비인간적인 악의 궁극적 정수로 넘친다고 상상했다."(SI 596) 하지만 물론 그저 "가끔" 일 뿐이다. 화자는 운을 믿고 선을 넘어서는 안 된다.

67. 솔직히 잠정적인

"티아라의 양상과 기이하게 대조적인 것은 미스 틸튼이 전한 것처럼 그것의 짧고 평범한 역사였다. 티아라는 1873년에 스테이트 가의 가게에서 터무니없는 액수로 전당 잡혔다. 맡긴 사람은 술에 취한 인스머스 남자로 얼마 지나지 않아 싸우다 죽었다 … 그것은 아마도 동인도 혹은 인도차이나에서 온 것으로 기록되었다. 하지만 기록은 솔직히 불확실했다."(SI 596)

러브크래프트는 이 구절로 큰 위험을 감수하지만, 목적을 이룬다. 구절의 구조는 두 대조 구문에 최고의 암시가 이어지는 형태이다. 시간이 "터무니없이 늦지는 않았기"(SI 594) 때문에, 화자는 뉴베리포트 역사 학회의 전시실에 들어갈 수 있었다. 이런 식으로 역사

박물관을 방문하기에는 거의 너무 늦은 저녁 무렵이었다고 우리에게 알린다. 안나 틸튼이라는 이름의 "매우 나이 든 부인"(SI 594)이 전시물의 큐레이터다. 러브크래프트의 몇 안 되는 여성 인물들 대부분이 괴물스럽거나 기형적이기에, 미스 틸튼은 특별히 예외적이다. 그는 다소 잘난 체하는 느낌을 주지만, 적당히 똑똑하고, 역사박물관 큐레이터 일에 충분히 헌신적인 듯이 보인다. "그림자가 덮인 인스머스, 자신이 한 번도 본 적이 없는 곳에 대한 그녀의 태도는 문화적 등급에서 한참 아래로 떨어진 공동체에 대한 일종의 혐오였다."(SI 596) 우월 의식은 또한 거의 상관이 없다. 왜냐하면 인스머스의 경우 사회적 사다리에서 추락하는 일은 가장 사소한 문제라는 사실이 곧 드러나기 때문이다. 미스 틸튼은 티아라를 "이국적인 해적의 보물"(SI 596)의 일부라고 해석한다. 마치 알려지지 않은 인종 혹은 국가의 흐름에 속하는 바다와 관련된 단조로운 돌을새김을 가진, 기이하게 타원형인 티아라를 설명하는 데 있어서 해적과 열대 국가만으로 충분하다는 듯이 해석하는 것이다. 게다가 그녀는 물건의 "짧고 평범한 역사"(SI 596)를 매우 기이하게 전하기에, 화자는 "자주색 벨벳 쿠션 위에 놓여 있는 낯설고 호화로운 환상의 기이하고 섬뜩한 화려함에 밀 그대로 숨이 멎었다."(SI 595) 적어도 미스 틸튼은 그것의 본질적인 기이함에 다소 무감각한 듯이 보인다.

그러나 두 번째 대조점은 미스 틸튼의 이야기를 전하는 화자의 묘사와 이야기의 진짜 내용 사이에 있다. 아래 내용을 읽었을 때, "평범한"은 처음 생각나는 단어가 전혀 아니다. "티아라는 1873년에 스테이트 가의 가게에서 터무니없는 액수로 전당 잡혔다. 맡긴 사람은 술에 취한 인스머스 남자로 얼마 지나지 않아 싸우다 죽었다. 학회는 전당포 업자에게서 직접 그 물건을 얻었다…"더 나아가 우리는 "마시 가문이 그것의 존재를 알자마자 계속해서 고액의 구매 제안을 했고, 팔지 않겠다는 학회의 변치 않는 결정에도 불구하고 오늘날까지 반복적으로 구매를 요청한다"는 말을 듣는다. 이 극적이고 미스터리한 이야기를 "평범한" 것이라고 하는 일은, 목을 매단 검은 고양이의 실루엣에 대한 포의 의도적으로 터무니없는 설명을 변형한 것과 같다. 이에 따라 독자는 화자가 지금까지 한 것보다 훨씬 더 기이한 추측을 하게 된다. 하지만 이는 또한 화자를 다소 희극적으로 만든다. 왜냐하면 우리는 곧바로 그리고 계속해서 그가 내린 평범하다는 판단에 동의하지 않게 되기 때문이다. 그리고 "평범한"은 미스 틸튼이 이야기를 전달하는 방식의 밋밋한 톤을 지칭하는 것일 수도 있다는 점에서, 그녀 또한 희극적으로 만든다. 역사에 관심 있는 노부인의 진부한 사회적 우월감은 전당포 업자와 싸우다 죽은 주정뱅이의 행동을 묘사하기에 과하기 때문이다.

이제 구절의 마지막 부분이 남아있다. "[티아라는] 아마도 동인도 혹은 인도차이나에서 온 것으로 기록되었다. 하지만 기록은 솔직히 불확실했다." 화자는 이미, 물건이 분명 알려진 인종 혹은 국가의 흐름에 속하지 않는다고 말했다. 뉴베리포트 역사 학회는 분명 동의하지 않는다. 미개한 동인도인들이나 인도차이나인들이 그처럼 신기한 것을 만들어 냈을 거라고, 자신들의 편협한 지역주의 방식으로 생각하기 때문이다. 그러나 다소 희극적으로, "[그것의] 기록이 솔직히 불확실"하기 때문에, 그들은 화자에게 미약하게나마 동의하는 듯하다. 분류에 분명히 무언가 문제가 있는 듯이 보인다. 하지만 학회는 이 사실에 신경을 쓰지 않는 듯하고, 그리고 화자는 거기에 특별히 비판적이지 않은 듯하다.

68. 생물학적 퇴화

"[조 사전트의] 특이함은 분명히 아시아, 폴리네시아, 레반틴, 혹은 니그로이드 인종의 것으로 보이지 않았다. 그러나 나는 사람들이 그를 왜 이국적이라고 하는지 알 수 있었다. 나라면 이국적인 것보다는 생물학적 퇴화를 생각했을 것이다."(SI 598)

버스 기사인 조 사전트는 기본적으로는 인간 형태인 러브크래프트의 인물 중에서 아마도 가장 혐오스러운 인물일 것이다. 그러나 사전트의 혐오스러움은 단순히 혐오스러운 특성들의 다발이 집합한 결과가 아니다. "내가 세부적인 것을 파악하기도 전에, 막을 수도 설명할 수도 없는 자연스러운 증오의 물결이 나를 덮쳤다."(SI 597) 더 나아가, "지역 주민들이 이 남자가 소유하고 운전하는 버스에 타고 싶어 하지 않는다는 것이 갑자기 자연스럽게 느껴졌다." (SI 597) 자연스러운 증오의 첫 물결로 화자는 리브크래프드의 밀, 개, 늑대 등과 동료가 된다. 이들도 이런 종류의 정확한 호불호로 자연스럽게 평가를 내리기 때문이다. 그러나 사전트가 약국을 나설 때, 화자는 이 증오의 눈에 띄는 특성을 좀 더 좀 정확하게 파고들고자 한다. 좀 더 자세한 조사를 한 후에, 그가 발견한 것은 어깨가 처진 35살의, 남루한 일반인 옷을 입은 사람이다. 그러나 최악은 다음과 같다.

그는 좁은 머리와, 절대 깜박이지 않는 듯한 툭 튀어나오고 젖은 파란 눈, 평평한 코, 뒤로 들어간 이마와 턱, 특이하게 발달하지 않은 귀를 가졌다. 길고 두꺼운 입술과 굵은 구멍이 난 잿빛 볼에는 불규칙한 뭉치로 제멋대로 자라 곱슬곱슬하게 성긴 노란 털을 제외하고는 거의 수염이 나지 않았다. 그리고 표면 곳곳이 기이하게 들쑥날쑥했는데, 마치 어떤 피부병으로 벗겨지는 듯했다.(SI 597-8)

사전트의 손발은 또한 비정상적으로 크다. 그는 어기적거리는 자세로 걷고, 버스의 유일한 승객인 화자를 환영하지 않는 듯하다. 인스머스로 가는 길 내내, "말이 없는 기사의 굽은, 뻣뻣한 등과 좁은 머리가 점점 더 싫어졌다."(SI 599)

　앞선 문장에서 흥미로운 부분은 사전트의 이상함이 "아시아, 폴리네시아, 레반틴, 혹은 니그로이드 인종의 것으로 보이지 않았다"는 점이다. 티아라의 알 수 없는 국적에 관한 앞선 논의를 생각하면 특히 그렇다. 왜냐하면 대부분의 사람은 알려진 인종 혹은 국가의 흐름에 속한다고 말할 수 있기 때문이다. 그러나 뉴베리포트 사람들이 사전트가 아시아인인지, 폴리네시아인인지, 레반틴인인지 혹은 아프리카 혈통을 갖는지 정확히 주장했다는 증거는 없다. 대신 우리가 안전하게 추측할 수 있는 점은, 화자가 티아라를 봤던 식으로 이들이 사전트를 봤다는 것이다. 즉 **알 수 없는** 인종 혹은 국가의 흐름에 속한다고 본 것이다. 이는 반쯤 진실인 화자의 의견, 즉 사전트의 신체적 비정상성은 외국계에서 비롯된 것이 아니라 "생물학적 퇴화"때문이라는 의견과 대조된다. 화자가 보기에, 사전트는 근친상간으로 인해 유전적 퇴화 상태에 있는 지구상의 한 종족(추정컨대 백인)에 속하는 듯하다. 여기서 우리는 러브크래프트 스타일의 대표적 기법 두 개가, 사전트의 겉모습을 두고 두 개의 다른 이론으로 체현된 것을 발견한다. 마을 사람들은 사전트를 미스터리하고 알려지지 않은 종족의 일원으로 보는 암시적인 접근법을 취한다. 반면에 화자는 그를 그저 매사추세츠의 많은 사람들과 유사한 또 다른 백인이라고 생각하면서, 다만 표면적인 특성들이 퇴화한 사람이라고 보는 것이다. 마을 사람들은 사전트를 묘사할 수 없는 크툴루 우상처럼 다루고, 반면에 화자는 그를 기이한 특성들이 혼란스럽게 한데 뭉쳐 있는 키클롭스식 남극 도시로 본다. 사전트를 보는 두 가지 관점은 러브크래프트 스타일의 대표적인 두 축을 반영한다.

69. 특성이 없는 악몽

"… 내 뇌에 순간적으로 악몽 같은 형상이 새겨졌고, 그것을 분석해도 악몽 같은 특성을 단 하나도 보여 줄 수 없었기에 더 미칠 것만 같았다."(SI 602)

이는 암묵적으로 러브크래프트가 쓴 최고의 반-흄적 문장 중 하나다. 교회를 지나며 화자가 봤던 것의 충격은 특정한 공포의 특성으로 추적할 수가 없다. 대신, 공포는 사물의 특성들보다 더 깊은 층위 어딘가에 있다. 그리고 끔찍한 광경이 단지 순간적으로만 목격되었다는 점에서, 특성보다 깊은 곳에 놓인 악몽은 길고 불안한 숙고를 통해서 도달하기보다는, 즉각적으로 접근 가능했던 것이 분명하다.

화자는 자신의 정신 상태를 폄하함으로써 이 감정을 무시하려고 한다. "내가 좀 더 안정적인 기분이었다면, 그것에서 공포스러운 점을 전혀 찾지 않았을 것이다."(SI 602) 그러나 우리가 좀 더 자세한 내용을 듣자마자, 이 말은 어처구니없이 불가능해 보인다. 왜냐하면 화자는 또 다른 이국적 티아라를 보았었고, 그것은 "규정할 수 없는 얼굴과 그 아래 가운을 입고 어기적거리는 형태에 이름 붙일 수 없는 사악한 특성들을 부여했"(SI 602)기 때문이다. "좀 더 안정적인 기분"이 이 광경의 공포를 줄이는 데 크게 도움이 되었을 것 같지는 않다. 또한 화자가 그 사건과 연결된 "사악한 유사 기억의 섬뜩한 손길"(SI 602)을 설명하기 위해 수사학적으로 다음과 같이 질문할 때, 그것에 그다지 믿음이 가지는 않는다. "지역의 미스터리한 컬트가 사람들에게 무언가 기이한 방식으로 익숙해진, 독특한 형태의 머리에 쓰는 장식물을 의상에 포함시켜야만 했다는 것이야말로 자연스럽지 않은가?"(SI 602-3) 그렇지만 또 다시, 독자들은 러브크래프트 본인보다 덜 합리주의적이고 덜 환원주의적으로 생각하도록 유도된다. 환원주의적 설명을 미약하게 몇 번 시도하면서, 그는 그것들을 훨씬 더 약하게 만드는 것이다.

그 잠깐의 순간에, 그는 티아라의 가운을 입고 어기적거리는 형상이 "분명히 … 목사"(SI 602)라고 잠재적으로 확신한다. 이후에, 이 "목사"는 인스머스 밖으로 나가는 시골길을 따라 화자를 추적하는 괴물과 같은 개체들 사이에서 목격된다. 몇 쪽 후에 화자가 마을 밖 식료품점의 소년에게서 인스머스의 종교에 관한 정보를 듣게 될 때, 우리는 이 종교 지도자의 이미지로 인해 다시 한번 웃게 된다.

"교회가 정말 이상해요. 그곳은 다른 곳에 있는 각각의 종파에 의해서 전부 맹렬히 부정되었고, 의식과 사제복은 기이하기 이를 데 없었습니다. 교리는 이단적이자 신비로웠고, 지상에서의 신체적 불멸, 혹은 그 비슷한 것으로 이어지는 변형에 관해 암시했습니다."(SI 604-5) 그리고 놀랍도록 화려하게 마무리한다. "소년의 목사, 즉 아캄의 애즈버리 M. E. 교회의 월리스 박사는 그에게 인스머스의 그 어떤 교회에도 나가지 말라고 엄중히 경고했다."(SI 605) 개와 말과 늑대와 매우 유사하게, 매사추세츠의 교회와 사제들은 마을의 위험한 특징을 본능적으로 꿰뚫은 듯하다.

70. 기본적 골격 특징들

"물론 매우 희귀한 고통만이, 성장을 마친 개인에게 그처럼 광대하고 급진적인 해부학적 변화를 가져왔을 것이다. 두개골 모양처럼 기본적인 골격의 특징들을 둘러싼 그 변화는…"(SI 605)

이 구절은 고용주에 의해서 무정하게 인스머스로 발령 난 젊은 식료품점 직원과의 대화를 화자가 요약한 것에서 나온다. 소위 "인스머스 생김새"가 질병의 결과인지 아닌지에 관한 문제다. 두 화자는 이 문제에 아무런 결론을 내리지 못한다. 하지만 우리는 나중에 하이브리드 아이들이 인간의 외형을 갖추고 태어남에도, 나이가 들면서 점차로 물고기-개구리의 특징을 더 갖게 되고, 결국 바다로 완전히 사라진다는 사실을 알게 된다.

이 구절에서 우리는 만일 직접 목격했다면 최고로 공포스러운 일이 될 신체의 변화에 관한 차갑고 임상적인 묘사를 접한다. 엄격히 말해서, 인스머스에서 목격된 것처럼 엄청난 규모로 이런 종류의 변화가 발생하는 일은 **의학적으로 불가능하다.** 그렇기에 "매우 희귀한 고통만이…"라는 문구는 지역 주민에 대한 인간적인 염려를 보이며 미약하게나마 감동적인 분위기를 자아내지만, 화자를 우습고 현학적으로 들리게 하는 절제된 표현이다. 이 구절의 두 번째 두드러진 특징은 "성장을 마친"이라는 수식어다. 그 추정된 질병의 희귀함을 주장하면서 낯선 느낌의 제약을 가하는 것이다. 마치 인스머스에서 일어나는 엄청난 해부학적 변화가 심지어 성인이 되기 **전에도** 어느 정도 가능하다는 듯이 말이다.

그다음에 우리는 마지막 문구, 분명 영어 화자 중 그 누구도 절대 말하지 않았던 문장을 마주한다. 바로 "두개골 모양처럼 기본적인 골격의 특징들"이다. 이것이 희극적이거나 불쾌한(혹은 둘 다 조금씩) 첫 번째 이유는 복수형을 사용한 것이다. 마치 인간의 신체가 골격의 특징들, 그중 일부는 특히 기본적인 특징들로 규정된다는 듯이 말하는 것이다. 이 말이 진실이라도 별 차이는 없다. 사실, 인간의 형태는 실제로 발생했던 것과 다른 진화 과정을 따라 다른 방식들로 발달할 수도 있었다. 매클루언이 "매체가 메시지다"라고 말할 때, 그가 의미한 바는 우리가 텔레비전 쇼의 내용에 너무도 놀라서 배경 매체인 텔레비전의 기본적 특징들을 보지 못한다는 것이다. 우리의 다양한 인식들을 작동시키는 칸트의 범주들을 우리가 보통 특별히 감지하지 못하는 것처럼, 인간의 골격 구조가 당연하게 여겨지는 매체라는 점은 분명 사실이다. 그것이 너무도 당연하기에, 우리 자신이나 친구의 뼈가 급작스럽게 변할 때 우리는 곧바로 놀라게 된다. 특히 두개골의 모양은 더 그러하다. 왜냐하면 자아의 거처라고 여기는 것에 그처럼 가까운 뼈는 없기 때문이다.

71. 완전한 발광

*"이야! 이야! **크툴루 프타근!** 픈글루이 음그루나프 크툴루 알리에 으 가-나글 프타근-**올드 자독**이 빠르게 완전한 발광에 빠지고 있었 다."(SI 622)*

고딕체로 된 구문은 크툴루 컬트의 신봉자들이 발음이 불가능한 문 구로 말하거나 노래하는 것이다. 그래서 구문은 인스머스 이야기를 특별히 직접적인 방식으로 다른 러브크래프트 신화에 연결시킨다. 이 말을 한 후에, 올드 자독은 더욱더 마을의 주정뱅이처럼 보인다. 우리는 이제 그가 마을을 지배하는 이교도 종교의 준회원이거나 혹 은 (좀 더 그럴듯하게) 어릴 적 이곳에 살면서 그 종교의 상당 부분 을 접했던 사람이라고 결론지어야만 한다. 그렇지 않다면, 독자가 화자보다 더 급진적인 결론을 내리도록 조종당하는 일반적 사례가 된다. "완전한 발광"이라는 구문이 실제로는 다소 온건하고 질세 된 표현임에도, 화자는 이를 강력한 묵살이라고 생각하는 것 같다 는 점에서 매우 희극적이다. 어쨌거나 이는 발광보다는 더욱 나쁜 말이다. 또 다른 이상한 사실은, 화자가 올드 자독이 완전한 발광에 빠졌다고 단순하게 얘기하기보다는, 노인의 거의 횡설수설에 가까 운 소리의 정확한 패턴을 기록한다는 것이다. 이 사실로 좀 더 희극 적인 효과가 생긴다.

올드 자독에게 두 시간이 넘도록 밀주 위스키를 권하며 화자는 그에게서 가능한 정보를 최대한 얻으려고 했다. 급작스럽게 연이어 내뱉은 크툴루 컬트 맹세의 희극적이면서 끔찍한 효과에도 불구하고, 인간적 측면에서 상황은 사실 다소 감동적이다. 노인은 어린 시절 깊은 곳에서 기억을 소환하며, 황금과 다양한 "장신구"를 얻고자 바다에 인간을 제물로 바쳤다고 암시한다. 한순간, 자독은 심지어 눈물을 흘리며 신음하기 시작한다. 그는 다곤의 첫 두 가지 맹세를 했다는 것은 인정하지만, 끔찍한 세 번째 맹세에 관해서는 섬뜩하게 암시한다. "하지만 난 세 번째 맹세를 하진 않을 거여. 그러느니 차라리 죽어 버리지."(SI 622) 화자도 감동받지 않은 것은 아니다. "불쌍한 노인이군. 술과 주변의 부패와 질병과 외국인에 대한 증오 때문에, 상상력 넘치는 비옥한 두뇌가 도대체 어떤 측은한 환상의 심연으로 떨어진 것인지."(SI 622)

72. 역사적 알레고리의 핵심

"나중에 이 이야기를 추려서, 역사적 알레고리의 핵심을 추출해야 할지도 모르겠다. 지금은 그의 이야기를 그냥 내 머릿속에서 지워 버리고 싶었다."(SI 625)

올드 자독이 전한 이야기는, 오베드 마시가 마을을 급격히 부유하게 만든 다곤의 비밀 교단을 설립하기 이전과 이후의 인스머스 역사에 관한 것이었다. 마시가 마침내 감옥에 갇혔을 때, 해저의 생명체들이 마을을 공격해서 그를 풀어 주었다. 물고기-개구리 하이브리드와의 강요된 종간 교배가 마을에 널리 퍼졌고, 그런 식으로 분명한 유전적 퇴화의 긴 과정이 시작되었다. 올드 자독은 또한 지상의 인간을 향해 계획된 공격을 하기 위해, **쇼거스**가 바다 밑에서 준비 중이라고 주장한다.(SI 624) 〈광기의 산에서〉의 독자들은 쇼거스가 "최면의 영향 아래 세포를 온갖 종류의 임시 장기로 만들 수 있는 다세포 플라스마 덩어리"이며, 또한 "끈적거리는 덩어리"라고 시적으로 묘사된다는 점을 떠올릴 것이다.(MM 541) 그들은 화물열차의 속도로 움직이고, 피해자의 목을 벤다. 화자와 달리 독자는 밀주 위스키를 마셔 격앙된 상태지만 왜곡된 것 같지는 않은 올드 자독의 이야기를 전부 믿고 싶어 한다.

러브크래프트의 작품에서 보통 그렇듯이, 화자의 반응은 좀 더 회의적이다. "이야기가 유치하기는 했지만, 올드 자독의 광기 어린 진정성과 공포심으로 나의 불안감은 점점 더 커졌고, 그것은 마을과 마을에 드리워진 감지할 수 없는 그림자의 어둠에 대해 이전에 느꼈던 혐오감과 합쳐졌다."(SI 625) 이런 식으로 올드 자독이 들려주는 이야기의 내용과 그가 말하는 방식 사이에 분열이 생긴다. 화자는 내용이 확실히 "유치하다"고 거부하지만, 노인이 이야기하는 **방식**에는 깊은 영향을 빋는다. 이에 따라 우리에게는 이야기의 내용을 어떻게 할 것인지에 관한 의문이 남는다. 독자는 이야기를 의심할 이유가 전혀 없다. 어쨌거나 우리는 러브크래프트 이야기 안에 있기 때문이다. 그러나 화자는, 현재 상황에서 다소 우스꽝스럽게 보이는 신중히 엄격한 태도로, 이야기가 "역사적 알레고리의 핵심을" 가진다고 그저 인정할 뿐이다. 소리 지르고, 신음하고, 울고, 기이한 외국어로 미친 듯이 떠들어대는 주정뱅이의 끔찍한 이야기를 방금 들었지만, 그리고 이 쇠락하는 작은 항구에서 음산한 두려움을 (알맞게) 느끼면서 종일을 보냈지만, 이 오벌린 학생은 좀 더 편안한 환경으로 돌아가자마자 이야기를 인류학적으로 정리할 명청한 계획을 이미 세우고 있다. 종종 그랬듯이, 여기서도 러브크래프트는 한 사람이 희극과 비극을 모두 쓸 수 있어야 한다는 소크라테스의 논지를 증명한다. 나는 러브크래프트가 무섭지 않다고 주장하는 사람이 아니다. 왜냐하면 그의 이야기가 정말로 무섭다고 생각하기 때문이다. 그렇지만 나는 그의 이야기의 가장 무서운 장면에서도 종종 웃음을 짓곤 한다. 바로 앞선 문장과 같은 글 때문이다. "나중에 이 이야기를 추려서, 역사적 알레고리의 핵심을 추출해야 할지도 모르겠다. 지금은 그의 이야기를 그냥 내 머릿속에서 지워버리고 싶었다."

73. 느슨해진 음절의 개골개골하는 소리

"잠시 후에, 나는 그 낮은 소리가 목소리인지 더 확신할 수 없었다. 왜냐하면 분명하게 쉰 목소리로 짖는 소리와 느슨해진 음절의 개골개골하는 소리는 알려진 인간의 말과 유사점이 거의 없었기 때문이다."(SI 630)

화자는 그날 밤 길먼 하우스에 묶여 있었다. 이전에 방문했던 공장 검사관이 옆방에서 "출렁거리는 듯한" 소리를 듣고서 잠에 들 수 없었던 곳이다. 그러나 화자의 상황은 그보다 훨씬 더 끔찍하다. 누군가가 열쇠로 그의 방문뿐만 아니라 그 방과 연결된 두 개의 방을 열려고 시도했다. 복도와 계단에서 은밀히 삐걱거리는 소리가 들린다. 화자는 침대에서 뛰쳐나와 머리맡의 등을 켜려고 했지만, 전기가 끊긴 것을 발견한다. 이는 그를 향한 엄청난 공모인 듯이 보이는 (그리고 실제로 그러한) 것의 결정적 암시다.

　그러나 여기서 우리의 관심은 방 밖에서 들리는 목소리다. 정확히 목소리가 아닌 목소리, 혹은 어쩌면 "그저 비유로서만" 목소리일 것이다. 공장 조사관이 같은 호텔에서 들었던 "출렁거리는 듯한" 목소리에 있어서, 우리는 그것이 두 항 중 하나가 암시된 채 남겨진 러브크래프트의 대표적인 분절로 다루어질 수 있음을 보았다. 근본적으로 인간의 목소리와 출렁거리는 소리 중간의 무언가에 주목하라고 요구받는 것이다. 현재의 사례에는 짖는 소리와 개골개골하는 소리의 조합이 있는 듯하다. 이제, 복도에 두 개의 다른 괴물스러운 종이 있고, 하나는 짖고 다른 하나는 개골개골한다는 의미로 읽을 수 있다. 글에서 이러한 해석을 막는 것은 하나도 없다. 그러나 적어도 내가 보기에, 좀 더 자연스럽게 이 문장을 읽는 방법은 짖는 소리와 개골개골하는 소리가 하나의 동일한 목에서 나온다고 상상하는 것이다. 그리고 이 두 종류의 소리가 실제로 완전히 다른 두 종류의 동물과 연관되어 있으므로, 감지할 수 있는 음색보다는 짖기와 개골개골 사이를 조절할 수 있는 미스디리한 종이 지닌 미지의 성대 기관에 주목해야만 한다.

　그러나 우리는 러브크래프트 구문의 좀 더 확장된 버전을 설명할 필요가 있다. 우선 "쉰 목소리"가 나는 짖는 소리가 있다. 짖는 소리를 다소 특이한 방식으로 수정함으로써, 다른 형용사와 같이 우리가 그 소리를 너무 빠르게 읽어 버리지 않도록 한다. 머릿속에서 짖는 소리를 **쉰 목소리로 만드는** 작업을 하면서, 우리의 관심은 평소보다 조금 더 길게 지속된다. 원숭이의 비명도 가끔 쉰 목소리라고 묘사되기 때문에, 이 작업이 심하게 어렵지는 않다. 그러나 "느슨해진 음절의 개골개골하는 소리"를 상상하려면, 좀 더 화려한 노력이 요구된다. 여기서 우리는 더 전형적인 러브크래프트적 행보를 취한다. 개골개골 소리는 개구리에게서 들을 때 보통 음절로 들리지 않는다. 따라서 우리는 이 소리가 개골개골 소리와 인간의 목소리 중간에 있다고 간주해야만 한다는 것을 이미 깨닫는다. "느슨해진 음절의"의 경우, 이것이 심지어 **인간의** 목소리였다고 해도 섬뜩한 개념이다. 어쨌거나 보통 우리는 말의 음절이 특별히 촘촘하게 모여 있다고 생각하지 않는다. 그러나 지금의 경우에, 개골개골 소리의 리듬은 섬뜩한 방식으로 음절 사이에 틈을 배치해야만 한다.

74. 웅크리고, 휘청거리는 발걸음

"그들의 특징들을 구분할 수가 없었다. 그러나 그들의 웅크리고, 휘청거리는 발걸음은 심하게 역겨웠다. 그중 최악으로, 한 명이 이상하게 가운을 입었고, 그 위에는 완전히 익숙한 디자인의 긴 티아라가 분명히 올려져 있는 것을 보았다."(SI 636)

두 번째 문장은 이야기 초반에 직사각형 문 사이로 잠깐 봤던 흉측한 "목사"를 바로 연상시킨다. 아마도 이 가운을 입은 형상은 거기서 보았던 것과 똑같은 개체일 것이다. 그러나 어쨌거나 둘은 본질적 특징을 전부 공유한다. 이 괴물스러운 존재들이 인간의 제의용 의상을 입는 것은 그들의 신체에 대한 반감을 증대시킨다. 의상이 항상 제의 예복의 형식을 갖추는 것도 아니다. 나중에 화자는 생명체 하나가 "귀신같이 등이 튀어나온 검은 코트와 줄무늬 바지를 입었고, 머리를 대신하는 형태 없는 것 위에 남성용 펠트 모자가 놓여 있는"(SI 646) 것을 본다.

그러나 이 구절에서 중요한 것은 첫 번째 문장으로, 인스머스 토착인들의 "웅크리고, 휘청거리는 발걸음"에 대한 언급이다. 이는 러브크래프트의 글에서 가장 강렬한 이미지 중 하나다. 화자는 "휘청거리는" 특징을 같은 날 아침 뉴베리포트에서 처음 보았다. 세 명의 남루한 남자들이 조 사전트의 버스에서 내려 "어색하게 휘청거리며 나가서, 조용하고 거의 은밀한 방식으로 스테이트 가로 걸어가기 시작했을"(SI 597) 때였다. 인스머스에서도 그는 휘청거림을 충분히 목격했고, 항구를 도망치며 교차로를 통과하는 그를 누군가가 볼 때는, "조심스럽게 그리고 모방하듯이 휘청거려야만"(SI 640) 했다. 다른 때라면 그는 이 발걸음을 "개와 같은 인간-이하의 것"(SI 641)이라고, "매우 불쾌한 쉰 목소리의 방언으로 개골개골 소리를 내고 지껄이는"(SI 641) 버릇이 있는, 휘청거리는 형상들에게서 흔히 발견되는 것이라고 비하했을 터이다.

우선 인정해야 할 점은 이 휘청거리는 발걸음을 모방하는 일이 다소 어렵다는 것이다. 신체, 음악, 색채의 비정상성에 대한 러브크래프트의 수많은 묘사에 있어서, 원칙적으로 모방이나 시각화가 가능한 것은 없다. 여기서는 정확히 그런 것은 아니다. 왜냐하면 우리 모두 "휘청거리는" 모습이 어떤지 약간은 알고 있고, 나 자신도 인스머스 걸음을 모방하려는 시도에서 어느 정도의 성과를 냈기 때문이다. 정상적인 인간의 발걸음이 가진 구조적 제약으로 인해, 효과를 제대로 내기가 그저 매우 어려울 뿐이다. 휘청거리려는 모든 노력은 대체로 완전히 실용적인 이유로 실패한다. 그렇게 하면서 충분히 혐오스러운 효과를 내기 어렵다고 깨닫는 것이다. 하지만 이야기의 화자는 이 일에 성공했던 것처럼 보인다. 결국, 우리 머릿속에서 휘청거리는 발걸음은 "출렁거리는" 목소리와 거의 같은 위치를 점한다. 여기서도, 출렁거림은 그 자체로 진정 암시적인 개념이 아니다. 어쨌거나 우리는 원칙적으로 출렁거리는 목소리를 상상할 수 있다. 그걸 시도할 때, 우리 목소리로 그 효과를 내기가 그저 어려울 뿐이다. 매우 숙련된 배우만이 또박또박 그렇게 할 수 있을 것이다.

75. 물결치는 움직임의 꺼림칙한 암시

"내가 보았던, 혹은 보았다고 상상했던 것은 멀리 남쪽에서 물결치는 움직임의 꺼림칙한 암시였다. 이런 암시로 나는 평평한 입스위치 도로를 따라 도시에서 엄청나게 많은 무리가 쏟아져 나온다고 결론짓게 되었다 ⋯ 무리는 이제 서쪽으로 기우는 달빛 아래서 너무 물결쳤고, 너무 반짝였다. 여기에는 소리의 암시도 있었다⋯"(SI 643)

이 구절에서는 많은 일들이 일어나는 듯 보이지만, 우리의 목적을 위해서는 사실 두 개만 보면 된다. 첫 번째는 특성에서 분리된 객체의 매우 명백한 예다. 먼 거리에서는 그 생명체가 전혀 보이지 않지만, 특성들은 충분히 감지할 수 있다. 그리고 이 특성들은 그들을 조종하는 숨겨진 실재를 "암시하기"에 완벽하다. 남쪽 멀리에서 달빛이 과도하게 빛나고, 물결치는 움직임에 심지어 소리의 암시가 동반된다. 정말로 공포스러운 일은 특성들 자체가 아니라 오히려 그것들로 추측되는 것이다. 바로 "개와 같은 인간-이하의 것"을 보이는 추격자 무리다. 그처럼 먼 거리에서 보기에 생기는 두 번째 일은, 우리가 괴물들을 더 이상 개별적으로 다루는 것이 아니라 오직 하나의 무리로만 다룬다는 것이다. 물결치고 빛나는 것은 무리이지, 보이지 않는 개별 존재들이 아니다. 마찬가지로 소리의 암시도 개별 목소리가 아니다. 이는 마치 하나의 신체를 모두가 공유하는 것처럼, 무리의 덩어리진 물리적 존재로 체현된 집단정신 혹은 목적을 꺼림칙하게 암시한다. 이 통합된 무리-객체가 바로 앞에 있다고 해서 더 잘 보이지는 않을 것이다. 사실 심지어 더 안 보일 수도 있다. 왜냐하면 근거리에서는 개별 생명체의 특정한 세부 사안으로 인해 집중력이 흐트러질 수 있기 때문이다.

나중에 화자가 무리를 근거리에서 볼 때, 그 효과는 앞선 구절에서처럼 생생하지 않다. "나는 그들이 끝없이 이어지는 것을 보았다. 넘어지고, 뛰어다니고, 개골개골 소리를 내고, 매애 하고 울고 … 그것은 기괴하고 사악한 환상적인 악몽의 사라반드로, 유령 같은 달빛을 뚫고 비인간적으로 솟구쳤다."(SI 646) 이 문장의 후빈부는 진부 "넘어지고, 뛰어다니고, 개골개골 소리를 내고, 매애 하고 울고"에서 이미 실행된 작업에 더해진 향신료일 뿐이다. 이 문구는 서로 다른 괴물 하위종들이 이 네 가지 일을 각각 하는 것인지 혹은 이 모두가 단일한 형태의 생명체가 변하는 양상을 재현한다고 생각하는지에 따라, 조합 혹은 분절이 될 수 있는 뛰어난 러브크래프트적 예다.

마녀 집의 꿈

〈던위치 공포〉를 제외하면, 〈마녀 집의 꿈〉은 일반적인 일인칭 참여자가 아니라 전지적 삼인칭 화자를 사용한 것 중 유일하게 훌륭한 이야기다. 따라서 어조는 다른 대부분의 이야기보다 더 침착하고 차갑다. 여기서 러브크래프트는 뉴잉글랜드의 마녀 이야기를 시도하는데, 확장 중인 그만의 신화와 이 장르를 통합하려는 일에 어느 정도 성공한다. 미스캐토닉 대학교 학생인 월터 길먼은, 케지아 메이슨이라는 이름의 마녀가 수 세기 전에 살았던 아캄의 집에 방을 빌리고 싶어 한다. 대학에서 그는 비유클리드적 기하학, 양자이론, 민담과 같이 광범위해 보이는 분야들에 관한 수업을 듣는다. 그러나 결국 이러한 분야들이 통합된 것으로 드러난다. 왜냐하면 마녀술은 20세기 초 수학과 물리학의 혁신적인 발견들로 모호하게 접근된 진리에 단지 좀 더 빠르게 접근하는 방법이기 때문이다. 케지아와 그녀의 혐오스러운 조력자, "브라운 젠킨"이라고 불리는 쥐 같은 개체는 꿈에서 자주 길먼을 방문하고, 추가적 차원의 우주인 듯한 곳으로 그를 수없이 데려간다. 케지아와 브라운 젠킨은 또한 니알라토텝이라는 이름의 키가 매우 큰 흑인에게 비굴하게 아첨하며 주의를 기울인다. 그의 얼굴 특징은 완전히 백인의 것처럼 보이지만, 일반 목격자들에게서 아프리카계 혈통이라고 오인받는다. 사실 니알라토텝은 특이한 인간일 뿐만 아니라, 《네크로노미콘》에서 언급된 가장 두려운 존재 중 하나다.

매일 밤 길먼은 악몽 때문에 공부를 못하지만, 비유클리드적인 기하학을 누구보다도 빠르게 이해한다. 이야기의 절정에서, 길먼은 알 수 없는 추상적 우주에서 벌어지는 기괴한 발푸르기니의 밤 제식 중에 인간 아이가 희생되는 것을 막지 못한다. 그는 브라운 젠킨을 발로 차서 난간 너머 심연으로 떨어뜨리는 데는 성공한다. 그러나 이 흉측한 작은 동물은 살아남아서 곧바로 복수한다. 어느 날 밤에 브라운 젠킨은 자고 있는 길먼의 몸으로 파고들어 그의 심장을 먹어 치우고 다른 쪽으로 굴을 파서 나온다.

76. 최고로 현대적인 탐구

"길먼은 … 자신이 그 건물에 있고 싶어 한다는 것을 알았다. 그 곳에서 어떤 상황으로 인해 17세기의 평범한 여인에게 플랑크, 하이젠베르크, 아인슈타인, 더 시터르 등의 최고로 현대적인 탐구를 넘어서는 수학적 깊이의 혜안이 갑자기 주어졌다."(WH 656)

러브크래프트의 비전에서 최고로 특이한 것 중 하나는 과학과 오컬트의 관계를 다루는 데서 등장한다. 평범한 코믹북 버전의 계몽주의에서는, 용감한 과학자들이 거미줄을 걷어내고 어둠 속에 빛을 비춘다. 고블린, 트롤, 연금술사가 세상에서 완전히 추방되고, 과학자들은 그러한 환상을 박멸해서 심오하거나 으스스한 설명이 개입할 여지가 없는 공간을 만든다. 그러나 러브크래프트는 과학을 다르게 본다. 과학은 의식도 형체도 없이 퍼덕거리는 무희들의 무리에 둘러싸인 마녀, 괴물, 민담, 모호한 백치 신들을 **반대하는 것이** 아니라, 이처럼 명망이 낮은 영역들과 대체로 같은 방향으로 나아간다. 이런 식으로, 플랑크와 아인슈타인은 파라켈수스, 폰 윤츠, 압둘 알하즈레드 등과 같은 별 볼 일 없는 반계몽주의자들과 정신적 연대를 맺는다.

이는 실제로 〈크툴루의 부름〉의 서두에 기록되었던 비전으로 돌아가는 모습을 보인다. 과학은 비합리적인 환상의 파괴자가 아니라, 합리성이 저항하기 힘든 너무도 끔찍한 진리들에 대한 위험한 탐구다. 만일 마녀를 화형에 처해야 한다면, 아마도 과학자도 그렇게 되어야 할 것이며, **같은 이유**에서 그렇다. 둘 다 지상의 삶이 가지는 정상성을 직접적으로 위협하기 때문이다. 그러나 러브크래프트는 오컬트 지식을 완성된 과학의 원시적이고 초기적인 형태(연금술과 마술은 가끔 이런 식으로 여겨진다)로 취급하지 않으며, 대체로 느리고 잠정적인 과학의 발전보다는 오컬트의 지름길을 선호한다. 마녀술은 케지아 메이슨, 기본적으로 "17세기의 평범한 여인"인 그녀에게, 20세기 초의 가장 혁명적인 지식인을 훨씬 능가하는 수학 지식을 부여한다. 케지아, 그리고 브라운 젠킨과 연계됨으로써 길먼은 미스캐토닉 대학이 제공하는 모든 것을 뛰어넘는 교육을 받는다.

다른 측면에서, "최고로 현대적인 탐구"는 러브크래프트의 소설에서 볼 수 있는 최고의 구문 중 하나다. 만일 이렇게 다시 쓴다면, 문장은 심각하게 망쳐질 것이다. "아마도 플랑크, 하이젠베르크, 아인슈타인, 더 시터르 등의 가장 선구적인 연구자들을 넘어서는 수학적 깊이.” 이 수정된 문장의 용어는 아리스토텔레스적 의미에서 너무도 ‘평균적’이다. 반면 “최고로”와 “탐구” 등 예상치 못한 단어들을 사용함으로써, 러브크래프트는 문장에 위엄과 아름다움을 부여한다.

77. 진기하게 브라운 젠킨이라고 불린

“그 물체는 몸집이 큰 쥐 정도 크기에 지나지 않았고, 마을 사람들에게 ‘브라운 젠킨’이라고 진기하게 불렸다 … 목격자들은 그것이 긴 머리카락이 달린 쥐의 형체를 했지만, 날카로운 이빨과 수염 난 얼굴은 사악하게 인간적이었고, 앞발은 인간의 작은 손과 같았다고 말했다.”(WH 658)

러브크래프트 소설의 아이러니 중 하나는, 세계 문학에서 생각할 수 없고 이름 붙일 수도 없는 완전히 독창적인 우주의 악마를 창조하는 특별한 노력에도 불구하고, 실제로 그의 가장 악한 존재 중 하나가 잘 알려진 유럽 전통에 강하게 기인한다는 점이다. 적어도 중세부터 알려진 마녀의 조력자라는 개념은, 마녀의 조수이자 또 다른 자아의 역할을 하는 동물이나 다른 존재를 의미한다. 만일 러브크래프트가 가장 끔찍한 괴물로 귀신이나 엘프를 제시했어도, 그 효과가 더 놀랍지는 않았을 것이다.

　브라운 젠킨은, 언어의 힘에서 물러나 아자토스 혹은 그러한 은폐와 암시의 층위에 있는 이름 아래 감춰진 괴물스러운 핵의 카오스로 들어간 러브크래프트의 생명체가 아니다. 대신에, 브라운 젠킨은 키클롭스식 남극 도시에 좀 더 가깝다. 과도하게 병치된 많은 특성들로 만들어진 본질적으로 입체파적인 짐승, 즉 그것은 개별적으로는 우리의 인지능력으로 이해할 수 있는 수준을 넘어서지 않지만 집합적으로는 하나로 합쳐지지 않는 특성들로 만들어진 존재다. 여기서 한 번 더, 이 작은 짐승을 데이비드 흄의 언어로 묘사한다면 흥미로울 것이다. "우리가 브라운 젠킨을 생각할 때, 우리는 단지 다섯 개의 일관된 아이디어들, 즉 **쥐, 긴 머리카락, 날카로운 이빨, 수염 난 인간 얼굴, 손과 같은 앞발** 등을 우리가 이전에 알고 있던 아이디어들과 연결시킬 뿐이다." 이 터무니없는 시도는 다른 모든 경우와 똑같은 이유로 실패한다. 날카로운 이빨이나 손과 같은 앞발 등은, 아주 간신히라도, 참을 만할 것이다. 그러나 이 모든 특징의 조합이 가리키는 것은 혼잡한 특성의 평면들로 이루어진, 근본적으로 입체파적인 혼란이다.

이 문장의 또 다른 우수한 특징은 생명체의 이름을 소개하는 방식이다. 그것은 "마을 사람들에게 '브라운 젠킨'이라고 **진기하게** 불렸다." 일반적으로 러브크래프트 생명체의 이름은 이국의 신화 속 존재(아자토스, 니알라토텝, 크툴루) 같거나 혹은 일반적인 형용사의 평범함(올드 원스, 도우즈 원스, 엘더 씽스, 그레이트 레이스) 때문에 오히려 불안하다. 반면에 "브라운 젠킨"은 어린 미국 소녀가 곰 인형에게 붙여 줄 만한 이름과 혐오스러울 정도로 유사하다. 아이를 죽이고 잠자는 젊은이들의 심장을 갉아 먹는 송곳니 난 퇴화한 쥐의 이름처럼 들리지는 않는다. "젠킨"은 분명히 "어린 존"이라는 의미의 옛 독일 이름으로, 그처럼 끔찍한 짐승을 가리키는 것만으로도 이미 역겹다. 그러나 이름 앞에 "브라운"을 추가하는 것은 강아지, 토끼, 오리 새끼와 같은 애완동물을 지칭할 때 보통 사용되는 기법이다. 게다가 브라운 젠킨이 마녀 조력자의 진짜 이름인지 우리가 확신할 수 없다는 또 다른 문제가 있다. 이런 이름으로 "진기하게 알려"졌다는 사실이 의미하는 바는 그것이 사람들 사이에서 잘못 생겨난 것일 수 있고, 니알라토텝이나 아자토스와 같이 훨씬 더 끔찍하게 들리는 이름을 단지 숨기고 있을 수도 있다는 것이다.

78. 리만 방정식에 대한 직관적인 감각

> "[길먼]은 리만 방정식을 직관적으로 알아들었고, 다른 학생들을 난감하게 만들었던 4차원적인 다른 문제들을 이해하며 어쩜 교수를 놀라게 했다."(WH 661)

베른하르트 리만(1826-1866)은 독일의 수학자로서 19세기의 가장 위대한 사람 중 하나로 여겨진다. 곡선 공간에 대한 그의 기하학적 아이디어는 아인슈타인이 1916년 세운 일반상대성이론의 기초기 되었다. 그리고 일반상대성이론으로 우리가 생생하는 중력, 가속, 질량에 대한 그림은 완전히 바뀌었다. 다차원 공간에 관한 리만의 아이디어는 위상학 분야의 토대다. 위의 구절과 관련해서, 리만 방정식을 습득하기가 어렵다는 점은 확실하다. 그러나 그 방정식의 대부분이 정상적 인간 경험 너머에 있는 다차원으로 확장된다는 사실은 방정식의 "직관적" 이해를 분명 불가능하게 만든다. 그렇지만 바로 그것을 주장하는 것이다. 이 시점까지의 이야기에서, 길먼은 공부에 관심이 없는 학생이었다. 늦은 밤까지 고차원을 가로질러 마녀와 마녀의 조력자와 놀았기에 수업에서는 종종 졸았다. 리만이 다룬 분야에 대한 길먼의 지적인 숙달이 늘어난 것은 온전히 케지아와 브라운 젠킨이 밤마다 보여 준 비전 때문이지, 학교 과제를 열심히 했기 때문이 아니다. 삼차원 이상의 차원에 대한 리만의 도전적인 시도에 학생들이 "난감하게" 된 것은 당연하지만, 길먼은 이 문제들을 편안하게 다룬다.

바로 다음 구절에서, 이야기의 전지적 화자는 리만의 주제를 다루는 수업에서 길먼이 두각을 보였던 예를 제시한다.

어느 날 오후, 공간에서 발생할 수 있는 기이한 곡률이 논의되었다. 또한 우리쪽 우주와 우리에게서 가장 떨어져 있는 별들이나 은하계 간 심연들 자체만큼이나 멀리 있는 다른 지역들 사이의 이론적 접점 혹은 심지어 직접적 접촉에 관한 논의도 있었다. 혹은 심지어 아인슈타인의 시공간 연속체 전체 너머, 가설적으로 상상 가능한 우주의 구성단위들만큼이나 엄청나게 멀리 떨어진 곳들과의 접점이나 접촉까지 다루었다. 길먼이 이 문제를 다루는 모습을 보고 모두가 놀랐다. 그러나 그가 보여 준 가설들은 그의 불안하고 외로운 특이함에 관해 언제나 무성했던 소문을 키우기도 했다.(WH 661)

여기서 우리는 아인슈타인의 시공간 너머, 이미 그 자체도 상식적으로 시각화하기가 매우 어려운 시공간 너머의 "가설적으로 상상 가능한 우주의 구성단위"에 대한 러브크래프트의 적절한 암시를 접한다. "가설적으로 상상 가능한" 구성단위는 계속해서 학생들을 난감하게 만들지만, 길먼은 이를 완전히 숙지해서 그의 정신 상태를 의심케 할 정도의 놀랍도록 생생한 "가설"을 보여 준다.

79. 폭이 늘어난 회전 타원체 거품

"… 폭이 늘어난 회전 타원체 모양의 무지갯빛 거품들로 된 다소 커다란 덩어리, 그리고 알 수 없는 색과 급속히 변화하는 표면 각도를 가진 훨씬 더 작은 다면체가 … 그를 알아보는 것처럼 보였다. 그리고 그가 거대한 프리즘, 미로, 정육면체와 평면 덩어리, 유사 건물 사이에서 위치를 바꿀 때마다 그를 따라다니거나 앞서서 떠다니는 듯했다."(WH 665)

〈마녀 집의 꿈〉에서 항상 그렇듯이, 위의 묘사는 꿈의 한 장면으로 포장되어 있다. 독자는 이 경고를 거의 믿지 못하고, 이야기 막바지에는 더 이상 이런 장면들 중 그 어느 것도 현실이 아니라 꿈이었다고 생각할 이유가 없다. 구절의 마지막 부분에서 시작해 보자. 여기서 건축적 용어들은 선형적으로 러브크래프트석이고, 남극에서도 어색해 보이지 않을 것이다. "정육면체와 평면 덩어리"는 과감하면서 생생한 합성어이고, 반면에 "유사 건물"은 이전에 보았던 "반-개체"만큼이나 놀라울 정도로 암시적이다. 윌슨에게는 "유사 건물"이 펄프에서 사용되는 손쉬운 속임수일 뿐이겠지만, 우리는 그것이 어느 정도 가능해 보이는 기하학적 고체들의 긴 목록 끝에 등장한다는 점에 주목한다. 마치 사회적으로 좀 더 인정받는 친구들 덕분에, 그것을 몰래 성공적으로 클럽 안으로 들여온 것과 같다.

이로써 우리는 좀 더 이상한 문장의 첫 부분에 다가선다. 폭이 늘어난 회전 타원체를 가장 잘 묘사하는 방법은 수직으로 늘어나서 일종의 달걀 모양을 한 구체라고 하는 것이다. 이 회전 타원체 모양 거품들의 거대한 덩어리는 더 나아가 무지갯빛으로 묘사되고, 적대적 의도 없이 길먼에게 주목하는 듯하다. 그것은 그가 이 꿈의 세계라고 알려진 곳을 돌아다닐 때 그의 주위를 떠다닌다. 무지갯빛 거품 덩어리는 분명히 다이어와 댄포스가 남극에서 목격했던 위험한 **쇼거스** 중 하나다. 그리고 인스머스의 올드 자독에 따르면, 그들 중 하나가 매사추세츠 해변을 수륙양면에서 공격하기 위해 준비 중이다. 이 생명체의 두려운 평판을 감안하면, 길먼은 그것과 놀랍게도 잘 지내는 듯하다. 쇼거스를 동반하는 개체는 "알 수 없는 색"(어쩌면 "그저 비유로서만" 색?)이고 "급속히 변화하는 표면 각도"를 가진 "다면체"라고 묘사된다.(WH 665) 우리는 동물학으로 이해할 수 없는 공상과학 괴물에서, 민담에 나오는 마녀들의 조력자를 거쳐, 리만의 다중 차원적 우주에 살고 있는 순전히 기하학적인 괴물까지 온 것이다.

또한 흥미로운 점은 거품 덩어리와 변화하는 작은 다면체가 길먼의 꿈에 등장하는 좀 더 광범위한 기이한 개체들에 속한다는 것이다. 다시 말해서, 이들은 "그 움직임이 향기로 유발되지 않고 관련도 없는 것과는 가장 먼 듯이 [보이는] 유기체들"(WH 665)이다. 러브크래프트가 아니면 그러한 존재들을 창안할 사람은 없을 것이다. 그는 이 우주의 다른 개체들이 움직이는 무언가로 유발되지 않고 관련도 없다고, 절대로 직접 이야기하지 않는다. 하지만 분명 추론은 가능하다. "공연에 등장하는 개들 중에 가장 추하지 않은 것들은 이 세 마리다…" 이런 식의 에두른 칭찬이 인간의 가장 악의적인 사교계에서는 흔하지만, 아마도 생명체가 움직이는 이유와 관련성을 위해 쓰인 적은 지금껏 한 번도 없었을 것이다.

80. 그녀 주변에서 움직이는 키 큰 잔디

"[나이 든 여인] 주변의 키 큰 잔디도 역시 움직이고 있었다. 마치 다른 어떤 생명체가 땅에서 기어다니는 듯이."(WH 666)

허구의 마을인 아캄에는, 마찬가지로 허구의 미스캐토닉강이 흐른다. 이는 하이데거에 의해 신성화된 횔덜린의 라인강과 이스터강에 대한 돌발적인 도전이다. 그러나 독일인과 그리스인을 하이데거의 침울한 방식으로 연결시키기보다는, 미스캐토닉강은 젊은 월터 길먼의 비유클리드적 연구를 "평범한" 케지아 메이슨과 "특이한" 브라운 젠킨, 사실 전혀 평범하거나 특이하지 않은 이 두 인물의 민속적 마녀술과 연결시킨다. 위의 구절에서 가리키는 날 내내, 브라운 젠킨은 "끔찍하게 사람 같은 앞발로 특정한 방향을"(WH 666) 가리키고 있다. 자주 그러듯이 대학에서 수업을 빼먹은 길먼은 바닥이 천천히 움직이는 지점을 뚫어져라 보고 있다. 점심때 집을 나서면서, 그는 자신이 "항상 동남쪽으로 방향을 튼다"(WH 666)는 것을 발견한다. 이후에 인간과 하위 – 인간의 관심 모두가 "하이드라와 아르고 나비스 중간의 어느 지점을"(WH 667) 향하고 있었음이 드러난다. 이 지점은 별들의 일상적인 경로를 따라 하늘에서 천천히 회전한다.

길먼은 미스캐토닉강 위의 다리를 건너고, 이유가 전혀 설명되지 않는 "흉조의 섬"을 자신도 모르게 바라본다.(WH 666) 그곳에서 그는 지금까지 꿈이라고만 추정했던 것에서 보았던 여성을 본다. 그녀가 자신을 향해 몸을 돌리자 그는 도망친다. 그러나 그러기 전에 그녀 주위의 잔디가 움직이는 것을 본다. 어떤 생명체가 잔디 사이로 움직이고 있는지에 관한 화자의 모호함은 의도적으로 의미 없는 단서다. 왜냐하면 우리는 그게 어떤 생명체인지 정확히 알기 때문이다. 어떤 면에서 이는 〈인스머스 위의 그림자〉의 결말 부분에서 내렸던 유사한 추론의 좀 더 편안한 버전일 뿐이다. 그 이야기에서는 보이지 않는 무리가 반짝거리고 물결치는 움직임을 완벽히 시각적으로 암시한다. 길먼이 지금 관찰하는 것은 이런 종류의 끔찍하면서 우울한 신호가 아니라, 그저 키 큰 잔디 속의 움직임이다. 이처럼 식물의 작은 움직임을 통해 브라운 젠킨의 존재가 추측된다. 이 증거는 쥐의 흉측한 주인에 관한 덜 물리적인 암시와 쌍을 이룬다. "섬은 멀리 있었지만, [길먼은] 그 갈색의 구부정한 고대의 생명체가 던지는 냉소적인 시선에서 괴물스럽고 꺾을 수 없는 악이 흘러나올 수 있다고 느꼈다."(WH 667) 우리는 똑같이 괴물스럽고 꺾을 수 없는 악이, 섬을 덮은 잔디의 움직임처럼 보통은 무해한 무언가에서 흘러나올 수 있다고 느낀다.

그러나 동등비교가 아주 정확하지는 않다. 케지아에 대한 암시는 언어로 적절하게 포착할 수 있는 범위에서 물러난 사악한 힘을 가리킨다. 그와 반대로, 잔디의 움직임은 전적으로 평범한 개체에 그저 감각적으로 접근할 수 있는 또 다른 특징이 접목된 것으로, 날카로운 이빨, 긴 머리카락, 수염 난 얼굴, 기이하게 손과 같은 앞발 등과 같은 층위에 속하며 "입체파"적인 면이 있다. 단순히 말하자면, 케지아와 브라운 젠킨은 러브크래프트의 기이한 존재지학의 두 개의 주축을 체화한 것이다. 이 둘이 서로를 필요로 하고, 절대로 떨어지지 않는다는 사실이 이해된다.

81. 무언가 이 세상의 것이 아닌 듯한 대칭

"… 타일은 기이한 각도의 모양으로 잘려져 있었고, 그는 그것들이 비대칭이라기보다는 그 자신이 이해할 수 없는 법칙을 가진, 무언가 이 세상의 것이 아닌 듯한 대칭에 기초한 것이라고 느꼈다."(WH 669)

이 문장에서 길먼은 또 다른 "꿈" 속에 빠져 있다. 이 꿈은 〈광기의 산에서〉에 이미 묘사된 물리적 지형으로 그를 데려간다. 왜냐하면 길먼은 아래를 보며 "이천 피트 이하의 끝없는, 키클롭스식 도시"(WH 669-70)를 관찰하기 때문이다. 얼음이 없다는 것은 여기서 거의 무의미하다. 왜냐하면 수백만 년 전 엘더 씽스의 전성기는 아마도 남극이 얼기 전이었을 것이기 때문이다. 좀 더 중요한 점은 케지아와 브라운 젠킨이 길먼에게 접근했고, "아래쪽의 불가사리 모양 팔들을 거미처럼 꿈틀거리며 전진하는 약 2미터 40센티미터 높이의 생명체"(WH 670) 세 마리를 데리고 왔다는 것이다. 이제 이것이 〈광기의 산에서〉를 참조한다는 점은 완전히 명백하다.

이곳의 타일은 기이한 각도의 모양으로 잘려 있고, 〈어둠 속에서 속삭이는 자〉에서 애클리가 윌머스에게 보낸 검은 돌을 연상시킨다. 거기서처럼 이 이야기에서도, 그리고 뉴베리포트에서 봤던 바다와 관련된 문양의 티아라와 마찬가지로, 타일은 알려진 인간 문화권에 속하거나 인간 문화 전반에 대한 "의식적인 현대적 저항"으로 파악되지 않는다. 대신에 인간 문화 전반 너머, 지금까지 인간의 모든 경험에 개방되지 않았던 대칭 법칙을 알린다. 그런 것을 경험하는데 있어서 리만의 다중체를 배운 학생보다 더 적절한 사람이 있겠는가? 19세기 중반의 아방가르드 독일 기하학 덕분에, 길먼은 애클리, 윌머스, 인스머스의 오벌린 화자 등은 절대 가능하지 않은 수준으로 그러한 이상한 각도의 절단물에 익숙하다. 그렇지만, 비록 이전에 교실에서 이상한 가설들을 제시하며 이 주제에 정통하다는 것을 보여 주었음에도, 길먼이 이 대칭 법칙을 완전히 이해할 수 있는 것은 아니다. 이 세상의 것이 아닌 대칭을 다룰 때, 한 인간에게서 최대로 기대할 수 있는 것은 정밀하지 않은 실용적 노하우일 뿐이다. 우리는 이 불가사리 모양의 팔을 가진 남극 생명체들이 이 법칙에 직접 접근할 수 있다고 분명히 추측할 수 있다. 왜냐하면 생명체들은 그 법칙에 따르는 도시 전체를 만들기 때문이다. 그러나 길먼은, 비록 리만과 관련된 학문을 배우고 마녀와 그녀의 역겨운 조력자에게 지도받아서 매우 뛰어나지만, 실재에 접근하는 데 있어 인간에게 지워진 경계를 넘어서지 못한다. 길먼은 이 대칭의 표면적인 효과를 볼 수 있지만, 그것의 심오한 원칙은 언제나 그에게 숨겨져 있는 것이다. 이는 명백히 러브크래프트의 칸트적 순간처럼 보일 수 있다. 마치 이 세상 것이 아닌 듯한 대칭이 실재의 "물자체적" 특징처럼 보이기 때문이다. 그러나 엘더 씽스만이 이 대칭을 건축적 도구로 사용할 수 있다는 사실은 그런 추측을 거부한다. 칸트는 자신의 유한성 개념이 단순히 인간뿐만 아니라 생각하는 모든 존재들에게 유효하다고 보았다. 나는 2008년에 러브크래프트와 후설에 관해 쓴 논문에서, 다음과 같은 반-칸트적인 주장을 했다. "체스 게임을 이해하는 능력이 없는 개들에게 게임은 '물자체적'이지 않다. 정신이 온전하지 않은 성인이나 3살짜리 아이에게 있어서 산스크리트 논문도 마찬가지다."[80] 우리는 이제 이렇게 덧붙일 수 있다. 키클롭스식 도시의 타일이 갖춘, 이 세상 것이 아닌 듯한 대칭은 길먼이 그것을 이해할 능력이 없다는 점에서 그에게 "물자체적"이지 않다. 그는 너무 멍청해서 그럴 수가 없다. 좀 덜 멍청한 리만, 플랑크, 하이젠베르크, 아인슈타인, 더 시터르 그리고 어쩌면 훨씬 덜 멍청한 케지아 메이슨의 도움에도 불구하고 그러하다.

82. 인스머스로 가는 길

"소금 습지의 쓸쓸한 허무함이 그의 주변으로 전부 펼쳐져 있었다. 반면에 앞쪽의 좁은 길은 인스머스로, 즉 아캄 사람들이 기이할 정도로 가지 않으려 하는 그 반쯤 버려진 고대의 마을로 이어졌다."(WH 670)

다음날 길먼은 식은땀에 젖은 채 일어나, 물뱀자리와 아르고자리 사이가 아닌 하늘의 다른 지점에 주목한다. 그 지점은 그를 이상하게 익숙한 지형으로 이끈다. 이 오벌린 역사가는 버스를 타고 뉴베리포트에서 인스머스로 이동했지만, 계획한 대로 아캄에 도착하지는 못했다. 그는 외부 세계로부터 인스머스를 막는 소금 습지를 극복해야만 한다. 물고기-개구리-인간 하이브리드가 지배하는 퇴화하고 불운한 항구에서 그가 도망치려고 할 때, 원하는 대로 움직이지 못하도록 그 습지가 그를 막았기 때문이다. 도보로 아캄을 빠져나오다가, 길먼은 이제 다른 방향에서 등장한 유사한 방해물을 마주친다. 화자는 인스머스가 반쯤 버려진 고대의 마을로 주변 마을 사람들이 방문하기에 너무 두려운 곳이라는, 잘 알려진 사실을 다시 한번 언급한다. 아캄의 거주민들도 뉴베리포트 사람들만큼이나 이곳을 피하는 듯이 보인다. 러브크래프트의 훌륭한 이야기들이 전부 합쳐지기 시작한다. 지금까지는 그 중에서 〈우주로부터의 색〉만이 제외되었지만, 오래 가지 않아 그마저도 보게 될 것이다(그리고 실제로 히스테리컬한 젊은 댄포스는 남극 여행 후에 그 색을 이미 언급한 바 있다(MM 586)).

길먼은 점심을 먹고, "싸구려 극장에서 집중하지 않은 채 재미없는 공연을 계속해서 다시 보며"(MM 671) 시간을 보낸다. 이 모든 것이 오후 9시에 집에 와서 일어날 일의 전주일 뿐이다. 전날 밤 키클롭스식 도시에 대한 "꿈"에서, 길먼은 600미터 아래로 추락하지 않도록 막아 주는 난간의 장식을 우연히 부수었다. 그리고 그는 이제 아캄의 자기 방에서 바로 이 장식을 발견한다. "멍하니 무감해지는 경향이 아니었다면, 그는 크게 소리를 질렀을 것이다. 이러한 꿈과 현실의 혼재는 견디기 힘들 정도였다."(MM 671) 처음으로 엘더 씽스, 니알라토텝, 케지아 및 브라운 젠킨의 민담 세계와, 미스캐토닉 대학에서 길먼이 그토록 띄엄띄엄 공부했던 비유클리드적인 기하학 및 양자이론의 과학 세계가 확실히 합쳐진 것이다. 난간의 장식품은 전날 밤 꿈에 나온 꿈틀거리는 팔이 달린 생명체가 끔찍한 현실임을 암시한다. "세부적인 것이 그대로였다. 주름진 통 모양의 몸체, 사방으로 퍼진 가느다란 팔들, 양쪽의 손잡이, 그 손잡이에서 펼쳐진 납작하고, 바깥쪽이 살짝 굽은 불가사리 팔들이 모두 다 있었다."(MM 671) 만일 문학에서 보통 현실로 보이는 것이 단지 꿈이었다고 판명되는 상황이 클리세라면, 러브크래프트는 이 제스처를 거꾸로 하여 꿈이 어떻게 현실이 되는지를 보여 준다.

83. 형태의 이름 없는 유사물들

"그는 자신을 항상 괴롭히던 거품-덩어리와 작은 다면체에 의해 그곳으로 끌려갔다. 그러나 그것들은, 그와 마찬가지로, 궁극적 어둠이 깔린 이 머나먼 공허 속에서 불투명하고 거의 빛을 내지 않는 한 줄기 연기로 변했다. 앞서 나간 다른 무언가가 있었는데, 이따금씩 형태의 이름 없는 유사물들로 압축된 좀 더 큰 줄기였다…"(WH 674)

여기서, 러브크래프트의 모든 괴물들 중에 가장 형태 없는 두 개가 훨씬 더 감지할 수 없는 무언가로 변한다. 이미 거품-덩어리(즉, **쇼거스**)는 당연히 가장 형태 없는 생명체로, 때마다 요구에 따라 어떠한 장기로도 자신을 바꿀 수 있다. 길먼의 최근 "꿈"이 지금 암시하는 것은, 심지어 이 끔찍한 형태 없음조차도, 훨씬 더 심오하고 무정형한 것이 과도하게 형태화된 속임수였다는 사실이다. 무한히 변화하는 거품-덩어리는 이제 "궁극적 어둠이 깔린 이 머나먼 공허 속에서 불투명하고 거의 빛을 내지 않는 한 줄기 연기"일 뿐이다.

그리고 항상 길먼을 "괴롭혔던", 우리가 마치 리만의 위상학적 괴물이라기보다는 작은 푸들 강아지인 듯 말하는, "작은 다면체"가 있다. 다면체는 그 면의 개수와 방향이 변화하고 "알 수 없는 색"을 지닌 탓에 이미 너무도 추상적이어서, 더 이상의 추상화가 거의 불가능한 것처럼 보인다. 그러나 여기서 한 번 더, 러브크래프트는 필요한 작업을 수행한다. 작은 다면체 또한 "궁극적 어둠이 깔린 이 머나먼 공허 속에서 불투명하고 거의 빛을 내지 않는 한 줄기 연기"로 졸아드는 것이다. 허구의 괴물들 대부분이 명확한 특징과 윤곽을 가지는 반면에, 러브크래프트의 가장 추상적인 생명체들은 이제 빅뱅에서 남겨진 우주배경복사만큼이나 모호한 무언가가 되었다. 혹은 심지어 공허의 텅 빈 장에서 비롯된 최소한의 진공 변동만큼이나 모호해졌다.

그러나 새롭게 선택된 불투명하고 거의 빛을 내지 않는 한 줄기 연기는 공허에 가까운 이 영역에서 여전히 최고의 영주가 아니다. 그 명예는 분명 근처에 있는 "좀 더 커다란 한 줄기 연기"의 것이다. 이것은 적어도 거품-덩어리였던 것과 다면체였던 것에 비해 양적인 우월성을 주장할 수 있다. 소크라테스 이전 철학자들의 형태 없는 **아페이론**과 다르지 않은, 좀 더 커다란 이 줄기는 "이따금 형태의 이름 없는 유사물들로 압축"된다. 이 반-개체들 중에서 그 무엇도 직선으로 움직이는 것 같지 않고, 오히려 "천상의 소용돌이의 낯선 곡선과 나선을 따라"(WH 674) 움직인다. 이는 내용에 있어서 가장 미약한 단서만이 담긴 묘사이다. 이제 들리는 소리로 판단해 보면, 우리는 계속해서 눈먼 백치 신에 더 가까워지는 듯하다. "괴물스러운, 절반쯤 청각으로 느껴지는 리듬 … 그리고 보이지 않는 플루트의 가늘고 단조로운 소리…"(WH 674) 이는 절대로 감지할 수 없고 이해할 수 없는 풍경에 관한 궁극의 암시다.

84. 주기율표에 맞지 않는

"엘러리 교수는 그 낯선 합금에서 백금, 텔루르, 철을 발견했다. 그러나 이것들에는 높은 원자량을 가진 최소한 세 개의 명백한 원소들이 섞여 있었고, 화학적으로 이것들을 전혀 분류할 수 없었다. 그것들은 알려진 그 어떤 원소에도 상응하지 않았을 뿐만 아니라, 새로 생길 수 있는 원소를 위해 주기율표에 남겨 둔 빈자리에도 맞지 않았다."(WH 677)

일찍이 〈마녀 집의 꿈〉은 앞선 러브크래프트의 훌륭한 이야기들을 전부 하나의 통합된 신화로 묶으려는 것처럼 보였다. 〈우주로부터의 색〉만이 이 그림에서 빠진 듯했다. 그러나 위 구절은 길먼의 리만적 마녀와, 아캄 서쪽 야생 언덕에 있는 나훔 가드너의 애석하게도 퇴화하는 농장 긴의 연결 고리로 볼 수 있다. 우리는 미스캐도닉 교수가 가드너의 집에서 유성의 작은 표본을 가져갔고, 그것을 실험하여 "그 색은 운석의 기묘한 스펙트럼 띠와 일부 유사했고, 묘사하기는 거의 불가능했다. 그저 비유적으로 그것을 색이라고 부를 수가 있었다"(CS 345)는 사실을 발견했던 것을 떠올린다. 현재의 경우에, 길먼이 "꿈"에서 가져온 물체는 색 **자체의** 문제가 아닌 듯이 보인다. 대신 이 표본에는 다른 심각한 어려움들이 있다.

허구의 장소들(미스캐토닉 대학)을 진짜 장소들(하버드 대학)과 연계하여 신뢰 쌓기를 좋아하는 것처럼, 그리고 허구의 작가들(폰 윤츠)과 진짜 작가들(로저 베이컨)을 한 호흡에 언급하여 강화하기를 좋아하는 것처럼, 이제 러브크래프트는 화학적 물질로도 같은 일을 한다. 길먼이 가져온 물질은 어쨌거나 이 세상 것이 **완전히** 아닌 것도 아니다. 이 물질에는 백금, 텔루르, 철 등이 들어있는데, 이는 아마도 녹여서 상업적으로 쓸모 있는 보석이나 태양광 패널, 혹은 비타민 보충제를 만드는 데 사용될 수 있을 것이다. 그러나 이처럼 잘 연구된 원자에 더해서, 물질에는 높은 원자량을 가진 것이 적어도 세 개가 포함되고, 이것들은 화학적으로 분류되지 않는다. 넵투늄이나 플루토늄 등을 미리 발견한 것이 아니라고 가정한다면, 우리가 다루는 것은 고체의 금속을 형성할 정도로 안정적일 수가 없는 초-이국적인 원자다.

이 미스터리가 공공의 이익을 위해 감춰져 있는 것도 아니다. 미스캐토닉 과학자들은 겸손하게 패배를 인정하고, 이 미스터리가 과학적 도전임을 대중에게 명백히 밝히면서 누구라도 시도하라고 말한다. 러브크래프트는 우스울 정도로 터무니없게 이를 묘사한다. "비록 그 이미지가 미스캐토닉 대학 박물관에 전시되고 있지만, 미스터리는 오늘날까지 풀리지 않은 채 남아있다."(WH 677) 아주 오래전에 이 특정한 물질을 만든 우주의 조각가가 누구든지 간에, 이런 운명을 기대하지는 않았을 것이다. 여기서 길먼, 키클롭스식 남극 도시, 가드너 유성의 분류할 수 없는 원자 사이의 세 가지 방식, 세 편의 이야기 간 연결이 만들어진다. 러브크래프트의 유일한 실수는, 미스캐토닉 교수진이 이전의 가드너 유성 수수께끼와 지금 이야기에 나오는 주기율표에 대한 유사한 도전을 연결시키지 못한 이유를 설명하지 않았다는 것이다. 또한 다이어와 남극에서 돌아온 미스캐토닉의 생존자들이 꿈의 난간에서 가져온 물체가 유달리 익숙한 모양을 하고 있다는 것을 눈치채지 못한 이유도 설명하지 않았다.

85. 우주적 음색

"그는 무엇이 오는지 아는 듯했다. 발푸르기니-리듬이 괴물스럽게 분출하면서 그것의 우주적 음색에 태곳적, 궁극적 시공간의 들끓음이 모두 집중되었다. 이 들끓음은 물질의 뭉쳐진 구체들 뒤에 있다가 가끔 절제된 반향으로 폭발하였다. 그래서 개체의 모든 층위를 희미하게 파고들고, 두려운 시기마다 세계 전반에 끔찍한 의미를 가져다준다."(WH 683)

길먼은 이제 이야기의 끔찍한 마지막 제식에 참석한다. 여기서 퇴화한 우리 우주의 모든 실타래가 다시 한번 하나로 묶인다. 어린 폴란드계 미국인 아기가 사라졌고, 이전의 많은 아이들처럼 분명히 인간 제물로 낙점된 것이다. 다행히 또 다른 폴란드인이 길먼에게 십자가를 주었고, 그것은 별 모양 팔을 가진 남극인들이나 유고스에서 온 게와 같은 균류에게는 아마도 작동하지 않을 방식이지만 마녀에게는 작동하는 것처럼 보인다. 러브크래프트의 최종 언어 생성물은 길먼이 자면서 한 생각으로 준비된다. "《네크로노미콘》과 블랙 북의 내용에 대한 해로운 회상이 샘솟았다. 그는 자신도 모르게 언급하기도 힘든 불쾌한infandous 리듬에 맞춰 몸을 흔들었다.[81]

이 리듬은 사바트의 가장 사악한 제식과 관련되어 있고, 우리가 이해하는 시공간 밖에서 기인했다고 이야기되었다."(WH 682)

그러나 이야기 후반부의 진짜 보물은 서두의 구절이다. 이르게는 〈크툴루의 부름〉에서부터, 우리는 루이지애나 늪에서 벌어진 기이한 음악과 춤의 난교가 러브크래프트 이야기 속 궁극적인 우주의 깊이에 접근하는 일에 동반되는 것을 종종 보았다. 이번에 그가 듣는 "우주적 음색"은 던위치 외곽 윌버 와틀리의 괴물 형제가 발산하는 "끔찍한, 저음 아래의 음색"을 연상시킨다. 그러나 이 음색은 신플라톤주의 유출 이론의 사악하거나 비윤리적인 버전처럼 들리는 것으로 가는 관문이 된다. 우선, 우리는 "물질의 뭉쳐진 구체들"이 있다고 듣는다. 구체들 뒤에는 우주의 구조 자체를 정의하는 "태곳적, 궁극적 시공간의 들끓음"이 집중되어 있다. 이어서, 이 "들끓음"은 그곳에서 흔들리지 않은 채 있는 것이 아니라, "가끔 절제된 반향으로 폭발하였다." 그리고는 "개체의 모든 층위를 희미하게 파고든다." 이는 신플라톤주의자의 단일자와 매우 비슷하지만, 단일자가 지니는 심오한 선함의 흔적이 모두 부재한다. 만일 아비센나, 혹은 니콜라우스 쿠자누스가 엘더 세계의 존재에게 유혹 당했다면, 미친 아랍인 압둘 알하즈레드의 《네크로노미콘》과 다르지 않은 책을 집필했을 것이다.

86. 맹렬한 발길질 한 번으로

"그녀의 마지막 투쟁에서 그는 무언가가 자신을 발목을 물었다고 느꼈고, 브라운 젠킨이 그녀를 도우러 온 것을 보았다. 맹렬한 발길질 한 번으로 그는 그 소름 끼치는 것을 골짜기 가장자리 너머로 보냈고, 저 아래 어디에서 그것이 낑낑대는 소리를 들었다."(WH 684-5)

길먼은 이제 자신이 꿈의 세계라고 오판했던 것에 충분히 대응하면서, 케지아와 브라운 젠킨에 맞서 싸우고 그들을 죽이려 한다. 그들이 어린 폴란드 아기를 죽이려고 준비 중임이 명백하기에, 그의 폭력은 정당하다. 길먼은 케지아와 엎치락뒤치락하고, 십자가로 그녀에게 겁을 주고, 종국에는 그녀의 목을 조르기 시작한다. 죽었는지 아닌지 모르지만, 그녀는 바닥에 쓰러진다. 브라운 젠킨이 그녀를 도우러 오자 길먼은 위의 구절에서 묘사하듯이, 그 생명체를 발로 차 심연에 빠뜨린다. 그러나 불쌍한 아기는 구하지 못한다. 왜냐하면 브라운 젠킨이 난간 너머로 넘어가기 전에 이미 사악한 일을 마무리했기 때문이다. "희생양의 가슴에 칼이 하려던 일을 [길먼이] 막았지만, 그 불경한 털북숭이의 누런 송곳니가 아이의 손목에 그 일을 했다. 그리고 방금까지 바닥에 있던 그릇이 가득 찼고, 생명을 잃은 작은 신체 옆에 놓여 있었다."(WH 685)

러브크래프트의 소설에는 정상적 인간과 동물이 다른 세계에서 온 우월한 존재와 물리적 폭력으로 싸우는 사례가 놀랄 정도로 많다. 첫 번째 생생한 예는 요한슨이 용감하게 배를 돌려 위대한 크툴루와 충돌하고, 그것을 잠시 폭발시키는 것이다. 가드너 농장을 방문한 추격대는 우주로부터의 색이 있는 우물을 파내는 폭력을 행사한다. 색이 점진적인 방식으로만 사람들의 생명을 빼내는 것처럼 보이기 때문에, 그들은 분명 가까스로 탈출하지만 결국 난관을 극복한다. 〈던위치 공포〉에서, 미스캐토닉 도서관의 경비견은 윌버를 죽인다. 이후에, 윌버의 괴물스러운 이름 없는 형제를 파괴시키는 더 어려운 일을 해내는 이는 바로 아미티지와 그의 동료 학자들이다. 〈어둠 속에서 속삭이는 자〉에서, 훗날 밖에서 발견된 것으로 미루어 보면, 창밖으로 마구 난사된 애클리의 총탄이 유고스에서 온 균류를 일부 죽였을 가능성이 높아 보인다. 〈광기의 산에서〉의 레이크 교수는 엘더 씽스를 해부하면서 죽은 거라고 착각했지만, 그저 동면하던 표본을 죽였던 것일 수 있다. 인스머스에서는, 연방 권력에 의한 물고기-개구리-인간 하이브리드들이 학살되고 체포당한다. 엘더 종족들도 마찬가지로 많은 살해를 범했다. 둔각처럼 행동하는 예각을 통해서, 남극 캠프를 전면 공격함으로써, 혹은 발푸르기니의 밤에 영아를 매년 희생양으로 만들어서 죽였다. 그러나 전체적으로, 러브크래프트의 인간과 동물이 이처럼 끔찍하게 강력한 괴물들과 육탄전을 치러 많이 승리했다는 점은 놀랍다.

87. 잠재의식적 각도

"혼란한 기억이 그가 아는 수학과 뒤섞였고, 그는 정상적 세계로 가기 위해 필요한 각도가 자신의 잠재의식 속에 있다고 믿었다. 처음으로 혼자서 그리고 도움받아서 말이다."(WH 685)

러브크래프트의 세계에서, 수학 및 물리학은 항상 민담 및 오컬트 연구와 자유롭게 섞인다. 심층 심리학도 이제 혼합물에 더해진다. 〈인스머스 위의 그림자〉에서, 화자는 이미 "유사 기억의 애매한 감각"에 의해 종종 괴롭힘을 당한다. 프로이트의 무의식은 대체로 유아기 성적 경험이 백지에 각인되면서 시작하는 반면에, 그리고 융의 무의식은 단순히 기억을 더듬어 유구한 신화적 과거를 돌이켜 보는 반면에, 러브크래프트적 무의식은 이미 리만 위상학의 각도로 깊이 채워져 있다. 프로이트가 인간의 죽음 충동은 원형질의 웅덩이에서 생명이 출현한 순간을 상기시킨다고 과감하게 주장하는 것처럼 보였던 한편,[82] 러브크래프트는 괴물스러운 핵의 카오스, 즉《네크로노미콘》이 아자토스라는 이름으로 자비롭게 가려둔 카오스 주변의 불투명한 수증기 줄기 바로 위의 지점까지 기억을 되돌린다.

인간의 모든 지식과 경험은 이제 말할 수 없는 하나의 태피스트리로 짜여 있는 듯하다. 베른하르트 리만은 끔찍한 신화의 비밀을 지닌 텍스트들과 매우 가까이 있고, 현재까지 통합되지 않은 양자이론과 상대성 이론은 의식도 형체도 없이 퍼덕거리는 무희들 속으로 통합된다. 길먼은 이 세계에 좀 더 익숙해지지만, 그가 편안해하지 않는다고 비난할 수는 없다. 케지아와 브라운 젠킨이 이제 사라졌으므로, 그는 도움 없이 혼자서 공간의 이상한 각도들을 항해해야만 한다. "모호한 심연들 사이의 통로는 두려울 것이다 … 그리고 마침내 그는 죽을 만큼 몹시 두려워했던, 지금까지 가려진 우주의 맥박을 들어야만 할 것이다."(WH 685) 이 맥박은 "낮고 괴물스러운 흔들림"(WH 685)이라는 좀 더 감지할 수 있는 형태로, 아자토스로 가득한 우리 우주의 입문자들과 소통하는 듯이 보이기까지 한다. 이 우주에서 의식도 형태도 없는 무희들은 실재의 궁극적 요소로서 아리스토텔레스의 제1질료와 신플라톤주의의 단일자를 대체한다.

88. 사실상 동굴

"무엇이 길먼을 죽였는지 암시하는 것 이상으로 말한다면 잔혹한 일이 될 것이다. 그의 몸에는 사실상 동굴이 뚫렸다. 무언가가 그의 심장을 파먹었다."(WH 687-8)

이는 러브크래프트의 소설에서 일어나는 죽음 중에서 분명히 최악의 죽음이다. 예각-둔각 각도의 바위틈으로 빠지는 것보다 훨씬 더 나쁘고, 촉수 달린 남극의 엘더 씽스에 의해 근육이 소금에 재워져 제거되는 것보다 훨씬 더 나쁘다. 위의 문장은 다소 위선적이다. 처음에는 길먼의 사인에 대한 암시 이상으로 말하는 것이 "잔혹한" 일이라고 주장하고는, 그 원인을 최대한 직설적으로 말한다. 비록 케지아는 (그녀 특유의 자줏빛이 소멸된 것으로 암시되듯이(WH 686)) 십자가로 목이 졸려 죽은 것처럼 보이지만, 브라운 젠킨은 난간 너머 심연으로 떨어졌으나 죽지 않았다. 그때 바로 이 "불경한 털북숭이"가 어떻게 된 건지 길먼의 방에 재등장하고, 그가 자는 동안 그의 심장을 먹어 버린다.

한밤에 킬킬거리는 수염 난 쥐에게 심장이 먹히는 일은 공포의 정점인 듯이 보일 수 있다. 어쨌거나, 일단 죽은 다음에 그에게 무슨 일이 일어날지는 별로 중요하지 않아 보인다. 그러나 브라운 젠킨이 심장을 완전히 먹은 후에, 그냥 몸을 돌려 자신이 들어온 길을 따라 길먼의 가슴 구멍에서 나오지 않았다는 사실은 매우 꺼림칙하다. 몸속에서 브라운 젠킨이 계속해서 곧바로 다른 방향으로 나아간다는 사실은 역겹고 불필요해 보인다. 브라운 젠킨은 분명히 잠자는 이의 신체를, 곧장 뚫고 나가는 경로로 이동한 것이다. 그리고 명백히 임무를 완수했음에도 이 경로는 바뀌지 않는다. 일단 굴을 파고 들어가서 심장을 먹은 후에, 이 불경한 털북숭이는 같은 방향으로 계속 파고들어 다른 쪽으로 나가는 것이 적절하다고 본다. 마치 두더지가 흙을 대하듯이, 혹은 조 사전트가 뉴베리포트에서 아캄으로 운전하면서 인스머스 버스 정거장을 대하는 것처럼, 길먼의 몸이 다루어진 것이다. 성공적으로 굴을 판 후에, 브라운 젠킨은 마치 사체를 두고 자랑스럽다는 듯이 잠시 머물기까지 한다. 그러다 현장에 처음 도착한 이들에게 발견된다. "거대하고 쥐 같은 형태가 피로 젖은 침대보 밑에서 갑자기 뛰쳐나와 근처의 바닥을 종종걸음으로 지나서 새롭게 파진 구멍으로 사라지자, 사람들이 전부 소리를 질렀다."(WH 687) 이후에 길먼에게 소중한 십자가를 빌려준 천주교 맹신자인 조 마주레비치가 길먼의 침대에서 쥐구멍으로 이어진 "핏빛 쥐 발자국"(WH 688)을 따라가면서, 앞발 자국이 작은 인간 손의 형태와 유사하다는 점을 발견한다. 집 안에서 쥐가 매우 익숙함에도 불구하고, 브라운 젠킨은 크툴루나 엘더 씽스 군단보다 더 흉측할지 모른다. 적어도 둘은 기이하고 먼 곳에서 왔다는 이유가 있기 때문이다.

시간 밖의 그림자

이 이야기는 1935년 2월에 완성되었다. 내가 보기에는, 여덟 편의 서로 연결된 이야기들 중에 가장 약하다고 자신 있게 얘기할 수 있다. 〈광기의 산에서〉의 후반부를 망친 이국적 폐허의 지겨운 탐색과 〈마녀 집의 꿈〉에서 이미 더 잘 다루어진 주제(꿈이라고 추정된 것이 실제로 현실이 되는 것)를 조합하기 때문이다.

이 이야기에서 미스캐토닉 대학 교수진은 기이한 것을 마주하는 놀라운 행보를 이어간다. 이번에 주인공은 너새니얼 윙게이트 피슬리로, 정치경제학과 교수다. 1908년 5월 14일에 수업을 진행하던 중(러브크래프트의 훌륭한 이야기들에서 보편적으로 나타나는 1920년대의 공포보다 이르다) 피슬리는 누군가가 자신의 생각을 조종하려 한다는 이상한 느낌을 받고, 갑자기 의식을 잃는다. 그는 낯선 방에서 깨어난다. 시간 여행을 하면서 다른 많은 종족의 표본들과 육체를 바꿈으로써 지식을 얻는 외계 종족이 그의 신체를 납치한 사실이 드러난다. 피슬리는 "루고스 [즉, 주름진], 원뿔-모양의 존재들"로 가득 찬 낯선 외계 도시에 몇 년간 갇혀있게 된다. 그 기간에 원뿔-모양의 존재들 중 하나가 아캄에 있는 피슬리의 신체를 점유하고 피슬리인 척 하지만, 완벽하게 그러지는 못한다. 그의 아내는 몸을 점유한 것이 남편이 아닌 다른 사람이라고 느끼고, 이혼을 신청한다. 그의 첫째 아들과 어린 딸도 같은 반응을 보이고, 그를 다시 보지 않으려 한다. 하지만 둘째 아들(윙게이트 피슬리라는 이름의 동료 학자)은 끝까지 그를 믿고, 나중에 아버지가 믿고 털어놓는 사람이 된다. 1913년에 피슬리는 자신의 신체로 돌아오고, 5년 전 그가 쓰러졌던 순간에 하던 강연을 중간에서 재개한다. 피슬리는 이전의 삶으로 자신을 재통합시키는 데 매우 큰 어려움을 겪는다. 하지만 그는 여전히 원뿔-모양 존재들의 도시에서 보낸 시간이 단순히 꿈이었다고 믿는다. 이 꿈은 계속되고, 인스머스의 화자가 경험했던 것과 같이 항상 "유사-기억"의 느낌을 준다. 몇 년 후인 1934년에 피슬리는 매켄지라는 호주의 성공한 굴착 기사에게서 편지를 받는다. 매켄지는 아웃백 사막에서 기이한 돌 조각을 찾았고, 이후에 그의 기이한 돌과 피슬리가 학술 논문에서 묘사한 꿈-비전의 엄청난 유사성에 놀라워하는 보일 교수라는 사람을 만난다. 매켄지의 편지를 받은 후 피슬리는 4명의 동료와 함께 호주로 간다. 그중 한 명이 충성스러운 아들인 윙게이트다. 다른 한 사람은 〈광기의 산에서〉에서 탐험대를 이끄는 다이어 교수다! 어느 날 밤 피슬리는 혼자 일어나서 발굴지의 지하로 내려간다. 그곳에서 그는 지하 시설을 발견하는데, 다행히도 이곳은 남극의 키클롭스식 도시보다는 간략하게 묘사된다. 폐허 안쪽에서 그는 적어도 천만 년은 된 문서를 발견하고, 자신이 영어로 쓴 글인 것을 보고 놀란다. 그가 예전에 낯선 도시에 갇혀 있었던 것은 꿈이 아니라 현실이었다.

89. 신체의 재교육

"신체의 힘은 곧장 되돌아왔지만, 손과 발과 대부분의 신체 기관을 사용하기 위해 상당한 재교육이 필요했다."(ST 722)

세상의 개체들과 맺은 관계 중에서, 자신의 신체와 맺은 관계만큼이나 직접적인 것은 없다. 비록 가끔 넘어지고, 비틀거리고 혹은 예측보다 더 어색하게 움직이지만, 그리고 비록 신경 체계의 전기 반응 시간보다는 화학 반응 시간 때문에 사고와 행동 사이에 거의 감지할 수 없는 지연이 생기기도 하지만, 일반적으로 우리는 멀리 떨어진 손가락과 발가락까지도 움직일 수 있는 마법 같은 힘을 멀리서도 느낀다. 기본적인 운동기능은 보통 매우 어린 시기에 습득하기에, 우리는 걷기나 삼키기 어려워하던 유년기의 기억을 갖지 않는다. 요약하자면, 우리는 실제로 신체와 직접적인 결속을 맺는 듯하다.

비교적 간단한 이 구절에서, 정신과 신체의 결속이 잠시 끊어진다. 피슬리는 키 큰 루고스 원뿔의 도시에 한동안 살았고, 상당한 부재 후에 자신의 인간 형태로 돌아온다. 5년이라고 말하지만, 그 부재가 20세기의 경과시간으로 측정된 것인지 아니면 원뿔 생명체 사이에서 지난 시간으로 측정된 것인지는 확실하지 않다. 어찌 됐든, 부재가 길었다는 점을 우리는 알고 있다. 8개월에서 1년 정도 고향을 떠났던 사람이라면 누구나, 거리 이름을 까먹거나, 단순한 서비스 비용을 기억하지 못하거나, 어쩌면 몇몇 친구들의 이름을 잊어버리는 기이한 느낌이 무엇인지 안다. 그러한 불편함을 자신의 신체에서 경험하는 일은 얼마나 더 이상할 것인가. 정신과 신체 사이에 틈이 생겨나면서 기회원인론 철학이 조금 연상된다. 하지만 이 경우에는 신이 부재한 기회원인론이다.

90. 추한 보고서들

"가끔 다른 이의 생각과 행동에 영향을 주는 나의 힘에 관한 상당히 추한 보고서들이 등장했다. 하지만 나는 이 능력을 보여 주는 일을 최소화하려고 노력했던 것 같다. 다른 추한 보고서들은 오컬트 집단의 지도자들, 그리고 흉측한 엘더 세계의 이름 없는 사제단과 연관되었다고 의심받는 학자들과 내가 친밀하다고 했다."(ST 724)

피슬리는 비자발적으로 루고스 원뿔에게 자신의 신체를 5년간 맡김으로써 큰 희생을 치른다. 그는 아내와 세 자식 중 두 명을 잃었다. 이들은 그 사이 그가 변한 모습에 충격을 받았다. 이제 우리는 그가 가족 밖에서도 명성을 상당히 잃었다는 사실을 알게 된다. 그는 "상당히 추한 보고서들"과 완전히 "추한 보고서들"의 소재다. 피슬리는 부재 기간 중의 행동, 그의 탓이라고 하는 것이 이해는 되지만 사실 그렇지 않은 행동을 요약하는 데 있어서 다소 처연하다. 만일 이전 구절이 피슬리의 입장에서 신체의 기본적인 재훈련이 필요하다고 언급함으로써 정신과 신체를 분리시켰다면, 현재 구절은 이 주제의 흥미로운 변주를 제시한다. 여기서, 피슬리는 자신의 정신처럼 보이는 것에서 분리되어 있다. 피슬리의 신체와 유사-피슬리(사실 루고스 원뿔 중 하나다)의 정신 사이의 새로운 연결 때문이다. 이를 다르게 보자면, 보통은 정신 그리고 정신의 외형 사이에 즉각적인 결속이 있는 반면, 현재 피슬리는 잔인하게 이 결속을 찬탈당했고, 그 결과 다른 이의 행위 때문에 비난받는다.

"상당히 추한" 보고서들은 타인의 사고와 행위에 영향을 주는 그의 능력에 관한 것이다. 여기서 우리는 모든 러브크래프트적 분리와 반대되는 현상을 마주한다. 왜냐하면 이 구절에서 문제가 되는 것은, "피슬리"의 정신 그리고 그가 직접 통제할 수 있는 듯한 타인의 정신과 신체 간 **융합**이기 때문이다. "피슬리"가 이 능력을 조심스럽게 사용한 듯이 보인다는 사실은 가짜의 은밀한 조종을 암시한다. 혹은 다시 한번 정신의 의도 그리고 그 의도의 드러남 간 분리를 암시한다. 노골적으로 "추한" 보고서들은 말을 듣지 않는 동료들을 조종한 일이 아니라, 의심스러운 동료들과 자의적으로 연계한 일에 관한 것이다. 어떤 보고서는 "오컬트 집단의 지도자들"에 관한 것으로, 분명히 피슬리의 가족과 친구를 놀라게 했을 것이다. 왜냐하면 그는 앞서 "[1908년 이전에] 나는 결코 단 한 번도 오컬트주의나 비정상적 심리학에 관심을 가진 적이 없었다"(ST 721)고 말했기 때문이다. 오컬트 지도자들과 교류함으로써, 유사-피슬리는 우주의 피상적인 표면에 편안하게 있기보다는, 우주적 암시의 끔찍한 깊이를 언급하고 탐구하는 사람들과 동맹을 맺는다. 다른 의심스러운 교류는 훨씬 더 주목할 만하다. 왜냐하면 적어도 삼중으로 암시하고 있기 때문이다. 피슬리가 특정한 학자들과 교류한다는 **보고서**가 있다. 이 학자들은 "흉측한 엘더 세계의 이름 없는 사제단"과 관계가 있다고 **의심받는다**. 인용된 문구는, 적어도 세 가지 방식으로, 즉각적인 이해를 거부하는 러브크래프트의 대표적인 암시 방법이다. 사제단은 "이름이 없다." 이들은 엘더 세계에 헌신하고, 이는 언제나 이상한 개념이지만 훌륭한 이야기들에서 "엘더-세계"가 처음으로 형용사처럼 쓰였다는 점에서 훨씬 더 이상하다. 마지막으로 "사제"는 터무니없는 구식 개념처럼 보이기에, 우리는 현재 알려진 종교적 직무보다는 타로 카드를 떠올리게 된다.

91. 알려지지 않은 원예학적 전통

"몇 개의 테라스와 옥상 정원에는 더 크고, 더 생기 있는 꽃들이 폈다. 다소 불쾌한 외형에 인공적인 육종을 암시하는 듯이 보였다. 상상하기 어려운 크기와 윤곽과 색을 가진 균류가, 알려지지 않았지만 잘 정립된 원예학적 전통을 드러내는 양식으로 여기저기 있었다."(ST 732)

자신의 신체를 떠나서 보냈던 시간 동안, 피슬리는 위에 묘사된 이국적인 정원을 방문한다. 하늘의 성운을 바라보면서 그는 우주에서 자신의 위치를 정확히 알아낸다. "알려진 윤곽도가 가끔 어림잡아졌지만, 그와 똑같은 적은 드물었다. 내가 알아볼 수 있는 몇몇 성단의 위치에서, 나는 지구의 남반구, 남회귀선 근처에 있는 것이 분명하다고 느꼈다."(ST 732) 그곳에서 볼 거라고 기대하는 것과의 편차는, 아마도 비정상적으로 긴 기간이 지나는 동안 별들의 상대적인 위치가 다소 변한 결과일 것이다.

서두의 구절에 있어서, 우리는 구절 마지막의 익숙한 기법으로 시작할 수 있다. "알려지지 않았지만 잘 정립된 원예학적 전통을 드러내는 양식." 뉴베리포트의 티아라와 마찬가지로, 그리고 버스 기사 조 사전트가 지구상에 알려진 어떤 유형과 닮지 않았음에도 불구하고 외국인이 분명하다는 마을 사람들의 생각과 마찬가지로, 우리는 이제 기이함에도 불구하고 알려지지 않은 원예학 전통에 분명히 속한다는 정원을 접한다. 정원 내의 것들은 전부 이해 불가지만, 정원 형식의 몇몇 측면은 모호하게나마 직관적으로 어떤 전통과 관련 있음을 알 수 있다. 그러나 피슬리는 그 전통이 정확히 무엇인지 콕 집어 말할 수 없다.

식물에 관해서, 위의 구절은 꽃봉오리가 "다소 불쾌한 외형"을 가졌다고 말할 뿐이다. 외형이 어떻게 불쾌한지는 전혀 설명하지 않는데, 이는 러브크래프트의 대표적인 방식이다. 그러나 위의 구절은 지면상 잘렸고, 이 구절 이전에 삭제된 문장은 정원 식물의 이상함을 훨씬 더 자세하게 설명한다. "그들의 이상함으로 거의 두려울 정도이고", "신기하게 조각된 모놀리스들" 사이에 "기이하고 낯선 형태의 식물"을 포함한다. 우리는 "비정상적으로 거대한 양치류 같은 식물들"을 발견하고, 여기에는 "진균과 같이 끔찍하고 창백한" 것들이 있다. "비현실적인 소철처럼 장식술이 있는 형태들", "노목을 닮은 거대한 유령 같은 존재들", "침엽수 모양의 나무들"은 이러한 완곡어법으로 판단해 볼 때, 아마도 곧장 침엽수로 판명될 수는 없을 것이다. "기하학적 화단에 핀 꽃들은 작고, 색이 없고, 알아볼 수 없었다." 러브크래프트의 묘사법이 정원 장면에서 작동하는 것을 보는 일은 새롭고 신선하다. 그러나 여기서, 그리고 이야기의 많은 다른 부분에서 이 묘사는 실패한다. 이는, 예를 들어 남극의 건축물을 묘사하는 조각들이 비상하게 조합된 것에 비하면, 한낱 그림자일 뿐이다. 러브크래프트의 뮤즈는 지쳐가는 듯하고, 만일 그가 그처럼 불운한 요절을 당하지 않았다하더라도 같은 방식으로 계속해서 글을 쓸 수 있었을지 의심이 든다.

92. 화려한 상형문자

"그러나 폰 윤츠의 《운아우스슈프레히리헨 쿨텐》에 첨부된 노트는 놀랍게도 달랐다. 노트는 독일어 수정문과 똑같은 잉크로 쓰인 화려한 상형문자로 구성되었지만, 알려진 그 어떤 인간의 양상도 따르지 않았다."(ST 734)

우리는 다시 한번 러브크래프트가 초기에 완성한 스타일의 미약한 버전을 접한다. 여기서 스타일 형태는 이전 절과 똑같다. 정립된 전통에 속하는 낯선 물체라는 형태다. 폰 윤츠(허구의 금지된 저자)가 첨부한 노트에서 우리는 "화려한 상형문자"를 발견한다. 글은 완전히 이해 불가능한 것으로 보이고, 그 어떤 인간의 양상에도 속하지 않는다. 그러나 적어도 화려한 상형문자임은 알아볼 수 있다.

그러니 이 문장에서 진짜로 중요한 것은 스타일보디는 플롯과 관련된 듯하다. 즉, 진짜 문제는 상형문자가 독일어 수정본과 "똑같은 잉크로" 쓰였다는 점이다. 이것이 가능하려면 독일어 원어민과 화려한 상형문자의 필사가가 동시에 한 방에 있었어야 한다. 이는 폰 윤츠 자신이나 혹은 독일어를 하는 폰 윤츠 전문가도 신체를 훔치는 루고스 원뿔에 의해 납치되어 바로 이곳에 끌려왔다는 의미다. 피슬리는 이 가능성에 특별히 놀라는 것 같지는 않다. 하지만 따지고 보면, 이야기가 거의 끝날 때까지 그는 이 모든 일이 꿈이라고 생각한다.

93. 비인간적인 근계

"대부분 글은 상형문자 언어로 되어 있었다. 나는 웅웅거리는 기계의 도움을 받아 기이한 방식으로 이 언어를 공부했는데, 이는 인간 언어의 그 어떤 것과 매우 다른 근계를 가진 교착어임이 분명했다."(ST 744)

여기서 우리는 익숙한 러브크래프트의 기술의 미약한 버전을 또다시 마주한다. 이제 우리는 그의 그저 비유적으로만 색인 색과, 끔찍한 저음 아래의 음색, 그리고 예로 들지 않은 다른 것들에 상당히 익숙하다. 그러나 현재의 구절에서, 우리는 지구의 알려진 어떤 언어와도 비교할 수 없는 근계Root System를 가진 "분명한" 교착어를 마주할 뿐이다(첫 번째 암시). 미스터리는 그가 이 언어를 "기이한 방식으로"(두 번째 암시), 직접이 아니라 "웅웅거리는 기계"(살아있는 독자 중에 그러한 장치를 들어본 적이 없기에 세 번째 암시)의 도움으로 이해한다는 것이다.

이 책들의 내용은 그것이 쓰인 언어의 미스터리한 근계보다 더 음험하다. "다른 세계들과 다른 우주들, 그리고 다른 모든 우주들 바깥에서의 형태 없는 생명의 발생에 관한 끔찍한 기록"(ST 744)이 책들에 담겨 있다. 이미 이전 이야기들에서 최고로 정점을 이룬 것이 더 뛰어나지 않았었다면, 뒤의 문구는 정말 괜찮았을 것이다. 하지만 문구의 효과는 이미 지나간 기차와 같고, 이전보다 더 미약하다. 또한 "잊힌 과거의 세계를 가득 채웠던 기이한 존재들과, 마지막 인간이 죽은 이후 몇 백만 년 동안 그곳을 가득 채울 기괴한 몸을 가진 지능체들의 두려운 연대기가 있다."(ST 744) 그러나 이것은 러브크래프트의 이야기 전반에서 가장 익숙한 주제를 순화하고 희석한 요약일 뿐이다. 기차는 깊은 밤 속으로 더 멀리 간다.

94. 엄청난 감정적 비통함

"범죄는 놀라울 정도로 적었고, 매우 효율적인 절차로 다루어졌다. 처벌은 특권 박탈과 감금에서부터 사형 혹은 엄청난 감정적 비통함까지 다양했다…"(ST 750)

"엄청난 감정적 비통함"이 범죄의 처벌이라는 아이디어는 다소 재미있다. 그러나 진짜 문제는 애초에 루고스 원뿔 문명을 왜 우리에게 그처럼 자세하게 알리는가다. 이런 점에서 〈시간 밖의 그림자〉는 〈광기의 산에서〉의 후반부를 망치는 약점을 반복한다. 어떤 작가들은 풍부하고 생동감 넘치는 세부 사안을 통해 그 자체만으로도 흥미로운 방식으로 외계 문명을 그릴 수 있을지 모른다. 이를 위해 매우 분위기 있는 글, 문제가 되는 외계 문명의 세부 사안을 독자들이 믿도록 유혹할 수 있는 글이 필요할 것이다. 러브크래프트는 방금 언급한 두 이야기에서 이를 시도조차 하지 않는다. 단순히 외계 세계들의 특징 목록을 제공하지만, 그 무엇도 믿을 만하거나 특별히 흥미롭지 않다. 우리가 보았듯이 러브크래프트가 가장 놀라울

때는, 그가 객체와 외형 간, 혹은 객체와 특성 간 결속의 단절을 묘
사할 때다. 러브크래프트가 최고인 순간은 명확하게 서술하거나 재
미없게 나열할 때가 아니라, **암시할 때다.**

　따라서 러브크래프트가 엘더 세계의 생명체들에 관해 그처럼 세
세하게 많이 이야기하는 것은 완전히 반생산적이다. 그들은 기본적
으로 알 수 없는 것이어야 한다. 물리적으로 존재하는 듯이 보일 정
도로 뚜렷하지만, 그들 생활양식의 세부 사안까지 알려져서는 안 된
다. 〈광기의 산에서〉의 후반부에서 매우 아쉬운 점은 엘더 생명체들
이 그저 우리와 같다는 교훈의 치명적인 진부함이다. 그들 또한 흥
망성쇠 하는 문명을 가지고 있고, 그들 또한 해를 끼치려는 적(쇼거
스)을 가지고 있다. 그러나 아무리 이것이 잠재적으로 반인종주의적
알레고리처럼 보인다고 해도(마치 러브크래프트가 그런 것을 할 사람
이라는 듯이), 공포 문학으로서는 재난에 가깝다. 이야기 전반부의
진정 끔찍하게 충격적인 효과는, 지겹도록 자세하게 프레스코를 해
석하는 다이어와 댄포스의 남극 도시 산책으로 인해 완전히 훼손당
한다. 피슬리의 루고스 원뿔 이야기에서도 유사한 일이 발생한다.
우리가 원뿔들의 법체계를 알고, 심지어 그들이 펜과 잉크를 쓰는
방식이 우리와 비슷하다고 깨닫는 순간, 그들을 암시적이거나 파악
하기 어렵거나 혹은 무섭다고 보기 어려워진다.

95. 괴물스러운 유연성

"괴물스러운 **유연성**과 일시적인 **시각**의 **상실**에 관한 숨겨진 암시
가 있었다. 반면에 다른 분절된 속삭임들은 그들이 **거대한 바람**을

사용한 것을 언급했다. "*(ST 752)*

이는 외부 세계 생명체의 다른 종들 **사이에서** 발생하는 분쟁을 우리가 알게 되는 것에 관한 구절이다. 루고스 원뿔(혹은 그레이트 레이스)은 남극의 괴물들(혹은 엘더 씽스)에게 정복당했던 것처럼 보인다. 분명히 이게 바로 그레이트 레이스가 모든 생명체들의 신체에 정신을 투영하는 거대한 프로젝트를 조급하게 시작한 이유였다. 이 두 종 사이에서 벌어진 투쟁은 두 가지 상반된 방향 중 하나로 진정 흥미로워질 수 있다. 우선, 놀라운 문학적 재능을 가진 다른 공상과학 작가는 우리를 이 전투로 데리고 가서 감정적으로 엮이게 할 수 있을 것이다. 펄프를 넘어설 정도로 숙련된 주류 작가에게는 이것이 적절한 방향일 것이다. 두 번째로, 불가능한 직접적 세부 사안을 제공하려 하지 않고, 비밀스럽고 암시적인 방식으로 이러한 투쟁들을 모호하게 알릴 수 있다. 두 번째 선택지가 H. P. 러브크래프트에게 적절한 방향일 것이다. 다른 숱한 작품에서 정확히 이런 방식으로 글을 썼기 때문이다. 그러나 이러한 순서를 밟는 대신에 러브크래프트는 무력한 중간 과정을 선택해서, 종족 간의 문화와 진투의 세부 사안을 생생하거나 믿을 빕하지 않게 나열할 뿐이다. 예를 들어 그는, "[그레이트 레이스] 개별 조직의 정치, 경제 체제는 일종의 **파시스트 사회주의**였다…"*(ST 749)*고 쓴다. 파시스트 사회주의? 우리는 또한 한 번의 놀라운 전투 후에 "경계가 훨씬 더 강해졌고, 수많은 경로들이 폐쇄되었다. 하지만 몇 개의 경로에는 봉인된 함정 문이 남겨져, 예측하지 못한 곳에서 공격하는 엘더 씽스와의 전투에서 전략적으로 싸울 수 있게 하였다"*(ST 731)*는 것을 듣는다. 스타일리스트로서 러브크래프트의 쇠락은 이 지점에서 거의 놀라울 정도이고, 나도 에드먼드 윌슨이 가장 관대하지 못할 때처럼 보일까 봐 걱정이다. 한 외계 종족이 다른 종족에 대비해 봉인된 함정 문을 사용한다는 설정은 청소년 펄프 픽션에나 나올 법하다. 적어도 이처럼 맥없고 진부하게 이야기할 때는 그렇다.

이 모든 것이 의미하는 바는 서두의 구절이, 비록 분명히 두렵게 암시하려는 의도였겠지만, 그렇게 작동할 리가 없다는 것이다. "유연성에 숨겨진 암시들", "시각의 상실", 그리고 엘더 씽스의 "거대한 바람"의 사용을 언급하는 "분절된 속삭임" 등은, 〈광기의 산에서〉의 독자가 이미 실물로 마주했던 것들을 은밀하게 암시하는 것뿐이다. 그는 차라리 "시카고라는 알 수 없는 키클롭스식 도시는 언어의 묘사력을 거의 초과한다"고 말하는 편이 나았을 것이다. 게다가 어떤 생명체 종족을 효과적으로 방어하는 방법이 봉인된 함정 문이라고 이미 제안했다면, 그 종족에 대한 공포를 불러일으키기는 쉽지 않다.

96. 다이어 교수는 충격받았다

"다이어 교수는 측정할 수 없는 조각의 나이에 충격받았다. 그리고 프리본은 파푸아와 폴리네시아의 무한히 오래된 전설들에 음울하게 들어맞는 상징의 흔적들을 발견했다. 돌조각의 상태와 흩어짐은 불안정한 시간의 순환과 우주의 잔인함이 깃든 지질학적 대변동을 말없이 전했다."(ST 757)

이것 또한 다양성에 관한 윌슨의 비평이 들어맞기 시작하는 구절이다. "충격받았다"와 "측정할 수 없는", "음울하게", "무한히", "불안정한", "우주의 잔인함"과 같은 단어들 모두가 좋은 글에 본질적으로 금지된 것은 아니다. 우리는 이전에 러브크래프트가 이 단어들을 능숙하게 사용하는 것을 보았다. 주어진 구절의 다른 곳에서 이미 수행된 작업에 향신료로 더해질 때였다. 그러나 여기서 문제가 되는 단어들은 너무 과한 중노동을 위해 소환되었다. 그리고 그들이 제거되는 순간 아무것도 남지 않는다. 프리본이 "상징의 흔적들"을 발견했다는 사실이 안 좋은 문구는 아니다. 이중으로 탄탄한 암시의 구조를 구성하기 때문이다. 그러나 이 흔적들을 파푸아와 폴리네시아 전설에 맞추려는(그리고 "음울하게" 맞추려는) 시도는 이전의 이야기들에서 이미 좀 더 효과적으로 사용된 전형적 기술일 뿐이다. 물론 "불안정한 시간의 순환"과 "우주의 잔인함"도 마찬가지다. 이 말들은 이전 이야기들에서 흩어진 돌조각들보다 좀 더 그럴듯한 물체들에 의해서 환기되었다. 러브크래프트는 마치 병에서 회복했거나 혹은 숨이 차보일 정도다. 이 구절에서 가장 흥미로운 부분은 "다이어 교수는 … 충격받았다"는 첫 문구이다. 왜냐하면 이 문구는 훨씬 더 길게 쓰여진 〈광기의 산에서〉를, 즉 다이어가 충격받을 더 나은 이유가 있던 이야기를 떠올리게 함으로써 이야기에 생명력을 조금 불어넣기 때문이다. 그럼에도 불구하고, 자기 이야기들의 느슨한 부분들을 처리하려는 러브크래프트의 노력이 가속화된다는 점을 되돌아보면 섬뜩하다. 예를 들어 할리우드 영화 프랜차이즈가 화학약품 통에 빠진 조커의 기원을 보여 주거나, 혹은 〈대부〉의 다양한 속편에서 콜리오네 가문의 초창기를 보여 줄 필

요를 느낄 때, 혹은 〈스타워즈〉의 비참한 '프리퀄'에서 우리가 젊은
오웬과 그의 '여자친구' 베루를 만나야만 할 때, 우리는 항상 그 프
랜차이즈의 상태가 좋지 않다는 것을 안다. 러브크래프트가 이렇게
과하게 노선을 이탈하는 것은 아니다. 하지만 미스캐토닉 대학 교
수진의 이야기들을 한데 엮는 일은 이제 메말라가는 시리즈의 최종
변론처럼 느껴지기 시작한다. 흔히 말하듯, "창작의 씨가 말라버린
것"이다.

97. 섬세한 음영과 뉘앙스 하나하나

"어떤 모호하고 잊힌 도상화가 그처럼 끈덕지게, 정확하게, 그리
고 내가 자면서 변함없이 가졌던 비전을 밤마다 괴롭힌 섬세한
음영과 뉘앙스를 하나하나 재현할 수 있었을까?"(ST 766)

스타일적으로 이 구절은 별로 흥미롭지 않고, 그런 노력도 하지 않
는다. 도상화 체계를 "모호하고"와 "잊힌"이라고 지칭하는 일은 열
성이 없는 노력으로, 러브크래프트적 암시의 통상적인 높은 기준에
한참 못 미친다. 그리고 "섬세한 음영과 뉘앙스"는 훨씬 더 미흡하
다. 이 구절의 주제는 스타일이 아니라 플롯이다. 현실과 꿈에서 기
억하는 것 사이에 대결이 일어나는 이유가, 단순히 꿈이 애초에 전
혀 꿈이 아니었기 때문이라는 사실을 마침내 피슬리가 인식할 준비
가 된 것이다. 러브크래프트의 소설에서 종종 그랬듯이 여기서도,
독자들은 피슬리보다 한참 전에 진실을 추측한다. 그러나 그것은
인스머스의 화자가 올드 자독의 끔직한 크툴루 찬가를 "완전한 발

광"이라고 무시함에도 우리가 그것을 더 잘 알 때처럼, 평소의 희극적 효과로 이어지지 않는다. 여기서는 발생하기 한참 전에 이미 예측되어 버린 절정을 향해 지겹게 나아가는 효과를 낼 뿐이다.

98. 남극의 스구하

"내가 아직도 글쓰기 대가의 집을 찾을 수 있을까? 별 모양 머리를 가진 남극의 식물성 육식동물에게 포로가 된 정신인 스구하가 벽의 빈 공간에 그림을 조각했던 탑을 찾을 수 있을까?"(ST 767)

그레이트 레이스의 법 그리고 문자 체계의 묘사, 적을 막기 위한 봉인된 함정 문의 사용. 이런 것들만으로도 충분히 나쁘다. 그러나 내가 보기에, 별 모양 머리를 한 남극 생명체의 **본명**을 알려줌으로써 러브크래프트는 더욱더 나빠진다. 상황을 더 나쁘게 만드는 유일한 방법은 스구하의 생일(아마도 10월 6일), 그가 좋아하는 색(파란색?), 그리고 아마도 그의 일기에서 몇 문장을 인용하는 것일 테다. 엘더 씽스로부터 필요한 거리가 이제 전부 사라졌다. 그들은 우리의 역사와 매우 비슷한 흥망으로 채워진 역사의 거주자들일 뿐만 아니라, 심지어 이름을 부를 수 있는 잠재적 대화 상대로서 묘사된다. 어쩌면 우리와 충분히 잘 알게 될 경우, 스구하, 별 모양 머리를 가진 남극의 식물성 육식동물은 친근한 별명을 받아들일지 모른다. 만일 이야기의 저자를 의심할 여지가 명백하게 없지 않았다면, 나는 이런 순간들을 보고 잘 만든 위조품이라고 의심했을 것이다. 러브크래프트는 분명히 예리함을 잃고 있다.

99. 수학 천재에 의해 균형이 잡힌

"엄청난 크기의 조각들은 수학 천재에 의해 균형이 잡혔고, 믿기 힘든 강도의 시멘트로 붙어 있었다. 그리고 행성의 돌로 된 핵만 큼이나 단단한 덩어리를 형성했다."(ST 771)

이 구절에서, 우리는 진정 위대한 작가의 스타일 형식으로 잠시 돌아간다. 조각이 "수학 천재에 의해 균형이 잡혔다"는 개념은 우수하다. 이는 극복하기 어려운 경계라는 느낌을 효과적으로 만든다. 조각들이 "균형을 잡는" 방법을, 즉 조각들의 배열이 원하는 목표를 이루는 데 효과적인 방법을 천재가 어떻게 찾았는지 정확히 이야기해 주지 않음으로써, 적절히 암시적이다. "믿기 힘든 강도의 시멘트"는 공학의 세계와 암시의 세계를 잘 조합한다. 마지막으로 이 구절은 고도의 수학과 과학을, 아라비안 사막을 돌아다니는 광인들과 오컬트에 의해 드러난 다른 세계의 존재와 연결시키는 러브크래프트의 우수한 주제를 이어간다.

100. 휴면 중인, 미발달된 감각들

"휴면 중인, 미발달된 감각들은 내 안에서 생명력을 갖는 듯했다. 떠다니는 공포로 가득한 구덩이와 허공에 대해 이야기하고, 해가 없는 절벽과 바다 그리고 빛이 한 번도 비춘 적 없는 창문 없는 현무암 탑들이 가득한 도시들로 이끈다."(ST 781)

〈시간 밖의 그림자〉의 문제점을 그처럼 많이 지적한 후에, 좀 더 우호적인 말로 끝낼 수 있어서 다행이다. 이 문장은 다소 반-절정적인 이야기의 결말로부터 정확히 두 쪽 전에 등장하고, 능숙하게 쓰였다. 우리가 일상생활에서는 보통 접근 가능하지 않은, 휴면 중이고 미발달된 감각들을 가진다는 생각은 강한 러브크래프트적 주제다. 이는 그가 개와 말과 늑대와 같은 동물에 특별한 직관력을 부여하는 것에서 볼 수 있다. 그러나 이 여덟 번째 훌륭한 이야기에서 러브크래프트가 사용한 일반적 기술 상당수가 이전 예들의 미약한 반복처럼 보이는 반면에, 휴면 중이고 미발달된 것에 대한 이 짧은 언급은 이전의 이야기들만큼이나 좋다.

이러한 휴면 중인 비밀스러운 감각들은 피슬리 내부에서 생기를 얻는다. 그들은 "구덩이와 허공"의 존재에 대해 "그에게 이야기한다." 이는 구체적인 공포(위험한 실제 구덩이)와 좀 더 추상적인 의미의 위협(물리적이기보다는 형이상학적, 우주론적, 혹은 정신적인 허공)의 적절한 혼합을 보여 준다. 더욱이 이 구덩이와 허공은 "해가 없는 절벽과 바다 그리고 빛이 한 번도 비춘 적 없는 창문 없는 현무암 탑들이 가득한 도시들"로 이어진다. 이처럼 아름답고 구체적인 환상 덕분에, 우리는 본질적으로 낭만적인 러브크래프트의 상상력을 마지믹으로 밋볼 수 있다.

3
장

기
이
한
　실
　재
　론

실타래를 모으기

이 책의 마지막 장의 목적은 앞의 두 장에서 했던 다양한 이야기를 하나로 묶는 것이다. 1장에서는 러브크래프트의 소설에서 드러난 일반적인 철학적 주제들을 논의했고, 반면 2장에서는 스타일리스트로서 러브크래프트의 강점들(그리고 가끔은 약점들)을 보여 주는 백 개의 문장을 하나씩 다룸으로써 이 주제들을 충분히 경험시키고자 했다. 내가 아는 한, 러브크래프트의 스타일에 이처럼 광범위한 관심을 준 적은 없었다. 대신 그는 **내용**의 층위에서, 플롯을 요약하고 추려서 일반적 세계관을 살펴볼 수 있는 공포 작가로 다루어졌다. 이러한 작업의 문제는 작가를 지나치게 축자적으로 보는 것이다. 그렇게 되면 그는 공포/공상과학이 혼합된 장르 내에서 단편소설이라는 형식을 통해 우주에 대한 특정한 관점을 우연히 표현한 사람으로 축소되고 만다. 이에 따라 그는 에드먼드 윌슨을 포함한 여러 사람들에게 청소년용 펄프 픽션을 쓴다고 조롱조의 비난을 받는다. 동시에 그는 또한 펄프 픽션을 싫어하기보다는 좋아하는 사람들로부터 애정 어리지만 자신에게는 그다지 걸맞지 않는 칭찬을 받게 된다. 무엇보다도, 그 결과로 우리는 크툴루 우상을 "문어, 용, 인간이 모두 하나로 섞인 것"이라고 진부하면서 그럴싸하지 않게 쓸 수도 있었던 러브크래프트를 보게 된다. 이런 식으로 그는 《쉽게 풀어낸 러브크래프트》가 되고, 이는 지젝이 휠덜린의 "하지만 위험이 있는 곳에 구원의 힘 또한 자란다(Wo aber Gefahr ist, wächst das Rettende auch)"를 놀리며 다음과 같이 풀어쓴 문장이나 다름없다. "당신이 심각한 어려움에 처했을 때, 성급히 절망하지 마라. 주위를 조심스럽게 살펴보면 해결책이 아주 가까이 있을 수도 있다."[83] 이러한 다시 쓰기는 모든 속담의 본질적 어리석음에 관한 번뜩이는 성찰에서 지젝이 보여 준 것과 똑같은 이유로 공허하다. 여러 어려움 중에서, 이런 식의 《쉽게 풀어낸 휠덜린》을 정반대의 속담으로 쉽게 반박할 수 있다. "심각한 문제에 빠졌을 때, 단순한 해결책을 찾아보는 일은 터무니없다. 심사숙고하라. 왜냐하면 어리석은 자만이 어려운 문제가 단번에 해결될 것이라고 믿기 때문이다." 여기서 우리에게 남는 것은 서로 경쟁하는 진부한 말뿐이다.

이러한 문제가 문학에서만 발생하는 것은 아니다. 왜냐하면 **철학**을 과도하게 축자화하여, 옳고 그른 독단론적 테제의 문제로 축소시키는 일도 마찬가지로 처참하기 때문이다. 급기야 우리는 《쉽게 풀어낸 니체》라는 책의 서문에서 다음과 같은 구절을 상상할 수 있다.

니체는 우주의 모든 것이 권력에의 의지로 규정될 수 있다고 믿었다. 이를 통해 모든 것이 자신의 관점을 다른 모든 것에 강요하려고 한다. 그는 또한 지금껏 일어났던 모든 일이 끝없이, 무한한 횟수로 영원히 반복된다고 믿었다. 그는 이 생각을 너무도 끔찍하게 여겼고, 이를 견딜 수 있는 사람은 매우 드문 초인의 지위를 가진다고 보았다. 유인원보다 우리가 우월하듯이 이들은 우리보다 한참 우월한, 새로운 형태의 인간을 탄생시킬 수 있는 존재다. 여기서 우리는 니체의 강력한 반-민주주의적 정치의 뿌리를 볼 수 있다.[84]

완전히 틀린 것은 아니지만, 이 다소 진부한 요약은 니체를 닮기보다는 정확히 반대의 교리를 좀 더 니체적인 스타일로 방어하는 사상가를 **더** 닮았다. 권력에의 의지를 공격하는 또 다른 니체를 상상하는 일, 사건 하나하나가 지닌 찰나의 특이성을 위해 영원 회귀를 비웃고, 또한 힘 빠진 귀족보다는 사나운 민주적 대중이 바로 진정한 위대함이 발생하는 유일한 토양이라고 방어하는 니체를 상상하는 일은 아주 쉽다. 이러한 반-니체는 축자화된 《쉽게 풀어낸 니체》보다 진짜 니체와 더 비슷할 것이다. 이런 점에서, 요약하는 연구는 러브크래프트에 대한 윌슨의 설명이 미흡한 것과 같은 이유로 문제적일 수 있다. 내 생각에, 칸트가 알 수 없는 물자체로 모든 독단론을 전복한 일의 함의는 분명히 이것이다. 지젝이 만든 상반된 속담들은 어떻게 칸트의 이율배반이, 칸트의 **전체 저작**에서 우연히 나란히 놓인 우주론적 이론들만이 아니라, **모든** 상반된 시술 쌍에 적용되는지를 보여 준다. 그러나 내용이 어리석다 하더라도 **가치가 없을** 수는 없다. 왜냐하면 다른 한편으로 니체를 권력에의 의지나 영원 회귀의 철학자로 부르는 것은 정확하지 않은 것도 아니고, 의미가 없는 것도 아니기 때문이다. 이는 축자화를 둘러싼 우리의 논쟁에 진정한 문제를 던진다. 예를 들어 가장 작은 물질 입자가 있다고 믿는 것과, 분할이 끝없이 계속되어야만 한다고 믿는 것에는 분명히 차이가 있기 때문이다. 칸트에 따르면 이 두 가지 주장의 가역성은 똑같이 증명 불가능하다는 측면에서 동등할 뿐, 결코 모든 의미에서 지적으로 동등하지는 않다.

러브크래프트에 관한 우리의 논의에서 가장 중요한 주제는 다음과 같았다. 우리는 러브크래프트가 단순히 펄프 작가가 아님을 보았다. 그는 축자적 언어의 힘을 막는 두 개의 다른 분열을 통해 펄프와 거리를 유지하는 작가다. 첫 번째로, 우리가 2장의 많은 사례에서 보았듯이, 러브크래프트는 묘사하기 불가능한 실재들을 단순히 **암시하는** 순간들이 많다. 두 번째로, 우리가 (후설 철학의 정신과 가까운) **문학적 입체파** 형식들이라고, 즉 언어의 힘 너머에 존재하는 사물을 전혀 암시하지 않는 형식들이라고 묘사했던 추가적인 순간들이 있다. 이 경우 감지할 수 있는 사물의 기이하거나 불안한 수많은 특징들이 너무도 과도하게 쌓여서, 결국 이 모든 측면을 하나의 단일한 객체로 깔끔하게 조합하는 것이 어려워진다. 이런 식으로 우리는 완전히 고유한 객체이면서, 특징들의 다발과는 다른 객체를 마주한다. 세 번째로, 객체**와** 그것의 특징들이 모든 묘사를 거부하는 사례들이 다소 있다. 예를 들어 "눈먼 백치 신 아자토스, 사물의 군주가 누워 있다. 그는 의식도 형체도 없이 퍼덕거리는 무희들에 둘러싸여 있고, 이름 없는 앞발에 들려 있는 악마의 플루트가 가늘고 단조로운 소리로 그를 달래고 있다"(WH 664)고 다채롭게 우리에게 전해질 때가 그렇다. 사실 이는 아자토스라는 이름의 신이 실제로 플루트 음악 속에서 퍼덕거리는 무희들에 둘러싸여 있다는 축자적 서술로 읽을 수 있다. 그러나 이 문장을 축자적으로 읽지 못하게 하는 수많은 제약을 감안할 때(아자토스라는 이름이 단지 "괴물스러운 핵의 카오스"의 "자비로운 은폐"라는 러브크래프트의 서술처럼 (WD 464)), 나는 이 기이한 장면에서 분명히 더 감지할 수 있는 특징들이 아자토스라는 이름 뒤에 숨어 있는 카오스만큼이나 암시적이라고 생각한다. 네 번째로, (보통은 실패한 과학 실험과 연관된) 러브크래프트의 어떤 사례들에서는 유성이나 금속 장식물과 같이 완전히 접근 가능하다고 알려진 물체가, 알 수는 없지만 실재적인 특징을 가진 것으로 여겨진다. 러브크래프트의 글의 이 네 가지 기본적 긴장은 "존재지학"이라는 철학적 분야에 속하는 네 가지 긴장과 같다.[85] 이런 점에서, 하이데거에게 횔덜린이, 혹은 데리다나 메이야수에게 말라르메가 그랬던 것처럼, 러브크래프트는 객체지향철학을 위해 재단된 작가다.

그러나 이 4중의 존재지학이 분명히 객체지향철학의 목적에 맞는 러브크래프트의 핵심 측면이긴 하지만, 그게 이야기의 전부는 아니다. 우리는 또한 비극과 희극이 갖는 차이와 밀접한 관계를 고려할 필요가 있다. 2부에서 우리는 러브크래프트의 화자들이 종종 가장 끔찍한 위기에서조차 희극적인 면모를 보이는 것을 계속해서 보았다. 또한 이 중요한 주제를 플라톤의《향연》마지막에서 소크라테스가 짧게 논의한다는 것을 떠올렸다. 그리고 우리는 이 책에서 논의된 다른 주제들과 이 주제가 맺는 관계도 생각해 볼 수 있다. 더 나아가, 2장에서 러브크래프트 스타일의 좋은 예라고 인용한 많은 문장들은 암시적이지도 않고, 구조상 입체파적이지도 않다. 이런 이유로 우리는 그것들이 무엇을 성취하는지 자세히 살펴보고, 그것들이 '존재지학적' 러브크래프트와 어떤 방식으로 관련되어 있는지 알아볼 필요가 있다. 비록 러브크래프트의 암시하는 능력이 공포 작가로서 그의 효과를 증가시킨다고 하더라도, 그러한 암시는 전혀 무섭지 않은 수많은 상황에서도 사용될 수 있다는 점을 덧붙여야만 한다. 이런 이유로, 우리는 러브크래프트가 다른 장르가 아닌 공포 장르의 작가라는 사실이 왜 중요한지도 생각해 볼 필요가 있다. 마지막으로, 러브크래프트의 글에서 객체와 특성의 틈이 명백히 작동하는 경우에서조차, 그는 분명히 형이상학 논문이 아니라 단편소설의 작가라는 사실을 유념해야 한다. 만일 러브크래프트가 많은 독자들이 생각하는 것보다 철학적으로 더 중요하다고 해도, 그를 철학자로 앞세워 부르는 것은 여전히 과하고, 20세기의 위대한 철학자 중 한 명이라고 부르는 것은 분명히 터무니없는 일이다. 그렇지만 나는 기꺼이 그를 20세기의 위대한 소설 작가 중 한 명이라고 부를 것이다. 책을 마무리하는 이 단계에서, 우리는 상황이 허용하는 한 이 주제들을 깔끔하게 하나로 모을 필요가 있다.

핵융합

우리의 첫 행보는 러브크래프트의 '존재지학', 혹은 그가 객체와 특성들 간의 상호작용을 다루는 방식을 좀 더 자세히 살펴보는 것이다. 이는 러브크래프트의 문학적 스타일에서 중요한 요소일 뿐만 아니라 객체지향철학에서도 중요하다. 우리는 러브크래프트의 대표적 제스처를 반복해서 접했다. 즉 한 개체가 특정한 속성들을 가진다고 묘사하면서도, 동시에 바로 그 속성들로 묘사되는 것에 저항한다고 말하는 것이다. 마치 그러한 세부 사안들이 우리에게 하릴없이 모호한 근사치밖에는 줄 수 없다는 듯이 말이다. 이런 종류의 암시 중에서 가장 확실한 예는 아마도 크툴루 우상의 묘사일 것이다. "나의 다소 과도한 상상력으로 문어, 용, 인간 캐리커처 그림이 동시에 떠올랐다고 한다면, 그것의 본질에 부정확한 것은 아니다 … 유연하고, 촉수가 달린 머리가 기괴하고 비늘이 덮인 몸 위에 얹어져 있었고, 덜 자란 날개가 달려 있었다. 하지만 그것이 너무도 충격적으로 소름 끼치는 이유는 전신의 **전반적인 윤곽** 때문이었다."(CC 169) "그것의 본질"과 심지어 "전신의 전반적인 윤곽"은 **실재 객체**를 지칭하는 것으로 볼 수 있다. 만일 크툴루가 그저 거대한 문어였다면 독자가 감각을 통해 감지할 수 있는 개체로 완전히 고정될 수 있지만, 실재 객체는 그것이 불가능하기 때문이다. 이 사안은 단순히 우상으로 재현되는 크툴루가 이야기 속에 물리적으로도 존재한다는 사실로 인해 복잡해진다. 문제를 단순화시키려면, 우리는 남태평양에서 선박을 쫓는 물리적 존재인 크툴루를 잊으면 된다. 그러면 우리가 "실재 객체"라고 말할 때, 그 의미는 우상의 "본질" 혹은 "전반적인 윤곽"이 전부고, 진짜 괴물을 지칭하는 것이 전혀 아니게 된다. 예술품이나 종교적 작품은 특정한 경험이나 언어 명제의 총합으로 소진시킬 수 없다는 의미에서 "실재"객체다. 객체는 어느 정도 모든 인식과 분석에 저항하고, 절대 이런 행위로 소진되지 않는다. 이런 점에서 크툴루 우상은 망치, 의자, 원자, 인간과 다르지 않다.

이 모든 경우에서, 실재 객체와의 **직접적** 접촉은 가능하지 않다. 예를 들어 하이데거의 도구 분석에서 망가진 망치는, 어두운 가시성에서 직접적으로 접근 가능한 형태로 갑자기 출현하지 않는다. 망가지거나 혹은 명시된 망치는 우리 눈앞에 놓인 채 여전히 가늠할 수 없는 깊이를 담고 있다. 그리고 크툴루 우상을 대면하는 러브크래프트의 화자에게는 이러한 사실이 훨씬 더 명백하다. 실재 객체는 어떤 상황에서도 절대 직접적으로 현존하지 않는다. 우리는 관념론자의 주장, 즉 물자체에 관한 생각은 여전히 생각에 불과하므로 생각의 법칙에 따라 완전히 제한된다는 주장에도 동의한다. 단지 우리는 물자체에 **간접적** 접근이 불가능하다는 주장에 동의하지 않는 것이다. 왜냐하면 **암시**가 하는 일이 정확히 이것이기 때문이다. 그것은 어떤 사물을 현존하게 만들지 않으면서 그것을 가리키는 것이다.

이러한 간접적인 접근은 숨겨진 객체가 감각적 세계를 변형시키도록 함으로써 성취된다. 블랙홀의 존재가 그 중심을 공전하는 가스와 빛의 소용돌이로 추정될 수 있는 것과 같다. 화자가 단순히 다음과 같은 모호함을 제시하려는 것이 **아니라는** 점에 주목하자. "묘사하려는 시도는 모두 사물의 본질에 충실하지 않은 것이다. 왜냐하면 그것을 가장 두렵게 만들었던 것은 전신의 전반적인 윤곽이었기 때문이다." 여기에서는 묘사에 실패한 시도조차 설명되지 않았다. 결과는 너무도 공허해서 몰두할 수가 없고, 과도한 암시 탓에 실패하는 것이다. 그 대신 러브크래프트는 용, 문어, 휴머노이드의 알려진 물리적 특성들을 간략한 지표로 제시한다. 그러나 우상의 "본질"과 "전반적인 윤곽"을 언급함으로써, 그는 또한 이렇게 기괴한 특징들의 조합을 지배할 수 있는, 접근 불가능할 정도로 깊은 곳에 놓인 단위를 가리킨다. 달리 말해서, 크툴루 묘사는 두 용어 중 하나가 지워진 은유와 같다. 《게릴라 형이상학》에서[86] 나는 맥스 블랙의 뜨뜻미지근하지만 유용한 다음의 은유를 분석하였다. "인간man은 늑대다." (블랙이 활동하던 1960년대 초반에는 젠더-중립적 언어가 아직 일반적이지 않았다.) 이 은유가 말하고자 하는 바는, 우리가 말 그대로 사악하고, 육식을 하고, 달의 변화에 과도하게 영향을 받는 군집 동물이라고 주장하는 것이 아니다. 오히려 우리는 여기서 인간과 늑대의 관계가 **정확히 무엇인지** 절대 확신할 수 없다. 인간이 은유의 주제지만, 그것은 우리가 매일 수많은 상황에서 만나는 접근 가능한 인간이 아니다. 그보다는, 이상하게 알 수 없는 늑대-특성이 그 주위를 공전하고 있는, 모든 접근보다 더 깊은 곳에 놓인 인간이다. 만일 은유를 "늑대는 인간이다"로 바꾼다면, 반대가 될 것이다. 이 경우에 실재 늑대-객체가 심연에 있고, 수많이 흐릿한 인간-특성들이 불분명하게 그 주위를 돌 것이다. 하지만 두 경우 모두에서, 숨어 있는 객체가 완전히 낯선 것은 아니다. 왜냐하면 우리는 인간과 늑대 존재가 기본적으로 존재하는 스타일에 대충 익숙하기 때문이다. 크툴루 우상은 다소 경우가 다르다. 왜냐하면 러브크래프트가 글로 쓰기 전에는, 크툴루 괴물이 결코 우리 사회의 일상적이고 평범하고 상투적인 말의 소재가 아니었기 때문이다. 이 의미는 크툴루 우상의 묘사가 다음과 거의 똑같다는 것을 의미한다. "X는 늑대다." 혹은 "X는 문어-용-휴머노이드다." 우리는 이 구조가 러브크래프트의 작품에서 흔하다는 사실을 안다. 대부분의 작가와 비교해 볼 때, 그가 정상적인 의미에서 은유를 쓰는 일은 다소 드물다. 대신에 그는 두 용어 중 하나가 완전히, 그리고 의도적으로 알려지지 않은 은유를 선호한다. 그런 은유는 ("인간은 늑대다"와 다르게) 연계된 사회적 선입관으로 절대 정의되지 않고, 그것의 존재를 유일하게 증언하는 특성들을 구부러트리는 중력의 작업으로만 정의된다. 이런 점에서 '블랙홀'은, 러브크래프트가 그처럼 종종 확립시키고자 한 암시적이고 뒤로 물러선 객체를 기술하기에 적절한 용어가 될 것이다. 존재지학의 측면에서, 이는 내가 '공간'이라고 말했던 긴장이다.[87] 왜냐하면 공간적으로 우리와 떨어져 있는 객체는 **절대적으로** 먼 거리에 있으면서(그것이 우리와 직접적으로 함께 녹아 있지 않기 때문에), 동시에 그 거리를 직접 접근 가능한 방식으로 **기입하는** 한에 있어서는 우리에게 근접해 있기 때문이다.

그러나 '본질'이라고 불리는 긴장도 있는데[88] 이 경우에는 객체와 특성 전부에 직접적으로 접근할 수 없다. 이 구조의 묘사는 다른 곳에서처럼 러브크래프트에게서도 드물다. 두 가지 모호함을 동시에 풀어내는 일이 매우 어렵기 때문이다. 그러나 나는 그러한 예로, 앞서 언급한 눈먼 백치 아자토스, 의식도 형체도 없이 퍼덕거리는 무희들에 둘러싸인 신의 경우를 들었다. 만약 우리가 이 구절을, 아자토스라는 감지할 수 있는 개체가 실제로 무희와 플루트 음악으로 둘러싸여 있는 장면을 묘사한 것이라고 축자적으로 읽고 싶지 않다면, 이 묘사의 양측 **모두를** 암시로 읽어야만 한다. 우리는 이미《네크로노미콘》에서 아자토스라는 이름이, 그저 그 이름 뒤에 숨어 있는 좀 더 깊고 괴물스러운 핵의 카오스의 "자비로운 은폐"라는 것을 안다. 핵의 카오스가 진짜 플루트 음악과 진짜 무희들로(아무리 무형이라도) 장식되기 어렵다는 점을 감안한다면, 이것들도 더 깊고 더 감지할 수 없는 특성들을 암시하는 것이라고 해야 할 것이다.

이 절의 제목이 가리키듯이, 공간과 본질은 둘 다 **핵융합**의 사례라는 점에서 공통적이다. "인간은 늑대다"에서, 그리고 다른 모든 은유에서, 특성들은 우리가 보통 그것들과 연결시키지 않는 객체와 융합된다(예를 들어, 늑대-특성과 융합된 인간-객체). 정상적인 감각적 객체로 생생하게 기록하기가 너무도 어렵기에, 그 결과 오히려 실재처럼 **느껴지는** 객체가 나온다. 본질의 경우에도 유사한 일이 일이닌다. 왜냐하면 아자토스와 무희와 플루드가 하나로 힙지진 것을 떠올리는 일은 상상력에 훌륭한 연습이 되기 때문이다. 그러나 물론 이 융합은 그에 앞서 분열이 필요하다. 왜냐하면 이 특성들이 그 이전에 그저 하늘에 떠다니던 것이 아니기 때문이다. 낯선 신체와 융합하기 전에, 늑대-특성들은 늑대에 붙어 있었고, 문어-특성들은 문어에 붙어 있었다.

핵분열

우리는 이제 용어상 핵융합의 확실한 반대말인 '핵분열'로 고개를 돌린다. 접근 불가능한 실재 객체와의 불편한 관계 속으로 특성들을 하나로 모으는 대신에, 핵분열은 접근 가능한 감각적 사물과 접근 가능한 감각적 특성들 사이의 일반적 관계를 분리한다. 나는 이를 객체와 특성 사이의 '입체파적' 분열이라고 말했다. 왜냐하면 입체파 그림에서처럼 기타나 산이나 집배원이 너무도 많은 표면들로 나뉘어 있기에, 이 표면들의 합계만으로는 그것을 더 이상 확인할 수 없기 때문이다. 우리는 다이어 교수의 남극 도시 묘사에서 이것의 대표적인 예를 보았다. "잘린 원뿔들은 가끔 계단식이거나 세로로 홈이 새겨져 있었다. 그 위에는 여기저기 볼록하게 부풀어 있거나, 종종 얇은 부채꼴 모양의 원반층으로 덮인 큰 원통형 막대기가 올려져 있었다. 낯선 모습의 돌출된 탁자와 같은 구성물은 수많은 직사각형 석판, 원형판 혹은 오각형 모양의 별 더미가 서로 그 아래 것과 겹쳐 있음을 암시했다."(MM 508-9) 이 구절의 입체파적 효과를 손상시키려면, 다음처럼 단순화시키기만 하면 된다. "도시는 대부분 잘린 원뿔들, 가끔은 계단식이거나 세로로 홈이 새겨진 것들로 구성되어 있었다." 한 도시의 입체파적 그림을 한두 개의 각도로 단순화하면, 더 이상 입체파 그림이 아니라 전통적인 규칙을 따르는 초상화와 유사한 무언가가 남는다. 러브크래프트의 스타일에서도 마찬가지다. 통상적으로 객체는 그것이 우리에게 제시하는 특성들의 총합과 아주 달라 보이지는 않는다. 이것이 흄의 '다발' 이론의 핵심이다. 객체와 특성들의 결속을 끊을 정도의 압력을 만들어 내기 위한 확실한 기법은, 특성들을 엄청나게 배가시키는 것이다. 그러면 특성들을 통합하는 것이 무엇이든, 그것은 그 특성들의 기저에 있는 독립된 힘, 이제는 지나치게 압력을 받은 힘처럼 보이기 시작한다. 마치 튼튼한 다리가 십만 척의 카니발 장식 수레의 무게로 금이 가고 소리를 내는 것과 같다. 피카소와 브라크의 그림에서와 마찬가지로, 우리는 후설의 철학에서도 똑같은 기법을 발견한다. 실제로 브라크의 건물 그림 일부는 러브크래프트의 꺼림칙한 건축 묘사와 시각적으로 가장 가깝다. 후설은 머릿속의 객체 예시를 배가하라고 요구한다. 그럼으로써 대부분의 비본질적인 특성들을 제거하고 객체 자체에 대한 통찰력을 얻을 수 있기 때문이다.

남극 도시가 얼마나 이상하든지 간에, 중요한 점은 그것이 크툴루 우상과 같은 문학적 구조를 가지지 않는다는 것이다(이는 몇 년 전의 내 관점에서 변한 것이다). 러브크래프트는 절대 자신의 건축 묘사가 단순히 "도시의 본질에 거짓인 것은 아니"라거나, 혹은 "도시의 전반적인 윤곽"이 개별 건물보다 더 끔찍하다고 이야기하지 않는다. 대신에 남극 도시는 우리 눈앞에 완벽하게 펼쳐져 있다. 도시가 다소 기이하게 보이는 이유는, 수많은 이상한 건축적 특징들을 한데 모았기 때문이다. 우리가 여기서 다루는 것은 오직 도시의 감각적 버전으로, 완전히 접근 가능하고 조금도 물러나 있지 않은 것이다. 이 버전은 통합하기 매우 어려운 기이한 특성들 덩어리와 미심쩍은 관계에 묶여 있다. "사물의 본질" 대신에, 우리는 사물의 **몸체**와 유사한, 비록 균열로 인해 벌집처럼 되었지만 여전히 몸체인 무언가를 다루는 것이다. 핵분열에서 사물의 특성들은 사물에서 떨어져 나와 처음으로 사물과 어느 정도 구분되는 듯이 보인다. 이 구조는 러브크래프트의 작품에서 일반적이다. 나는 흔히 이를 '시간'이라고 부른다.[89] 왜냐하면 이것이 정확하게 우리의 시간 경험에 속하기 때문이다. 이는 다소 지속적인(하지만 영속적이지 않은) 객체들을 둘러싼 수많은 특성들의 변동이다. 그리고 그러한 변동 내내 객체들은 똑같이 남아 있다.

감각적 객체와 감각적 특성 사이의 이러한 핵분열에 더불어, 러브크래프트는 또한 숨어 있는 **실재** 특성들과 긴장 관계에 있는 감각적 객체의 예를 몇 가지 제시한다. 내가 아는 한, 이러한 일이 유일하게 일어나는 사례는 과학 실험이 비일상적인 객체의 진정한 성격을 풀어내지 못할 때이다. 예를 들어 우리는 이미 다음 문장을 논의했다. "엘러리 교수는 그 낯선 합금에서 백금, 텔루르, 철을 발견했다. 그러나 이것들에 높은 원자량을 가진 명백한 원소들이 적어도 세 개가 섞여 있었고, 화학으로 이것들을 전혀 분류할 수가 없었다. 그것들은 알려진 그 어떤 원소에도 상응하지 않았을 뿐만. 아니라, 새로 생길 수 있는 원소들을 위해 주기율표에 남겨 두었던 빈자리에도 맞지 않았다."(WH 677) 후설의 철학에서, **모든** 특성들이 표면을 따라 떠다니며 시간의 흐름에 따라 변화하는 일시적인 사건인 것은 아니다. 어떤 특성은 본질적이며, 그것이 없다면 그 사물은 우리에게 다른 것이 될 것이다. 이러한 특성은 소위 '형상적 eidetic 환원'

을 통해 발견된다. 이런 이유로 나는 접근 가능한 감각적 객체와 구조적으로 중요하지만 접근 불가능한 특성들 사이의 긴장을 종종 **형상**_{eidos}이라는 이름으로 부른다.⁹⁰ 러브크래프트의 작품에서, 이런 일은 항상 과학이 **실패**한 결과로 발생한다. 그러면서 과학의 **성공**은 실재 특성들을 알려줄 거라고 말없이 암시한다. 후설은 이러한 특성들을 아우르는 완전한 지식이 가능하다고 주장하며, 이에 대체로 동의하는 듯이 보인다. 그러나 후설은 또한 그것들이 절대 **감각적**이 될 수 없고, 정신을 통해서만 알려질 수 있음을 인정한다. 이런 방식으로 그는 적어도 그것들이 감각적 특성들과 같은 것이 아니라는 점을 수긍한다.

이 두 가지 긴장, 내가 '시간'과 '형상'이라고 불렀던 긴장은 모두 **핵분열**의 형태다. 이전 절에서 묘사되었던 핵융합의 두 종류와 달리, 이들은 정상적으로 연결되어 있지 않은 객체와 특성을 하나로 녹여 내지 않는다. 대신에 객체와 특성들 사이에 이미 존재하던 일상적 결속을 끊어 버린다. 그러나 우리가 앞서 보았듯이, 모든 핵융합에는 핵분열이 선행되어야만 한다. 그리고 비유를 통해 우리는 모든 핵분열이 새로운 형태의 핵융합으로 이어진다는 것을 발견한다. 숨겨진 객체에서 분리되어 자유로워진 특성들은 새로운 객체를 형성한다. 잘린 원뿔은 전체 남극 환경의 일부가 되기를 멈추고, 대신에 스스로 자유롭게 존재하는 객체가 된다. 더 이상 도시라는 거대한 객체의 분위기를 내기 위한 색조로 예속되지 않는 것이다.

분류학적 오류

이 책은 러브크래프트의 이야기들을 축자적 내용의 형식으로 풀어 쓰는 모든 시도에 반대한다. 어떤 측면에서, 이러한 시도는 새롭지 않다. 적어도 20세기의 어느 유명한 비평가가 영시와 관련해서 유사한 주장을 한다. 바로 클리언스 브룩스(1906-1994)를 말하는 것이다. 브룩스는 이제는 인기 없는 '신비평주의자'의 대표격인 인물이다. 이들은 대부분 유복하게 자란 남부 신사들로 문학작품을 꼼꼼히 읽는 것을 선호했고, 역사적 콘텍스트에 따라 작품을 읽는 것을 경시했다. 시는 특정한 효과를 내는 기계처럼 작동하는 독립적인 개체로 다루어졌다. 신비평주의자들은 1940년대와 1950년대 미국의 비평계를 지배한 후에, 문학작품이 비문학적인 환경으로부터 질적으로 구분되는 특별한 문화적 생산물이라고 인정하기를 거부했던 신역사주의 같은 경향에 자리를 내주었다. 이런 점에서, 문학에서 신비평주의자들은 앞서 1장에서 우호적으로 얘기했던 예술비평가 클레먼츠 그린버그과 유사한 운명을 겪었다. 객체지향철학은 가끔 비슷한 이유로 비판받았고, 그렇기에 풀어쓰기에 대한 브룩스의 공격에서 어떤 점에 동의하고 어떤 점에 반대하는지 간략히 보여 주는 일이 중요하다.

대략적으로 말해서, 신비평주의자는 (그리고 클레먼츠 그린버그는) 기본적으로 두 가지 이유로 공격받는다. 하나는 그들의 소위 상아탑 미학주의와 엘리트주의로, 문학작품이 생산되는 역사적, 물질적, 정치적 조건들을 충분히 인정하기를 거부하는 것이다. 이에 따라 예술을 다른 모든 문화적 생산물과 같은 층위에 두고 그들의 위치를 반박하려는 다양한 시도가 나온다. 여기서 나는 이들의 비판에 동의하지만 그 이유는 정반대다. 즉, 우리가 예술 작품의 특별한 지위에 반대한다고 해도, 작품의 독립적인 실재를 부인하고 거대한 역사적-사회적-경제적 콘텍스트에 다시 배치하는 방식으로 그렇게 해서는 안 된다. 대신에, 우리는 그 콘텍스트의 다양한 요소들도 신비평주의자가 문학에만 부여했던 것과 같은 독립적인 삶을 즐길 수 있게 허용해야 한다. 왜냐하면 대부분의 사물들이 특정한 수의 다른 사물들에 매우 의존한다는 것은 분명한 진리지만, 그렇다고 이 세계가 모든 것이 다른 모든 것에 영향을 주는 거대한 전체론적 구조물이라는 뜻은 결코 아니기 때문이다. 그러한 과도한 전체론은 우리 시대에 해를 입히는 지적 독단론 중 하나고, 나는 어떻게 그것이 브룩스 본인의 입장에까지도 악영향을 끼치는지 곧 보여 줄 것이다. 역사적, 물질적 배경 조건을 알면 예술 작품을 더 잘 이해하게 된다는 것이 분명 사실이지만, 절대로 그러한 지식을 난폭하고 난삽하게 적용해서는 안 된다. 사물의 환경적 측면 중에 어떤 것을 수용하고, 어떤 것을 상관없다고 배제할지 판단하기 위해서는 조심스러운 역사 판정관이 필요하다. 예를 들어 스피노자의 철학은 17세기 암스테르담에 사는 유대인의 지위에 분명히 깊은 영향을 받았다.[91] 그러나 이 상황의 어떤 측면은 다른 측면보다 그의 철학에 크게 영향을 주고, 또 어떤 측면은 아마도 아무런 영향을 주지 않았을 것이다. 암스테르담의 유대인 문화가 지니는 일부 특징은 분명히 현재 다루는 주제에 너무도 사소하거나 주변적이라 어떤 스피노자 학자도 그것을 언급하려고 하지 않을 것이다. 좀 더 일반적으로, 모든 객체는 환경으로부터 특정한 힘과 영향을 흡수하지만, 다른 힘과 영향에는 완전히 무감각하다. 콘텍스트성은 절대로 총체적이지 않다. '시스템'이라는 독단론은 다른 어디와도 마찬가지로, 여기서도 반드시 거부되어야만 한다. 또한 좀 더 기본적인 사실은 스피노자의 철학이 지구 전체로, 수 세기에 걸쳐 17세기 암스테르담 유대인들과 아무런 관계가 없는 역사적 지점들로 퍼졌다는 것이다. 요컨대 스피노자의 철학은 **객체**다. 그리고 이 객체가 역사를 가진다고 하더라도, 아이가 부모로 환원될 수 없는 것처럼 그 역사로 환원될 수는 없다. 객체는 원래의 환경을 완전히 버리는 탈출정과 유사하다. 비록 그 환경이 객체에 특정한(하지만 다른 것은 아닌) 흔적을 남겼다고 하더라도 말이다. 이 점은 시와 철학과 아이들에 있어서 진리고, 법원 서류, 구속영장, 감방과 수갑, 의료 클리닉, 정신병원, 인간 주체, 피아노, 벌레, 노트북, 버터 스카치 사탕에서도 마찬가지다. 객체가 객체인 유일한 이유는 그것이 세계로부터 부분적으로 닫혀 있고, 다른 콘텍스트로 전환하면서 그 에너지를 자신의 탄생과는 상관없는 환경에 발산할 수 있기 때문이다. 예술 작품을 콘텍스트에 다시 집어넣음으로써 미학적 엘리트주의에 반대하는 대신, 우리는 모든 콘텍스트들을 수조 개의 독립적인, 특히 그중 어떤 것은 다른 것보다 더 중요한 예술 작품들로 분리함으로써 반대해야 한다.

신비평주의자에 대한 두 번째 공격은, 우리의 관심을 역사적 콘텍스트와 축자적 의미에서 돌려 아이러니와 패러독스가 반복되는 구조에 주목하게 함으로써, 비평을 사회적 혹은 정치적 영향을 받지 않는 공허한 지적 게임으로 바꾼 '형식주의'(다시 한번, 그린버그처럼)를 범했다는 비판이다. 혹은 실제로는 당시를 지배하던 이데올로기를 위한 게임으로 바꾸었다는 비판이다. '형식주의'라는 비난에 대해, 브룩스는 참된 축자적 서술과 외부의 미학적 장식 사이에 유일한 대안이 있다는 것을 거부함으로써 대응한다.[92] 비록 그렇게 하는 것은 옳은 일이지만, 그는 구조적 아이러니와 패러독스를 위해 문학의 내용을 그처럼 잔혹하게 경시함으로 인해 발생할 문제의 중대함을 인정하지 못한다. 존 던의 〈시성 The Canonization〉이 완전히 읽을 수 없는 패러독스라는 것은 엄격하게 말해서 진실은 아니다. 왜냐하면 그 시는 또한 매우 **특정한** 패러독스에 관한 것이기 때문이다. 마찬가지로, 러브크래프트는 로맨스나 탐정소설의 콘텍스트에서 객체와 특성 사이의 결속을 끊는 것이 아니다. 오직 공포라는 콘텍스트를 위해서만 그렇게 하는 것이다. 브룩스가 특별히 배제한 영역으로 나아가 보면, **철학적**이고 **과학적**인 서술의 부적절한 축자적 형식 또한 역설적이다. 하지만 그 역설은 각각의 경우에 특정한 내용을 가진 역설이다. 달리 말해서, 모든 속담의 어리석음에 관한 지젝의 뛰어난 논의에도 불구하고, 우리가 카르페 디엠의 원칙을 따르거나 혹은 대신에 금욕적으로 사후 세계에 집중하는 일은 정말로 차이를 만든다. 모든 내용의 본질적 어리석음에는 명백한 한계가 있고, 이 한계는 반드시 설명되어야만 한다. 풀어쓰기는 이단이지만, 절반짜리 이단이다. 브룩스는 가끔 자신이 이 점을 안다고 우리를 확신시키지만, 그의 확신에는 이 문제의 다른 측면을 논의할 때 그

가 보여 준 의욕과 열정이 없다.[93]

브룩스의 태도에서 무엇이 옳고 그른지 간략하게 요약하는 것이 도움이 될 것 같다. 이는 유추에 의해 다른 '형식주의들'에도 적용될 수 있다. 무엇보다, 우리는 풀어쓰기에 대한 그의 공격에 담긴 전반적 정신에만 동의할 수 있을 뿐이다. 우리가 주로 맞서야 할 독단론은 "시는 일종의 '서술'을 형성하고, 이 서술은 참이거나 거짓이고, 다소 명백하게 혹은 유려하게 혹은 아름답게 표현될 수 있다는 것이다. 시에 관한 대부분의 이단들은 이 공식에서 발생한다."[94] 이 통찰력은 시의 영역을 훨씬 넘어서까지 유효하다. 그러나 우리는 브룩스를, 그가 스스로 선택한 시 비평가라는 직업의 맥락에서 좀 더 따라갈 것이다. 그의 입장에서, 시의 의미를 요약하려는 시도는 전부 실패한다. 좀 더 적절하게 요약하기 위해서 비평가는 조건, 망설임, 심지어는 은유를 너무 많이 추가할 필요가 생기고, 그 결과는 전혀 축자적 서술이 아닐 것이다.[95] 풀어쓰기는 '추출' 작업이나 다름없고,[96] 이는 하이데거에게 모든 '눈앞에 있음'이 도구 존재의 더 깊은 지하 세계를 단순히 추출한 무언가에 불과한 것과 같다. 그래서 시는 화려한 축자적 서술의 모음이 아니라, 건축, 회화, 발레, 음악, 드라마와 매우 유사하게 '해소된 긴장의 양식'이다.[97] 축자적 내용의 불충분함을 보여 주는 브룩스의 주요 도구는 시에서 아이러니와 패러독스를 찾는 일이다. 혹은 좀 더 넓게는 '부조화의 인식'이다.[98] 브룩스가 논의하는 영시에 다음과 같은 사례가 있다. "어린아이는 최고의 철학자. 빛은 일종의 어둠에서 … 발생한다. 남자다움으로의 성장은 감옥에서의 탈출이 아니라 감금이다."[99] 그가 적절한 이미지를 통해 말하듯이, 시의 서술은 물속의 작대기처럼 구부러져 있다.[100] 그가 설득력 있게 주장하듯, 세계 문학의 위대한 많은 시들은 그러한 패러독스로 만들어진다.[101]

지금까지는, 시에서 옳고 틀린 내용을 찾지 말라는 경고에 동의하지 않을 이유가 거의 없다. 그러나 브룩스는 두 개의 추가적인 주장을 하는데, 이것들은 반드시 거부되어야만 한다. 첫 번째는 풀어쓰기의 불가능성이 문학을 특별하게 만든다는 주장이다. "우리는 절대로 과학 혹은 철학의 잣대로 시를 측정할 수 없다. 잣대에 맞춰 놓였을 때, 시는 절대로 '완전한 시'가 아니고, 시의 추출이기 때문이다…"[102] 그러나 이는 내가 다른 곳에서 분류학적 오류라고 말했던 것의 사례다.[103] 축자적 내용과 풀어쓸 수 없는 것의 차이를 확인하는 일은 옳지만, 이 두 구조를 인간의 서로 다른 두 **형태**의 지적 활동에 배당하는 일은 정당화될 수 없다. 다시 말해, 철학과 과학은 축자적 진리를 책임지고, 문학은 아이러니와 패러독스를 다룬다는 분리를 정당화할 수는 없다. 한편으로 시에는 온갖 종류의 축자적 주장이 담겨 있다. 단테의 글이 교황권 제한에 관한 정치 소논문으로 환원될 수는 없다고 해도, 우리는 그의 정치적 주장을 자의적으로 제거할 수도 없다. 다른 한편으로 철학과 과학은 문학만큼이나 아이러니와 패러독스를 보여 준다. 아리스토텔레스는 이미 때에 따라 본체가 상반된 특성들을 가질 수 있다고 말했다. 그런 반면 물리학에서 빛의 파장/입자 이중성은 적어도 존 던이 쓴 그 어느 것만큼이나 역설적이다. 그렇다면 아이러니와 패러독스는 문학만의 특징이 아니다. 그것들은 우주에 편재하는 존재론적 구조다.

또 다른, 그리고 좀 더 심각한 반박은 브룩스가 풀어쓰기가 불가능하다고 주장하는 이유에 관한 것이다. 여기서 우리는 그가 논의하는 시에 나오는 것만큼이나 큰 아이러니를 접한다. 왜냐하면 브룩스는, 시를 압축된 혹은 독립적인 객체로 다루기에, 역사적-사회적 콘텍스트의 천적으로 여겨지지만, 이는 사회적 콘텍스트가 시 **외부에** 있을 때만 맞기 때문이다. 우리가 작품 안에 있는 순간, 브룩스는 콘텍스트의 열렬한 추종자가 된다. 그가 얘기하듯, 아름다움이 진리고 진리가 아름다움이라는 존 키츠의 유명한 시구와 같은 아이러니하고 패러독스한 서술은 "정확한 의미와 중대성을, 시라는 **총체적 콘텍스트**와의 관계에 의해 부여받는다."[104] 내가 '총체적 콘텍스트'라는 말을 강조하는 이유는, 이미 앞에서 이야기한 것처럼, 브룩스가 그의 상대편처럼 과장을 한 죄가 있음을 알리기 위해서다. 시가 콘텍스트 전체에 의해 전체론적으로 관통당하지 않고 그 콘텍스트에서 개별 영향들을 흡수하고 강화된 것과 마찬가지로, 시 **내부의** 개별 요소에 있어서도 부분적 독립성이 유효해야만 한다. 키츠의 경우에, 시의 **총체적** 콘텍스트가 마지막 줄 이전 행의 비밀을 푸는 것일 수는 없다. 〈그리스 항아리에 부치는 송시〉의 11-12열을 이렇게 바꾼다고 상상해 보자. 지금의 "들리는 멜로디는 달콤하지만, 들리지 않는 것은 / 더 달콤하다…" 대신에 우리는 그저 주요 단어 하나만을 변경할 것이다. "들리는 멜로디는 **시큼하지만**, 들리지 않는 것은 / 더 달콤하다…" 이는 분명히 시를 변화시키고, 화자에 대한 우리의 감정을 변화시킨다. 그러나 멀리 49행에 나오는 "아름다움은 진리고, 진리는 아름다움이다"를 해석하는 일에는 거의 영향을 미치지 않는다. '달콤'에서 '시큼'으로의 변화가 상당히 중대함에도 그러하다. 사소한 철자 변화나 구두점을 시에 퍼붓거나, 혹은 덜 중요한 단어들을 교체하는 일은, 그 유명한 마지막 줄 직전 행이 일을 하는 방식에 영향을 훨씬 덜 주었을 것이다. 심지어 현존하는 시가 키츠가 버린 초안들 중 하나일 뿐임이 어느 날 드러나고, 어느 먼지 낀 도서관에 숨겨져 있던 작가의 진짜 버전이 갑자기 발견되었다고 상상할 수도 있다. 더 나아가 이 새롭게 발견된 버전의 모든 행이 마지막 두 줄 빼고는 다르다고 상상할 수도 있다. 그럼에도 마지막 두 행은 여전히 이전과 같은 영향력을 가질 수 있다. 이 모든 것이 의미하는 바는, 시를 총체적 사회-역사적 콘텍스트에서 분리시키고, 부분적으로 독립된 단위로 다루는 일에 있어서는 브룩스가 옳았지만, 시 **내부의** 개별 요소들에 똑같은 자유를 허용하지 않았다는 점에서는 그가 틀렸다는 것이다.

그리고 그는 자신의 두 가지 실수를 다음과 같이 조합한다는 점에서 더 심하게 틀렸다. "과학적 제안은 독자적일 수 있다. 만일 그것이 진리라면, 그것은 진리다. 그러나 태도의 표현은, 그 태도가 만들어지는 경우와 그것이 에워싼 상황으로부터 떨어진다면 무의미하다."[105] 그러나 시가 과학만큼이나 전체론적이라는 주장은 틀리고, 전체론이 풀어쓰기를 피하는 방법이라고 주장하는 것도 역시 틀리다. 이것은 하이데거의 도구분석을 해석하는 데 있어서, 의식 속에서 눈앞에 있는 개제들의 독립성으로부터 우리를 자유롭게 하는 것이 도구 체계의 관계성이라고 말하는 것과 같은 실수다. 왜냐하면 도구들이 인간의 의식에 연결되어 있는 경우나 혹은 서로에게 연결되어 있는 경우 모두에서 도구들은 다른 무언가와 맺는 관계로 환원되기 때문이다. 그리고 시의 요소들이 우리에게 축자적으로 의미하는 바가 풀어쓰지든, 혹은 공동의 콘텍스트에 속함으로써 상호적으로 정의되든지 간에, 개별 요소가 그것의 상호 관계로 소진된다는 주장은 맞지 않다. 다시 말해서, 브룩스는 분류학적 오류에 두 번 빠진다. 첫 번째는 문학과 다른 분야들의 수사학적 지위를 잘못 구분할 때다. 그리고 두 번째는 전체론이 시를 역사적 콘텍스트로 환원시킬 때는 좋지 않지만, 시를 서로 연결된 의미들의 내부적 콘텍스트로 환원시킬 때는 좋다고 할 때다.

기이한 내용

객체지향철학과 브룩스의 신비평주의식 '형식주의' 간 유사점과 차이점은 이렇게 요약할 수 있다. 우리는 그 무엇도 풀어쓰기를 할 수 없다는 점에 동의한다. 좀 더 일반적으로 우리는 세상의 그 어떤 것도, 시든 망치든 원자든 도마뱀이든 꽃이든, 뒤틀림 없이 다른 어떤 것으로 전환될 수 없다고 말해야만 한다. 이 객체를 그것이 형성된 상황으로 환원하는 일은, 그 무엇도 단지 환경의 부가적인 생산물이기만 할 수는 없다는 사실을 무시하는 것이다. 셰익스피어는 그가 속했던 엘리자베스 시대의 환경이 할 수 없는 것을 해냈다. 이러한 관계는 강아지와 그것의 부모 사이에서도 마찬가지고, 견과류나 베리와 그것들이 자라난 최초의 나무와 수풀 사이에서도 마찬가지다. 우리는 또한 그 어떤 깃도 그것이 탄생한 후 주변에 주는 영향으로 환원될 수 없다는 사실도 무시하면 안 된다. 셰익스피어, 강아지, 견과류, 베리 등은 사건이라기보다는 객체. 이러한 객체들이 만들어 내는 문학적 혁명, 공원에서 뛰어다니는 일, 축제 등도 의심할 여지없이 사건이다. 그러나 이러한 사건은 해당 사건 대신 다른 사건에도 쉽사리 참여할 수 있었던, 혹은 아무 사건에도 참여하지 않을 수 있었던 객체들로 구성되어 있다. 베리는 즉각 소비되는 대신에, 포장되어 말레이시아에 보내지거나, 전혀 소비되지 않고 썩어 버릴 수 있다. 그리고 이 모든 다양한 사건들은 **이 특정한 베리들**이 참여할 수 있는 우발적 사건이다. 환경이 미치는 효과가 다를 때마다 베리가 달라지는 것은 아니다. 더욱이, 베리가 참여하는 사건 자체도 객체가 될 수 있다. 왜냐하면 아침 식사나 결혼식은 개별적 실재로, 어떠한 해석의 총합에 의해서도 소진될 수 없고, 세상에 대한 어떠한 효과로도 환원될 수가 없기 때문이다.

이게 바로 시나 다른 어떤 것을 풀어쓰지 못하도록 막는 것이 "콘텍스트"라는 주장을 반드시 반박해야 하는 이유다. 무언가를 축자적 용어 혹은 다른 종류의 용어로 다시 묘사함으로써 풀어쓴다는 것은, 그 무언가를 콘텍스트에 두는 것이다. 이때의 콘텍스트란 **우리와 관련된** 콘텍스트인 것이다. 나는 콘텍스트에 대한 브룩스의 호소가, 하이데거의《존재와 시간》독자들 대부분이 했던 호소와 다르지 않다고 말했다. 후설이 철학을 현상의 묘사로 전환시키면서 암묵적으로 주장했던 것과 달리, 하이데거는 망치가 의식 속에 나타난 외양으로 환원 가능하다는 것을 부인한다. 실제로 그는 망치가 독자적으로 다루어질 수 없고, 그것을 도구의 총체적 체계에 할당된 것으로 고려해야 한다고 정확히 말함으로써 존재의 현상성과 다투는 듯이 보인다. 그러나 내가 글로 자주 주장했듯이,[106] 의식에 등장하는 망치('망가진 망치')는 합판, 못, 장비차 등과 상호작용을 하는 망치만큼이나 관계적 콘텍스트에 담겨 있다. 의식 속의 망치는 실재 망치의 잘못된 풀어쓰기인데, 이는 그것이 콘텍스트에서 자유롭기 때문이 아니다. 그보다는 그것이 콘텍스트에 의해 **완전히 결정되고**, 내 자신의 경험이라는 콘텍스트 내에서만 존재하는 캐리커처로 환원되었기 때문이다. 망치가 급작스럽게 망가지면서 우리를 놀라게 할 수 있는 이유가 바로 이것이다. 망치는 그것이 우리에게 주는 효과들이 아니라, 그 이상의 무엇이기 때문이다. 마찬가지로, 쇠못을 치고 주석과 알루미늄판에 자국을 내는 망치는 그 콘텍스트에 따라 이 불쌍한 금속을 가격하는 복수심에 찬 힘으로 **완전히 결정되고**, 그렇게 금속이 망치와 갖는 최소한의 상호작용 덕분에 캐리커처로 환원될 수 있다. 이게 바로 망치가 갑자기 이전의 경우보다 더 강하거나 약한 힘으로 금속을 때림으로써 정말로 그것을 놀라게 할 수 있는 이유다 (비록 금속이 의식하지 않는다고 하더라도). 망치는 그것이 금속에 내는 효과들이 아니라, 그 이상의 무엇이기 때문이다. 우리가 쉬운 풀어쓰기를 피하고 사물들을 실재 그대로 남겨두고 싶다면, 이를 이루는 유일한 방법은 모든 객체가 본질적으로 콘텍스트에서 자유롭다는 점을 인식하는 것이다. 브룩스는 시가 사회적 영향이나 축자적 의미로 용해되지 않는다고 하면서 이 점을 이해한다. 그러나 시의 **내부**를 용어들이 서로 미치는 영향으로 이루어진 기이한 전체론적 세계로 전환시키려고 하기에, 같은 점을 놓친다. 같은 방식으로, 하이데거가 도구들이 우리의 현상적 의식에 갖는 콘텍스트적 관계 밖에서 존재할 수 있다고 주장하는 것은 옳다. 그러나 그는 **생명이 없는** 존재들이 서로 맺는 관계의 경우에서도, 마찬가지로 콘텍스트에서의 물러남이 있다는 점을 보지 못하기에 틀렸다. 실제로 나는 이것이 하이데거의 가장 중대한 철학적 실책이고, 그로 인해 그의 후계자들에게 막대한 과제를 남겼다고 빈번하게 주장해 왔다.

우리는 경험의 특정한 내용이 상대적으로 중요하지 않다고 주장하는 형식주의를 지지할 수 없다. 그러나 물질주의를 지지할 수도 없다. 모든 것이 자라나는 원래의 토양에 특권을 부여하고, 그럼으로써 실재 자체의 자주성이나 상대적 독립을 부정하기 때문이다. 대신에, 우리가 지지하는 것은 **객체**뿐이다. 객체들이 형식화될 수 없는 이유는, 그것들을 수학이든 혹은 다른 방식으로든 간에 알 수 있음의 조건으로 환원할 수 없기 때문이다. 그러나 객체들은 또한 '물질화'될 수도 없다. 왜냐하면 객체가 생성되는 과정에서 주변부에 놓인 조건은 엄격한 한계 내에서만 관련성을 갖기 때문이다. 객체들은 형식과 물질이 **둘 다** 결합된 질료형상적 조합도 아니다. 왜냐하면 객체는 정확히 이 두 극단 **중간에** 있는 것으로, 그것들과 이따금씩 그리고 간접적으로만 관계하기 때문이다. 대신, 객체는 고전 전통에서 **본체적 형식**이라고 불렀던 것에 해당하며, 우주의 2층 특별 좌석에 거주한다. 그리고 객체는 관찰자를 위한 의미 혹은 어떤 유전적-환경적 배경 이야기의 설정에 달린 생산물로도 풀어쓸 수가 없다.

형식주의는 분명히 내용을 폄하한다. 왜냐하면 더 큰 구조적 관계를 위해 내용을 소모품으로만 쓰기 때문이다. 즉 이러한 구조에 담겨 있는 정확한 내용이 가역적이라거나, 혹은 그저 우연히 손에 잡히는 곳에 있던 내용일 뿐이라고 보는 아이러니와 패러독스를 위해 쓰는 것이다. 예를 들어, 지도력이나 권력을 가진 이의 개인적 특이함을 중요하게 여기지 않고, 모든 것을 오직 '체제'의 결과로 보는 사회 이론은 형식주의적 사회 이론으로 볼 수 있다. 모든 종류의 구조주의는 분명히 이 범주에 속한다. 그러나 물질주의도 내용을 폄하한다. 왜냐하면 모든 내용을 이전의 혹은 좀 더 깊은 역사의 파생물로 다루기 때문이다. 한 예로, 하이데거의 글에서 독립적인 철학적 내용을 비워내고, 그럼으로써 그를 수구적 비이성주의에 휩싸인 반-바이마르 흐름의 전형적인 산물이나 분명한 나치 선동주의자로 환원하는 문화사가들이 있다.[107] 그러나 시의 내용이나 인지 혹은 경험에만 집중함으로써, 형식주의와 물질주의를 피하는 일 **또한** 내용을 폄하하는 일이다. 왜냐하면 우리가 보았듯이 그럼으로써 내용은 축자적 의미가 되고, 이 의미는 시, 인지, 경험 자체를 실질적으로 **대체하는** 전송 가능 형식으로 반복될 수 있기 때문이다. 좋은 예는 지젝이 비웃었던 《쉽게 풀어낸 셰익스피어》 시리즈일 것이다. 나는 이 시리즈의 학습적 효과에 관해 판단을 내릴 위치에 있지는 않다. 그러나 시리즈에 포함된 책들이 셰익스피어의 원작들을 대체할 수 없다고 주장한다고 해서 위험에 처하지는 않을 것이다. 시리즈 편집자인 존 더밴드도 자신의 작업으로 인해 그런 결과가 초래된다면 행복하지 않을 것이다.

우리가 여기서 '내용'이라고 부르는 것은 감각적 영역이라고 불러 왔던 것과 동일시될 수 있다. 실재 객체와 그 특성이 항상 접근 가능한 범주에서 물러나 있고, 모든 형태의 현존과 비교될 수 없는 반면에, 우리는 항상 감각적 객체와 그것의 특성에 바짝 붙어 있다. 마치 아이들의 얼굴이 장난감 기계와 애완동물 기계의 유리창에 붙어 있는 것처럼 말이다. 이것은 내용의 세계이며, 내용은 **진정성**의 세계다. 만일 우리가 '진정성'이라는 단어 자체를 비웃는 싫증난 힙스터나 방탕한 자유사상가라 해도, 심지어는 그런 때에조차 우리는 진정으로 경멸이나 타락에 관여하고 있다. 신선한 주스를 즐기거나 가난한 이를 돕는 것과 같이 좀 더 건전하게 시간을 보내는 일보다 말이다. 매 순간 우리는 어떤 일을 하고, 다른 일을 하지 않는다. 심포니보다는 농담을 듣고, 세상이 시작한 때가 있다고 믿지 않기보다는 믿고, 혹은 존 던, 에밀리 브론테, 플루타르크보다는 H. P. 러브크래프트를 읽는다. 그리고 내용을 풀어쓸 수 없게 만드는 것은 브룩스가 말하는 경험의 '총체적 콘텍스트'가 아니라 바로 이 진정성이다. 진정성은 내용과 실재를 하나로 결합함으로써 이를 가능하게 한다. 이 점은 쉽게 확인할 수 있다. 존재지학 그리고 존재지학이 묘사한 객체와 특성들 사이의 분쟁에 관해 우리가 이미 배웠던 것에 단 하나의 추가적 반전을 더하기만 하면 되는 것이다.

우리는 실재 객체 RO와 실재 특성 RQ의 물러남과, 감각적 객체 SO와 감각적 특성 SQ의 완벽한 접근 가능성에 관해 이야기했다. 이로써 우리는 객체가 특성과 긴장을 이루며 존재하는 4개의 다른 순열을 고찰한다. 이 네 가지에 부여한 이름은 시간 SO - SQ, 공간 RO - SQ, 본질 RO - RQ, 형상 SO - RQ이다. 러브크래프트의 작품에서(각각 그의 '입체파적'이고 '암시적인' 순간에) 우리는 첫 두 가지 긴장을 이용하는 문장을 많이 발견한다. 하지만 다른 두 긴장이 관련된 예들도 본다. 정상적인 감각 경험은 어떤 물러나 있는 실재 배경에 의해 사로잡혀 있다는 느낌을 주지 않는다. 이러한 일이 망가진 도구, 심오한 지겨움 혹은 불안 Angst 등의 드문 경우에서만 발생한다는 점을 확인시킨 이가 바로 하이데거다. 그리고 더욱이, 정상적인 감각 경험에서 우리는 또한 하나의 단위로서의 사과와 그것이 지닌 감각 혹은 실재 특성들의 집합 사이에 존재하는 분쟁을 확실하게 감지할 수가 없다. 이 점을 확실하게 보기 위해서는 후설과 같은 사람이 필요하다. 그러나 핵융합이나 핵분열로 묘사되는 경우에서는, 분쟁을 무시할 수가 없다. 왜냐하면 서로 잘 맞지 않는 듯한 객체와 특성의 결합을 강제로 마주하기 때문이다. 남극의 도시에는 십여 개의 이상하고 부조화스러운 특성들이 모여 있다. 혹은 문어, 용, 인간의 윤곽들이 더 깊은 "사물의 본질"이나 "전신의 전반적인 윤곽" 주위를 공전한다. 핵융합과 핵분열에서, 사물과 특성은 하나로 깔끔하게 모이지 않는다. 특성들은 부분적으로만 유지되는 불안한 독립성을 확보한다. 왜냐하면 우리 자신이 문어, 용, 인간을 보이지 않는 보편적 본질로 압축시키려고 한다고 느끼기 때문이다. 객체가 있고, 그것의 객체가-된-특성들이 있다. 그러나 우리는 무엇이 그들을 연결하는지 아직 모른다.

객체와 특성들 사이의 네 가지 **긴장**과 더불어, 존재지학은 두 가지 다른 유형의 연결에 주목한다. 하나는 특성-특성의 협력으로, 수많은 실재와 감각적 특성들이 똑같은 객체에 같이 속하는 것이다. 이러한 연결은 **방사**radiations라고 불린다. 그러나 이들은 지금은 특별히 중요하지 않다. 다른 유형은 객체-객체의 연결, 혹은 그 연결의 결여로서 **연접**junctions이라고 불린다.[108] 이 유형의 연결은 현재 논의와 훨씬 더 관련이 있다. 우리는 실재 객체들 간의 연결RO - RO이 절대로 직접적일 수 없다는 것을 안다. 왜냐하면 실재 객체들은 서로에게서 물러나 있기 때문이다.[109] 기껏해야, 그들의 연결은 간접적 혹은 대리적일 뿐이다. 우리는 또한 실재와 감각적 객체들의 연결RO - SO이 직접적이라는 것을 안다. 왜냐하면 우리가 이를 계속해서 경험하기 때문이다. 우리의 삶이 오로지 접근에서 물러난 채 모든 시점에서 접근 불가능한 블랙홀로만 구성된 것은 아니다. 대신 우리는 탁자, 컴퓨터, 지하철, 농기구 등과 직접 관련되어 있는데, 이는 물러선 실재 객체가 아니라 감각적 객체라는 형식을 통해서 가능하다. 실재 객체(관찰자)와 감각적 객체(관찰 대상)의 접촉은 우주에서 일어나는 유일한 형식의 **직접적** 접촉이다. 실재 객체로서 나는 심지어 감각적 **특성들**과도 직접 접촉하지 않는다. 왜냐하면 그것들은 언제나 그것들이 속한 객체를 통해 내게 중개되기 때문이다. 잎사귀의 녹색은 자동차나 스프레이 페인트의 녹색과 절대 같지 않다. 빛의 파장이 세 가지 경우에서 모두 똑같다고 증명이 된다고 해도 그러하다. 마지막으로, 두 감각적 객체들$SO - SO$은 나의 경험 속에서 둘이 함께 존재한다는 의미에서만 연결점을 갖는다. 나는 절대로 하나의 세계-블록이나 전체론적 세계-구조를 마주하지 않는다. 대신에, 나의 경험은 처음부터 조각으로 나뉘어 있다. 이런 측면에서 감각적 객체들 간 관계의 중개자는 바로 나(혹은 인간이든 아니든 모든 관찰자)다. 이 감각적 객체들은 단지 이미지이고, 내 경험 안에서만 접촉하기 때문에, 분명히 서로와 직접적으로 접촉하지 못한다.

존재지학에 의해 묘사되는 모든 연결은, 실재와 감각적 객체들의 직접적 접촉을 제외하면, 중개자가 필요하다. 비록 우리가 H. P. 러브크래프트에 관한 책에서 열 개의 중개 모두를 설명할 필요는 없지만, 그중 하나는 특별히 놀랍다. 관찰하는 개체(이는 실재 객체 RO다)는 **긴장**이라고 알려진 네 개의 연결들, 즉 러브크래프트 스타일의 핵심에 담겨 있는 것으로 우리가 보았던 연결들을 위한 중개자다. 혹은 적어도 이 긴장 중에 우리가 '핵융합'이나 '핵분열'이라고 불렀던 **붕괴**에 있어서는 사실이다. 왜냐하면 이 경우에 특성들은 그것들의 주인-객체로부터 부분적으로 독립하고, 그 자체로 객체가 되기 때문이다. 이것은 두 개의 감각적 객체들 간에 발생하는 문제고, 우리는 이미 두 개의 감각적 객체들이 이 둘을 동시에 경험하는 실재 객체에 의해 중개될 수 있다는 것을 안다. 감각적 실재가 관찰자의 경험 내에서만 존재할 수 있다는 점을 고려하면, 우리가 시간, 공간, 형상이라고 불렀던 세 가지 긴장의 경우에, 그러한 관찰자(즉, 꼭 인간일 필요는 없는 실재 객체)가 항상 현장에 있어야 한다는 점은 분명하다. 비록 원칙적으로 이 점이 실재 객체와 그것들의 실제 특성들 사이의 긴장에서는 사실이 아니라고 하더라도, 의식도 형체도 없이 퍼덕거리는 무희들에 둘러싸인 아자토스라는 러브크래프트의 유사-본질 사례에서, 우리가 다루는 것은 긴장이 아니라 그것에 대한 문학적 **암시**라는 점을 반드시 기억해야 한다. 명백히, 우리는 암시를 경험하기 위해 현장에 있는 관찰자(즉 실재 객체인 우리 자신)다.

풀어쓰기의 문제는 에너지의 손실 없이 실재 사물을 접근 가능한 의미로 전환할 수 있다고 주장한다는 점에 있다. 문학 텍스트가 전달 가능한 교훈으로 바뀌고, 진짜 물러난 망치는 우리를-위한-망치나 나무를-위한-망치로 변한다. 이때 결과적으로 발생하는 뒤틀림에 대한 인식은 없다. 이런 방식으로, 사물들은 수거되어서 효율적인 사용을 위해 다른 곳으로 옮겨진다. 혹은 캐리커처나 클리셰로 전환될 수도 있다. 내용의 표면에 드러나는 어리석음은 내용이 어떤 실재직인 것에 뿌리를 두지 않고, 자유롭게 떠다니는 즉각적 사실처럼 보인다는 사실에서 기인했다. 그러나 이제 우리가 발견한 것은 모든 내용에는 강력한 실재가 **담겨 있고**, 그 실재는 관찰하는 행위자(인간이든 아니든 항상 실재 객체)로부터 발생한다는 사실이다. 이 행위자는 그 순간에 여러 사물 중 특정한 사물과 관계를 맺기 위해 자신의 에너지를 투자한다. 실재 객체는 그 자체로 존재하며, 다른 어떤 것이 그 존재를 감지하는지 아닌지는 중요하지 않다. 그러나 내용은 항상 어떤 개체를 위한 내용이다. 보통 우리는 살면서 이 점을 알아채지 못한다. 왜냐하면 우리는 우리 자신을 당연히 여기고, 그저 눈을 뜨는 것만으로 모든 것을 사실 그대로 본다고 가정하기 때문이다. 우리는 통상적으로 우리 자신의 한계와, 심지어는 우리 자신의 재능이 사물에 가져온 변형을 인식하지 못한다. 이런 이유로 우리는 우리 자신과 경험 사이의 긴장을 잘 경험하지 못한다. 사과와 그것이 지닌 실재 혹은 감각적 특성 사이의 긴장을 우리가 잘 감지하지 못하는 것과 같다. 그것을 감지하기 위해 우리는 통상적 상황의 붕괴를 견뎌내야 한다. 인식과 의미가 단순히 우리 앞에 명백한 사실로 놓여 있는 상황, 혹은 우리가 내뱉는 공허한 단어들과 우리 자신의 자연스러운 연장처럼 보이게 된 습득된 습관적 제스처를 로봇처럼 병합하며 살아가는 상황의 붕괴를 견뎌야 하는 것이다.

이런 상황에 붕괴가 발생할 수 있는 한 가지 방법은 러브크래프트의 작품에서 그처럼 명료한 형태로 찾아볼 수 있는 암시적인 혹은 입체파적인 기법을 통하는 것이다. 이 두 가지 기법의 경우, 새로운 객체들이 만들어지고, 그 안에는 두 개의 축이 해소할 수 없는 긴장 속에 묶여 있다. 그리고 이 객체들을 심각하게 받아들이는 데서 오는 어려움과 새로움은 우리가 그것들과 다르다는 점을 강조한다. 숨겨진 크툴루-객체만이 문어, 용, 인간의 특성들과 긴장 상태에 있는 것이 아니다. 우리 자신도 그 객체에 주의를 기울이기 위해 에너지를 소모한다. 이 과정에서 우리의 불편함은 관찰자로서의 우리 자신과 새롭게 창조된 객체 사이에 핵분열을 일으킨다. 이는 분명히 **내용**의 경험에 가깝다. 어쨌거나 절대로 실재 객체나 특성을 직접적으로 접하는 것이 아니고, 따라서 내용 외에는 경험할 것이 없다. 일상생활에서조차, 경험은 항상 그 자체로 객체다. 왜냐하면 경험은 영원히 소진되지 않은 채 분석될 수 있고, 아무리 많이 분석된다고 해도 교체될 수 없기 때문이다. 보통 우리는 이를 인식하지 못한다. 사과와 그것이 지닌 특성들 사이의 긴장이 실제 긴장임을 우리가 인식하지 못하는 것과 같다. 그러나 새롭고 어려운 경험이 사물의 단층을 따라 발생하는 붕괴로 일어날 때, 새로운 객체의 경험을 풀어쓰기 하는 것은 가능하지 않고, 그렇기에 그것 자체가 실재라는 점이 명백해진다. 우리에게서 멀리 떨어진 심연에 있다는 의미에서는 실재가 아닐지 모르지만, 우리 자신이 진정으로 관여한다는 의미에서 실재다.

그러나 핵분열의 이러한 결과들에 더불어, 똑같은 결과를 핵융합이라는 이름으로도 성취할 수 있다. 이 일은 우리 자신의 경험을 통해 직접적으로 일어날 수는 없다. 무엇보다 우리는 항상 우리의 경험과 우리 자신이 모호하게 융합되어 있다고 느끼기 때문이다. 대신에, **대리** 관찰자와 관찰된 내용의 융합이 필요하다. 단순히 스핑크스, 트로이 전쟁, 광대 복장, 바나나 껍질 등을 그대로 마주하기보다는, 그것을 마주하는 **다른** 관찰자를 마주하는 것이다. 우리의 진정성이 외부의 행위자에 의해 만들어지는 것이다. 우리는 이미 김긱적 망치-특성들과 부재하는 실재 망치를 융합함으로써, 혹은 감각적 크툴루-특성들과 실재 "사물의 본질"이나 "전신의 전반적인 윤곽"을 융합함으로써 새로운 객체를 만드는 것이 어떻게 가능한지를 살펴보았다. 그러나 이제 우리는 우리 자신이 아닌 관찰 행위자인 실재 객체와 감각적 경험을 융합함으로써, 새로운 객체를 창조하는 것이 똑같이 가능함을 깨닫는다. 이 경우에 우리는 사건들에 직접적으로 매혹당하는 것이 아니라, 그 사건들에 개입하는 또 다른 관찰자를 통해 매혹당한다. 우리는 이것이 두 가지 기본적 형식만을 취하는 것을 보았다. 즉 희극 혹은 비극이다. 희극이 항상 행복한 결말을 가져야 한다고는 말할 수 없다. 왜냐하면 그 어떤 기준으로도 내용이 정말 끔찍한 책이 웃음을 자아내는 경우가 많기 때문이다. 볼테르의 《캉디드》, 셀린의 《밤 끝으로의 여행》, 특히 사드의 《소돔의 120일》 등이 떠오른다. 비극이 항상 슬픈 결말을 가진다고 정의할 수도 없다. 비록 예시를 찾기가 좀 더 힘들지만, 확연히 부정적인 일이 벌어지지 않으면서도 우울한 비극적 분위기가 희미하게 나는 책이 많을 것이다. 적어도 내게는, 삽화가 있는 수많은 아동 서적들이 이런 효과를 자아낸다. 희극과 비극이라는 용어의 수많은 정의 중에서 유일하게 맞는 것은 처음에는 단순하게 들리는 아리스토텔레스의 정의다. "희극은 인간을 더 나쁘게 재현하려고 하고, 비극은 인간을 실제 삶보다 더 좋게 재현하려고 한다."[110] 그리고 우리는 "더 좋은"과 "더 나쁜"이 직위, 계급, 교육, 재력, 아름다움의 관점에서 우월함 혹은 열등함을 말하는 것이 아님을 이미 보았다. 단지 관찰자가 현재 어떤 객체를 심각히 다루느냐는 관점에서만 우월함이나 열등함을 정할 수 있는 것이다. 희극과 비극이라는 두 가지 방식 모두에서 새로운 실재 객체가 만들어진다. 실재 객체(관찰하는 대행자)와 감각적 경험을 융합하기에, 이 객체는 우리 내부에서 직접 생산됨에도 불구하고, 실재를 가득 담고 있다. 우리는 진정성들이 체계적으로 생산된 것을 곧 문학이라고 본다. 심지어 그것이 사드적 음탕함이라는 악명 높은 매혹이라 하더라도 말이다. 이런 측면에서 문학은 철학과 다르다. 후자는 경험의 내부에서 새로운 실재들을 만들려고 하기보다는 경험 외부의 실재를 목표로 하기 때문이다.

이는 또한 우리 자신의 위치에서 분류학적 오류를 피하는 방법이기도 하다. 왜냐하면 사실 객체지향 관점은 무엇보다도, 풀어쓰기가 불가능한 실재는 세계의 부재한 심연에만 있는 반면에 경험된 내용은 항상 축자적이고 이송 가능하다고 주장하는 위험을 무릅쓰기 때문이다. 그러나 이제 우리는 감각적 세계 한가운데서 풀어쓰기를 할 수 없는 실재 객체들(남극 도시들, 크툴루 우상)이 분명히 만들어질 수 있다는 점을 깨닫는다. 인지와 다른 모든 콘텍스트 아래 숨어 있는 실재 객체로의 접근이 불가능한 상황에서, 우리는 우리 스스로 실재 객체들을 생산한다. 이는 마치 갑자기 그리고 의도적으로 은행과 병원과 상점에, 혹은 플로렌스와 스트래트포드와 프로비던스에 수많은 블랙홀이 만들어지는 것과 같다.

해제

무섭고 우스운 기이한 실재:
러브크래프트의 "기이한 실재론"

대학 시절, 한 친구와 데이비드 린치 감독의 데뷔작이라고 할 수 있는 〈이레이저 헤드〉를 보러 간 적이 있다. 당시엔 소위 예술영화나 컬트영화가 꽤 유행했기에, 영화광이 아니라면 낯설게 느낄 이 흑백영화를 보기 위해 적지 않은 관객이 극장에 앉아 있었다. 대부분 예술영화 한 편을 보러왔기에 다소 엄숙하게 영화의 시작을 기다렸고, 나 또한 예외가 아니었다. 그런데 영화가 시작하자마자, 친구는 킬킬거리며 웃어댔다. 영화가 딱히 재미없는 것은 아니었지만, 그렇다고 웃긴 장면이 있던 것도 아니었다. 아마도 나뿐만 아니라 영화관에 있던 사람 대부분이 그렇게 느꼈을 것이다. 그런데 친구는 뜬금없이 웃고 또 웃었다. 영화 내내.

친구라고 했지만, 사실 나이로 보면 나보다 한참 위인, 아마도 삼촌뻘인 그 친구는 미국인이었다. 어쩌면 친구가 우리나라 사람이었다면 극장 안의 다른 사람들이 핀잔을 주면서 조용히 하라고 했을지도 모르겠다. 아무튼 영화를 보고 나서 친구에게 뭐가 그리 재미있었냐고 물었다. 친구의 대답은 내게 놀라웠다. 대충 옮긴 내용은 다음과 같다. "나는 이 영화를 대학 다닐 때 거의 매주 봤어. 보통 금요일이나 주말 저녁에 친구들하고 모여서, 영화를 틀어놓은 채 맥주를 마시고, 잡담하고, 가끔 카드를 치거나 다른 게임을 하곤 했지. 영화를 처음부터 끝까지 본 적은 드물었지만, 우연히 같은 장면을 몇 주간 반복해서 본 적도 있었고. 영화는 모임의 배경음악 같았지만, 그렇다고 아예 신경을 안 쓴 것도 아니었지. 결국 영화를 달달 외울 정도가 되었으니까. 그러니까 집중을 안 해도 다음 장면이 뭔지 알고, 그러다 보니 사소한 것들이 웃기기 시작하는 거야. 그냥 그렇게 돼." 친구에게 그처럼 '웃긴' 영화였던 〈이레이저 헤드〉는 보통 "초현실적 공포영화"라고 소개된다.

대학 시절 일을 길게 얘기한 이유는 하면의 책을 번역하면서 비슷한 경험을 했기 때문이다. 잘 알려져 있듯이 러브크래프트는 공포 소설 작가다. 판타지와 SF적인 면도 분명 그의 작품에 존재하지만, 대부분의 작품이 공포 장르에 속한다는 판정에 반박할 이는 거의 없을 것이다. 하지만 러브크래프트의 공포는 통상적인 공포 소설에서 볼 수 있는 공포와 다소 다르다. 마크 피셔는 "기이함이란 무엇인가?"라고 질문하고, 분명 존재하지 말아야 할 것이 존재할 때 기이함이 느껴진다고 답하면서 "결국 기이한 것이 잘못된 것은 아니다. 부적절한 것은 바로 우리의 개념이다"라고 역설한다.* 그리고 "기이한 소설에 관한 그 어떤 논의도 반드시 러브크래프트로부터 시작해야만 한다"고 못 박는다.† 피셔의 논의를 고려하면, 러브크래프트의 공포

---

* Mark Fisher, *The Weird and the Eerie*, (London: Repeater, 2016) p.15.
† 같은 면.

를 "기이한" 공포라고 할 수 있다. 같은 맥락에서 하먼도 러브크래프트에 관한 자신의 책에 "기이한 실재론"이라는 이름을 붙인다.

나름 하먼의 철학인 사변적 실재론 혹은 객체지향철학에 익숙하기에, 그가 기이하다고 하는 러브크래프트의 면모에는 동감하기가 쉽다. 하먼에게 객체는 숨겨진 무언가로 인해 항상 기이할 수 있는 존재다. 마찬가지로 러브크래프트의 작품에서 인물과 사건과 배경은 모두 그것이 겉으로 보이는 특징 이상을 숨기고 있다. 알고자 하면 할수록, 이것들은 더 물러나 있는 무언가를 가리킨다. 심지어는 가장 두렵다고 여겨지는 크툴루조차도, 그 뒤에 숨겨진 어떤 존재에 비해서는 덜 무섭고, 덜 기이한 괴물이다.

하지만 동감하기 어려울 때는 하먼이 웃을 때다. 예를 들어 〈어둠 속에서 속삭이는 자〉의 화자인 윌머스가 애클리의 편지를 받고 온갖 물리적 증거를 챙겨 브래틀버러로 가는 장면을 언급하면서, 하먼은 "윌머스가 애클리의 농장에서 희극과는 정반대인 경험을 함에도, 그는 이미 희극적이다"라고 말한다. 농장에서 벌어지는 일이 너무도 위험하기에, 그곳에 가려는 윌머스의 결정이 우습다고 하는 것이다. 하먼은 이 장면을 화자보다 독자가 더 똑똑해지는 "극단적 사례"라고 설명한다. 그의 설명을 읽고 처음에는 고개가 갸우뚱해질 수밖에 없다. 가령 공포영화를 보면서 괴물이나 악한이 숨어있는 지하실에 인물이 멋모르고 들어가는 모습을 보면서 웃는 사람은 많지 않을 것이다. 누군가 그 모습에 웃는다면, 우리는 그를 인물의 곤경을 즐기는 이상한 사람으로 여기게 된다. 하먼도 그런 사람이라고 해야 할까? 하지만 앞서 언급한 내 친구의 경우처럼, 하먼에게서도 웃음의 적절한 이유를 찾을 수 있을 듯하다.

친구는 린치의 영화를 수없이 반복해서 보았다고 했다. 아무리 무서운 영화라도 반복해서 보면 무서움이 사라질 수밖에 없다. 이는 코미디나 로맨틱 영화도 마찬가지일 것이다. 사실 세상 대부분 일이 다 그렇다고 해도 과언이 아닐 것이다. 처음에는 강한 감정이나 집 중력을 요구하던 것이 어느 정도 시간이 지나고 익숙해지면 평범해 지기 마련이다. 하먼은 자신의 객체지향철학의 시발점인 하이데거 의 도구 논의를 따라가며, 이것이 바로 우리가 통상 객체를 대하는 태도라고 지적한다. 특정한 목적이나 범주에 맞춰 객체를 대하는 일 을 반복하면서 일종의 습관이 형성되고, 우리는 습관의 지평 내에서 만 그 객체를 바라본다. 즉, 눈에 보이는 객체의 모습에만 익숙해지 는 것이다.

하이데거는 우리의 익숙함이 깨지는 순간, 그의 유명한 예를 들 자면 망치가 망가지는 순간에 주목한다. 망가진 망치는 효용성이 사 라진, 더 이상 아무런 쓸모가 없는 물건처럼 보인다. 하지만 동시에, 이 순간 망치는 효용성이라는 습관적 범주에서 벗어나 숨겨진 잠재 력을 드러낼 수 있다. 다른 도구가 되거나, 심지어는 예술 작품도 될 수 있는 것이다. 너무 많이 봐서 내용이 뻔한 공포영화는 아무런 감 흥을 주지 않을 수 있다. 그렇지만 비로 그 순간 영화에서 전혀 다른 무언가, 심지어는 정반대의 감정이라고 할 수 있는 유머를 느낄 수 있는 것이다. 내 친구처럼 하먼이 러브크래프트를 수없이 읽었는지 는 모르겠다. 하지만 객체지향철학을 전개하는 그가 러브크래프트라 는 객체를 습관적 공포에서 벗어난 무언가로 보는 일이 낯설지 않다.

객체의 잠재력에 기민하다는 점에서 하이데거와 하먼은 유사하 다. 하지만 하먼은 잠재력을 가진 객체보다는 기민함을 가진 주체에 주목하는 하이데거의 행보를 따르지 않는다. 인간이라는 현존재를 설명하는 일에 집중한 하이데거는, 객체의 잠재력은 오직 현존재를 통해서만 드러날 수 있다고 말한다. 이 순간 인간은 세상의 모든 객체와 다른 존재, 자신을 둘러싼 객체들과 같은 세계에 속하면서도 마치 그 세계 너머에 있는 듯한 존재가 된다. 하먼은 인간이 그처럼 객체와 다른 존재라고 생각하지 않는다. 하지만 그렇다고 인간이 아무것도 아닌 존재라고 주장하는 것은 아니다. 하먼이 강조하는 것은 인간을 포함한 모든 객체가 놀라운 잠재성을 가진 존재라는 사실이다. 그리고 그런 사실로 가득 찬 세계는 객관적 관찰이나 논리적 사유가 아닌, 즉 사변으로만 접근가능한 실재라고 하먼은 주장한다.

하먼이 브래틀버러로 가는 윌머스를 보고 웃는다고 해서, 그가 마치 인물과 완전히 분리된 냉소적이고 비정한 존재라고 생각해서는 안 된다. 마찬가지로 러브크래프트의 공포 소설을 읽고 웃는다고 해서, 하먼이 작가와 작품을 비웃는 사람인 것은 아니다. 그가 웃을 수 있는 이유는 바로 러브크래프트의 책을 읽는 독자이기 때문이고, 책이라는 객체가 없다면 그렇게 웃는 독자로서의 그도 있을 수가 없다. 러브크래프트라는 작가-객체와 하먼이라는 독자-객체가 〈어둠 속에서 속삭이는 자〉라는 작품-객체와 한데 어울려 새로운 객체, 즉 공포라는 익숙한 틀에서 벗어난 작가-독자-작품 조합을 만들어낸 것이다. 하먼이 웃을 수 있는 이유는 위에서 작품을 내려다보는 전지적 시점을 가지고 있어서가 아니라, 바로 이 조합에 속해 있기 때문이다.

하먼이 웃는다고 해서, 그가 러브크래프트 작품의 공포와 완전히 멀어졌다는 의미는 아니다. 공포는 또 다른 작가-독자-작품 조합을 만들어 내기 때문이다. 하지만 이 조합은 그가 처음 러브크래프트 작품을 읽었을 때 속했던 조합과는 다르다. 작품에 너무도 익숙해져 웃음을 지을 정도인 그가 처음과 같은 공포를 느낄 수는 없다. 그럼에도 공포가 느껴진다면 분명 왜인지 고민해 볼만한 일이다. 《기이한 실재론》은 바로 그 고민의 결과라고 할 수 있다. 책의 서두에서 하먼은 러브크래프트를 "생산주의자 작가"라고 명명한다. 객체와 특성들 사이에 긴밀한 결속이 있다고 하는 이들, 심지어는 흄처럼 객체를 "특성들의 다발일 뿐"이라고 하는 이들과 달리 러브크래프트는 둘 사이에 틈을 끊임없이 생산해 내는 작가라는 의미다. 틈은 인과론적으로 모든 일을 설명할 수 있다는 환상을 깨버리는 기제이고, 그렇기에 러브크래프트가 그려내는 세계는 "풀어쓰기"가 불가능한 세계다. 하먼은 자신의 존재지향철학에 입각하여 다음과 같이 정리한다. "공포 작가로서 러브크래프트는 끔찍한 내용(인간보다 훨씬 강하면서 인간의 안녕에는 아무런 관심이 없는 괴물과 같은 생명체)의 글을 쓴다. 반면에 틈의 작가로서 그는 다양한 종류의 내용을 다루는 다른 장르들에서 성공할 수 있었을 작가이다."

러브크래프트가 "틈의 작가"라는 점에 동의하면서도, 나는 하먼의 구분에는 동의하지 않는다. 러브크래프트의 뛰어난 점은 바로 "틈의 작가"로서 공포 소설을 쓴다는 데 있다. 물론 하먼이 "틈의 작가"로서 러브크래프트가 공포 작가가 아니라고 하는 것은 아니다. 그가 둘을 구분하는 것은 존재지향철학의 입장에서 "틈의 작가"가 더 많은 잠재력을 보인다는 사실에 집중하려는 의도이지, 그 둘이 마치 깔끔하게 분리될 수 있다고 주장하려는 것이 아니다. 다만 공포 외에 웃음과 같이 다른 효과도 찾을 수 있다는 점을 강조하려는 것이다. 그럼에도 내가 하먼의 구분을 따르지 않는 것은 러브크래프트의 소설에서 찾을 수 있는 모든 효과에 공포가 스며들어 있기 때문이다. 하먼은 〈어둠 속에서 속삭이는 자〉에서 "나는 … 《네크로노미콘》이 자비롭게 아자토스라는 이름으로 감추었던, 각이 진 공간 너머 괴물스러운 핵의 카오스에 관해 듣고서 혐오감에 소스라쳤다"라는 구절을 논의하면서, "우리는 러브크래프트가 설계한 공포의 마지막 층위에 절대 다다를 수 없다. 왜냐하면 심지어 아자토스라는 이름으로 감춰진 '괴물스러운 핵의 카오스'조차도 우리가 이해할 수 있는 것이 아니기 때문"이라고 설명한다. 공포의 최상이라고 여겼던 아자토스에게서도 틈이 보이며, 그 틈으로 우리는 또 다른 층위를 경험하게 된다는 것이다. 그 경험이 공포일지, 아니면 다른 무엇일지는 알 수 없다. 하지만 중요한 점은 공포로 그 틈이 열린다는 사실이다.

틈에서 또 다른 틈으로 나아가는 순간은 항상 공포스럽다. 익숙한 것을 버리고 낯선 미지의 영역으로 옮겨가는 경험이기 때문이다. 그렇기에 우리는 종종 틈을 막고, 익숙함에 안주하고자 한다. 물론 복잡한 사고와 감정을 가진 인간과의 관계에서는 그러기가 쉽지 않다. 그래서 특정한 인간 집단을 비인간적으로 다루면서, 즉 우리에게 익숙한 범주에 가둬 놓음으로써 틈을 막곤 했다. 하지만 이것은 비인간 존재와의 관계에서 아주 흔하게 이루어져 왔던 일이다. 그것들의 틈을 막음으로써 인간의 틈을 누릴 여유도 만들어 왔다. 하먼의 객체지향존재론은 인간과 객체 사이의 이러한 이분법적 구분을 거부하면서 시작한다. 인간을 포함한 모든 객체가 틈을 생산한다고 하는 것이다. 어쩌면 러브크래프트는 이런 점에서 상상력이 풍부한 특별한 작가가 아닐지도 모르겠다. 오히려 그는 틈으로 인한 공포에 주저하지 않으면서 실재를 우리에게 전하는 사실주의 작가이지 않을까? 아무리 그 실재가 기이하다고 해도 말이다. 《기이한 실재론》의 러브크래프트는 공포 작가이기에 틈의 작가인 것이다.

미주

1 Michel Houellebecq, *H.P. Lovecraft: Against the World, Against Life*, trans. D. Khazeni. (San Francisco: Believer Books, 2005.) Page 41 [《러브크래프트: 세상에 맞서, 삶에 맞서》, 이채영 옮김, 필로소픽, 2021].

2 OOO Object-Oriented Ontology 흐름 내에서 작업하는 다른 주요 작가들은 이안 보고스트, 레비 브라이언트, 티모시 모턴이다. 이들 모두가 실재 객체들이 일시적인 감각적 특성들에서 물러나는 것을 인정하지만, 그 누구도 내가 주장하는 4중 구조, 즉 실재 및 감각적 객체들이 다른 실재 및 감각적 특성들과 쌍을 이루는 구조를 전적으로 지지하지 않는다. Graham Harman, *The Quadruple Object* (Winchester, UK:Zero Books, 2011)를 보라.

3 Graham Harman, "On the Horror of Phenomenology: Lovecraft and Husserl," *Collapse* IV (2008), pp. 333-364.

4 Edmund Wilson, *Literary Essays and Reviews of the 1930's and 1940's.* (New York: Library of America, 2007.) Page 700.

5 Wilson, *Literary Essays and Reviews of the 1930's and 1940's*, pp. 701-2.

6 윌슨은 레이먼드 챈들러와 대실 해밋과 같은 "펄프" 탐정소설 작가들을 포함시키는 것을 좋아하지 않을 것이다. 그는 그들의 글도 혐오하기 때문이다. 윌슨이 1945년에 발표한 추리소설 비판 에세이, "Who Cares Who Killed Roger Ackroyd?"를 보라. Wilson, Literary Essays and Reviews of the 1930's and 1940's, pp. 677-683.

7 Clement Greenberg, *The Collected Essays and Criticism, Volume 4: Modernism with a Vengeance, 1957-1969.* (Chicago: Univ. of Chicago Press, 1993). Page 118.

8 Wilson, *Literary Essays and Reviews of the 1930's and 1940's*, p. 702.

9 Cleanth Brooks, *The Well Wrought Urn.* (New York: Harcourt, Brace, & World, 1947.) 특히 11장, "The Heresy of Paraphrase"를 보라.

10 Wilson, *Literary Essays and Reviews of the 1930's and 1940's*, p. 701.

11 Slavoj Žižek, *The Parallax View*, (Cambridge, MA: MIT Press, 2006). Page 11.

12 Žižek, *The Parallax View*, p. 12.

13 Slavoj Žižek/F.W.J. Schelling, *The Abyss of Freedom/Ages of the World*, with the Schelling portion trans. J. Norman. (Ann Arbor, MI : Univ. of Michigan Press, 1997.) Pages 71–72.

14 Žižek, in Žižek/Schelling, *The Abyss of Freedom/Ages of the World*, p. 72.

15 브뤼노 라투르와 퀑탱 메이야수의 책에 등장한 명백히 유사한 분쟁들을 비교한다면 도움이 될 것이다. 라투르의《젊은 과학의 전선》에서 우리는 과학자와 반대자 사이의 잠재적으로 무한한 논쟁을 접한다. 메이야수의《유한성 이후》에서 논쟁은 교조적인 신자와 똑같이 교조적인 무신론자 사이에 생긴다. 라투르의 실용적인 접근법에서, 논쟁은 누군가 포기할 때만 끝난다. 메이야수의 사변적 접근법에서, 논쟁은 사변적 철학자가 나타나서 두 교조의 답을 초월하는 정답을 제공할 때 끝난다. 내 자신의 접근법은 라투르와 메이야수 중간 어딘가에 있다. 즉, 두 격언 중 하나는 (라투르의 주장과 달리) 다른 것보다 더 진실일 수가 있다. 그러나 문제는 그것이 (메이야수의 주장과 달리) 직접적으로 접근 가능한 축자적 증거로 결정될 수는 없다는 것이다. 세상에는 많은 진리들이 있고, 하나의 실재만 있다. 그러나 그들의 관계는 직접적이기보다는 비스듬하다. 이 책은 진정한 실재를 순전히 비스듬하게 접근한다는 개념에 전적으로 기반하고 있다. 러브크래프트는 다른 어떤 소설 작가보다도 이 점을 잘 이해한다.

16 Martin Heidegger, *Towards the Definition of Philosophy*, trans. T. Sadler. (London: Continuum, 2008.) Pages 56-58.

17 Martin Heidegger, *Being and Time,* trans. J. Macquarrie & E. Robinson. (New York: Harper, 2008.)

18 가장 정교한 버전은 다음을 참조하라. Graham Harman, *Tool-Being: Heidegger and the Metaphysics of Objects.* (Chicago: Open Court, 2002.)

19 Alfred North Whitehead, *Process and Reality.* (New York · The Free Press, 1978.) Page 11.

20 이 지점에 대한 논의는 다음을 참조하라. Graham Harman, *Guerrilla Metaphysics: Phenomenology and the Carpentry of Things.* (Chicago: Open Court, 2005.) Pages 110–116.

21 "The Playboy Interview : Marshall McLuhan," Playboy, March 1969. 인터뷰는 온라인으로 확인할 수 있다. http://www.mcluhanmedia.com/m_mcl_inter_pb_01.html

22 다음 저술로 사후 출간되었다. Marshall & Eric McLuhan, *Laws of Media: The New Science.* (Toronto: Univ. of Toronto Press, 1992.)

23 Clement Greenberg, "Modern and Postmodern," in *Late Writings*, ed. R. Morgan. (Minneapolis: University of Minnesota Press, 2003.) Page 28.

24 Greenberg, "Avant-Garde and Kitsch." In *The Collected Essays and Criticism*, Volume 1: Perceptions and Judgments, 1939–1944. Pages 5–22.

25 Wilson, *Literary Essays and Reviews of the 1930's and 1940's*, pp. 701–2.

26 H.P. Lovecraft, *Collected Essays. Volume 2: Literary Criticism*, ed. S.T. Joshi. (New York: Hippocampus Press, 2004.) Pages 82–135.

27 Wilson, *Literary Essays and Reviews of the 1930's and 1940's*, p. 702.

28 Lovecraft, *Collected Essays. Volume 2: Literary Criticism*, pp. 178–182.

29 Lovecraft, *Collected Essays. Volume 2: Literary Criticism*, p. 178.

30 Lovecraft, *Collected Essays. Volume 2: Literary Criticism*, p. 179.

31 Lovecraft, *Collected Essays. Volume 2: Literary Criticism*, p. 180.

32 Lovecraft, *Collected Essays. Volume 2: Literary Criticism*, p. 181.

33 Lovecraft, *Collected Essays. Volume 2: Literary Criticism*, p. 178.

34 Lovecraft, *Collected Essays. Volume 2: Literary Criticism*, p. 178.

35 Lovecraft, *Collected Essays. Volume 2: Literary Criticism*, p. 179.

36 Lovecraft, *Collected Essays. Volume 2: Literary Criticism*, p. 179.

37 Michel Houellebecq, *H.P. Lovecraft: Against the World, Against Life*, p. 32.

38 2008년 논문은 이미 언급된 〈현상학의 공포에 관하여: 러브크래프트와 후설〉이다. 후설에서 보이는 감각적 객체와 감각적 특성 사이의 틈이라는 주제는 내 책 《쿼드러플 오브젝트》의 2장에서 상세하게 논의되고 있다.

39 브렌타노가 '지향성'이라는 말로 의미하는 바에 관한 수많은 오독의 한 예는, 토머스 메칭거의 《아무도 아님: 주체성의 자아-모델 이론》을 참조할 것. 또한 나의 논문 〈메칭거의 문제점〉도 참조할 것.

40 G.W. Leibniz, "Monadology." In *Philosophical Essays*, trans. R. Ariew & D. Garber. (Indianapolis: Hackett, 1989.)

41 Xavier Zubiri, *On Essence*, trans. A.R. Caponigri (Washington: Catholic University Press, 1980.)

42 Harman, *The Quadruple Object*, Chapter 9.

43 Martin Heidegger, *Elucidations of Holderlin's Poetry*, trans. K. Hoeller. (Amherst, NY: Humanity Books, 2000). Page 52.

44 Harman, "On the Horror of Phenomenology: Lovecraft and Husserl," p. 338.

45 Friedrich Nietzsche, *Ecce Homo & The Antichrist*, trans. T. Wayne. (New York: Algora Publishing, 2004.) Page 30.

46 Harman, *Guerrilla Metaphysics*. Pages 101–124.

47 Greenberg, *The Collected Essays and Criticism*, Vol. 1: Perceptions and Judgments, 1939–1944, p. 66.

48 Franz Brentano, Psychology from an Empirical Standpoint, trans. A.C. Rancurello et al. (London: Routledge, 1995.) 제목의 좀 더 축자적인 번역은 "경험론적 관점에서의 심리학"이 될 것이다.

49 어떻게 지향성이 인간-세계의 상관을 벗어나지 않는지에 관해 이미 고전이 된 논의는 메이야수의 《유한성 이후》이다

50 Henri Bergson, *Laughter: An Essay on the Meaning of the Comic*. (Rockville, MD: Wildside Press, 2008.)

51 아래 2장에서 주목하는 8개의 이야기 중에서 〈던위치 공포〉와 〈마녀 집의 꿈〉만이 전지적 3인칭 화자를 사용한다. 다른 여섯 편에서 화자는 묘사되는 사건과 어느 정도 사적으로 관련되어 있다. 포의 경우와 마찬가지다. 〈우주로부터의 색〉은 1인칭 화자가 수십 년 전의 사건을, 그 자신도 당시를 목격한 노인에게 전해 들었던 사건을 이야기기하는 특별한 상황을 제시한다.

52 Wilson, *Literary Essays and Reviews of the 1930's and 1940's*, pp. 701–2.

53 Aristotle, *Poetics*, trans. S.H. Butcher. (CreateSpace, 2011.) Page 14.

54 Plato, *Symposium*, trans. A. Nehamas. (Indianapolis: Hackett, 1987.) Page 77.

55 David Hume, *An Enquiry Concerning Human Understanding*. (Cambridge, UK: Cambridge Univ. Press, 2007.) Page 16.

56 Heidegger, *Towards the Definition of Philosophy*. Pages 57 ff.

57 Houellebecq, *H.P. Lovecraft: Against the World, Against Life*, p. 106.

58 Houellebecq, *H.P. Lovecraft: Against the World, Against Life*, pp. 106–7에서 인용함.

59 Houellebecq, *H.P. Lovecraft: Against the World, Against Life*, p. 107.

60 Edgar Allan Poe, "The Black Cat." in *Poetry and Tales*. (New York: Library of America, 1984.) Page 602.

61 Poe, "Arthur Gordon Pym," in *Poetry and Tales*, p. 1007.

62 Poe, "The Cask of Amontillado," in *Poetry and Tales*, p. 848.

63 Houellebecq, *H.P. Lovecraft: Against the World, Against Life*, p. 55.

64 다음을 보라. Greenberg, *The Collected Essays and Criticism, Vol. 3: Affirmations and Refusals*, 1950–1956, p. 239.

65 Giorgio Vasari, *The Lives of the Artists*, trans. J.C. Bondanella & P. Bondanella. (Oxford: Oxford Univ. Press, 1998.)

66 S.T. Joshi, *H.P. Lovecraft: A Life*. (West Warwick, RI: Necronomicon Press, 2006.) Pages 448–451.

67 Houellebecq, *H.P. Lovecraft: Against the World, Against Life*, p. 70.

68 Poe, *Poetry and Tales*, p. 600.

69 Aristotle, Poetics, in *The Basic Works of Aristotle*. (New York: Random House, 1941.) Page 1478.

70 Bill James, *The New Baseball James Historical Abstract*. (New York: The Free Press, 2001.) Page 433.

71 James, *The New Bill James Historical Abstract*, p. 434.

72 Poe, "The Fall of the House of Usher," in *Poetry and Tales*, p. 325.

73 L. Ron Hubbard, *Battlefield Earth*, (Los Angeles: Bridge Publications, 1999.) Page 1.

74 특히 다음을 보라. Latour, *Science in Action*.

75 Latour, *Science in Action*, p. 43.

76 Latour, *Science in Action*, pp. 146–50.

77 Thomas Kuhn, *The Structure of Scientific Revolutions*. (Chicago: Univ. of Chicago Press, 1970.)

78 Bram Stoker, *Dracula*. (London: Penguin, 1994.)

79 S.T. Joshi, *H.P. Lovecraft: A Life*, p. 500.

80 Harman, "On the Horror of Phenomenology: Lovecraft and Husserl," p. 340.

81 "Infandous"는 대략 "언급하기도 힘든 불쾌한"이라는 의미다. (infandous 는 현대 영어에서는 거의 쓰이지 않으며, 17세기나 18세기까지도 매우 희귀한 문어체여서 설명을 추가한 것으로 보인다. - 옮긴이)

82 Sigmund Freud, *Beyond the Pleasure Principle*, trans. G. Richter. (Peterborough, Canada: Broadview Press, 2011.)

83 Žižek, *The Parallax View*, p. 12.

84 이 허구의 문장은 철학 초보자를 위한 가이드를 풍자하기 위해서 만든 것은 아니다. 내 자신도 자랑스럽게 그런 가이드를 집필했었다.(*Heidegger Explained: From Phenomenon to Thing*. Chicago: Open Court, 2007) 대신에, 이는 초보자를 위한 가이드가 어떤 철학의 본질적 내용으로 간주되는 명제로 표현된 교리의 목록으로 구성되어야만 한다는 생각을, 그리고 같은 철학의 반쯤 숨겨진 저의와 기본적인 스타일적 분위기에는 관심을 두지 않는 생각을 비판하려는 것이다.

85 Harman, *The Quadruple Object*, Chapter 9.

86 Harman, *Guerrilla Metaphysics*, pp. 116 ff.
87 다음을 보라. Harman, *The Quadruple Object*, pp. 99–102.
88 다음을 보라. Harman, *The Quadruple Object*, pp. 99–102.
89 다음을 보라. Harman, *The Quadruple Object*, pp. 99–102.
90 다음을 보라. Harman, *The Quadruple Object*, pp. 99–102.
91 더 깊이 있는 설명은 다음을 참조하라. Steven Nadler, *Spinoza: A Life*. (Cambridge, UK: Cambridge Univ. Press, 2001.)
92 Brooks, *The Well Wrought Urn*, p. 196.
93 예를 들어 *The Well Wrought Urn*의 200쪽을 보라. "모든 요소들의 관계는 반드시 유기적인 것이어야만 한다. 여기에는 아무런 의문이 없다. 그러나 풀어 쓸 수 있는 요소들이 우선권을 갖는지에 관해서는 매우 심각한 질문이 있다."
94 Brooks, *The Well Wrought Urn*, p. 196.
95 Brooks, *The Well Wrought Urn*, p. 198.
96 Brooks, *The Well Wrought Urn*, p. 205.
97 Brooks, *The Well Wrought Urn*, p. 203.
98 Brooks, *The Well Wrought Urn*, p. 209.
99 Brooks, *The Well Wrought Urn*, p. 210.
100 Brooks, *The Well Wrought Urn*, p. 211.
101 Brooks, *The Well Wrought Urn*, p. 212.
102 Brooks, *The Well Wrought Urn*, p. 202.
103 Brooks, *The Well Wrought Urn*, p. 116.
104 Brooks, *The Well Wrought Urn*, p. 205. 강조 추가.
105 Brooks, *The Well Wrought Urn*, p. 207.
106 예를 들어 다음을 보라. Harman, *Tool-Being: Heidegger and the Metaphysics of Objects*.
107 후자 경향의 특별히 음울한 예는 신진에 관한 에마뉘엘 페이에의 책을 참조하라. *Heidegger: The Introduction of Nazism into Philosophy in Light of the Unpublished Seminars of 1933-1935*. Translated by Michael B. Smith. (New Haven, CT: Yale Univ. Press, 2011.)
108 다음을 보라. Harman, *The Quadruple Object*, pp. 129–135.
109 다음을 보라. Harman, "On Vicarious Causation," *Collapse II* (2007), pp. 171–205.
110 Aristotle, *Poetics*, page 14.

기이한 실재론: 러브크래프트와 철학

초판 1쇄 발행 | 2025년 11월 10일

지은이 | 그레이엄 하먼
옮긴이 | 이동신
펴낸이 | 이은성
편 집 | 김승현
디자인 | 최승협
펴낸곳 | 필로소픽
주 소 | 서울시 종로구 창덕궁길 29-38, 4-5층
전 화 | (02) 883-9774
팩 스 | (02) 883-3496
이메일 | philosophik@naver.com
등록번호 | 제2021-000133호

ISBN 979-11-5783-384-9 93100

필로소픽은 푸른커뮤니케이션의 출판 브랜드입니다.